2주만에 빨리 합격하는 한국사!

2주 완성

한국사
능력검정시험 모의고사문제
고급/1·2급 시험문제

에듀크라운
www.educrown.co.kr

저자 임찬호

〈약 력〉
한양대학교 대학원 졸업
현) EBS 독학사 한국사 강사
현) 신월 브레인학원 강사
현) 지안공무원학원 한국사 강사

〈저 서〉
2014 독학사 1단계 학사캠퍼스 국사, 2014(지식과미래)
2014 독학사 1단계 학사캠퍼스 국사 핵심정리
&실전모의고사, 2014(지식과미래)
4주 완성 한국사 능력검정시험 문제 중
급 3·4급, 2014(크라운출판사)
2014 임찬호 한국사 7·8급 세트, 2013(탐스팟)

한국사 능력검정시험 교재를 발행하며...

    역사를 배운다는 것은 고리타분한 과거의 사실을 배우는 것만을 의미하지는 않습니다. 역사는 현재를 비추는 거울이고 미래를 전망할 수 있는 힘을 준다는 점에서 이 시대를 살아가는 우리 모두에게 현재적 의미를 갖는다고 생각합니다. 더구나 주변국들의 끝없는 역사 왜곡 시도에 대해 우리의 역사를 배우고 올바른 역사인식을 갖는 것은 우리의 역사를 왜곡하려는 시도를 막는 가장 중요한 방법의 하나라고 생각합니다.

    이 교재는 한국사 능력검정시험을 준비하는 수험생들에게 실전과 같은 문제를 풀어봄으로써 실력을 배양시키려는 목적에서 기획되었고 다음과 같은 특징을 갖고 있습니다.

① 실제 시험과 가장 유사한 형태로 만들어졌습니다. 실제 시험과 같은 문항수와 유형들로 이루어져 실제 시험에 대한 효과적 대비를 가능하도록 하였습니다.

② 한국사의 전 영역에 관한 문제를 출제하고 기출 문제의 분석을 통해 출제빈도가 높은 내용을 다양한 유형의 문제로 계속적으로 출제하여 중요한 개념은 반복하여 학습할 수 있도록 구성하였습니다.

③ 최신 기출문제 2회분을 수록하여 한국사 능력검정시험의 최근 출제 경향을 알아 볼 수 있도록 하였습니다.

    이 교재를 완성하는 동안 많은 저서와 수험서들의 도움을 받았습니다. 교재의 성격상 일일이 인용한 출처를 밝히지 못한 죄송한 마음과 고마운 마음을 지면을 빌어 전합니다. 교재의 집필 과정에서 저에게 도움을 준 동훈, 민성, 향지에게도 고마운 마음을 전하며 저에게 늘 새로운 영감을 갖게 해 책의 발간에 많은 도움을 주신 김한나, 정상준, 홍동철 선생님들께 감사의 인사를 전합니다. 또, 크라운출판사 임직원 여러분께 깊은 감사를 드리며 저의 원고 집필에 걸린 오랜 시간을 묵묵히 기다려 주시고 예쁜 책으로 만들어 주신 기획편집부 여러분께 특별한 감사의 마음을 전합니다. 무엇보다 항상 저에 대한 걱정과 관심을 가지고 있는 가족들, 원고의 집필기간 동안 저에게 기분 좋은 방해를 일삼은 악동 시연과 아정에게도 무한한 사랑의 마음을 전합니다.

    한 권의 교재를 만들어 세상에 내놓는다는 것은 완성의 기쁨과 동시에 평가를 받아야 한다는 두려움이 공존하는 것 같습니다. 이 교재를 통해 수험생들이 시험에서 원하는 합격의 훌륭한 결과와 아울러 우리 역사에 대한 관심을 갖게 되는 계기가 된다면 저자로서는 더없는 기쁨이 될 것입니다.

                                                                - 저자 드림 -

한국사 능력검정 시험안내

1. 활용 및 특전
- 2012년부터 한국사능력검정시험 2급 이상 합격자에 한해 안전행정부에서 시행하는 5급 국가공무원 공개경쟁채용시험 및 외교관후보자 선발시험에 응시자격 부여
- 2013년부터 한국사능력검정시험 3급 이상 합격자에 한해 교원임용시험 응시자격 부여
- 국비 유학생, 해외파견 공무원, 이공계 전문연구요원(병역) 선발 시 국사시험을 한국사능력검정시험(3급 이상 합격)으로 대체
- 일부 공기업 및 민간기업의 사원 채용이나 승진시 반영
- 2014년부터 한국사능력검정시험 2급 이상 합격자에 한해 안전행정부에서 시행하는 지역인재 7급 견습직원 선발시험에 추천 자격요건 부여

2. 평가등급

시험구분	고급	중급	초급
인증등급	1급(70점 이상)	3급(70점 이상)	5급(70점 이상)
	2급(69~60점)	4급(69~60점)	6급(69~60점)
문항수	50문항(5지 택1형)	50문항(5지 택1형)	50문항(4지 택1형)

※ 제4회 시험부터 1급과 2급은 고급으로, 5급과 6급은 초급으로 각각 문제가 통합되었으며, 제11회부터 3급과 4급은 중급으로 통합됩니다.

※ 급수별 합격점수에 따라 60~69점은 2급과 4급, 6급으로, 70점 이상은 1급과 3급, 5급으로 인증됩니다.

3. 시험안내
① 응시자격 제한없음(외국인도 가능)
② 접수방법 : 한국사능력검정시험 홈페이지(www.historyexam.go.kr)
③ 접수 및 시험일

회차	접수일	시험일	회차	접수일	시험일
제26회	12~1월경	1월경	제27회	4~5월경	5월경
제28회	7월경	8월경	제29회	9~10월경	10월경

④ 시험시간 : 10:00~11:40(오리엔테이션 포함 총 100분)
⑤ 시험장소 및 결과 발표 : 추후공지(TEL : (02) 500-8380)

※ 성적통지방법 : 응시자가 인터넷 성적 조회 및 성적 통지서, 인증서 출력(한국사 능력검정시험 홈페이지에서 출력한 인정서만 효력이 있음)

4. 기타 주의사항
① 인터넷 홈페이지(www.historyexam.go.kr)에서 수험표를 출력한 후 신분증, 여권, 장애인 등록증 중 1개 선택 : 신분증 미지참자는 응시할 수 없음)을 지참
② 응시자는 시험 당일 10:00까지 해당 시험실의 지정된 자리에 앉아 있어야 함
③ 반드시 컴퓨터용 수성사인펜을 사용
④ 부정행위자는 당회 시험 포함 연속 4회 응시 기획 박탈

시험 주관 및 시행 기관 : 국사편찬위원회(www.history.go.kr)
시험 장소 및 접수 관련 : 한국사능력검정시험(www.historyexam.go..kr)

한국사 학습 전략

한국사 능력검정시험은 한국사의 전 영역을 대상으로 하는 만큼 시험의 범위가 매우 넓습니다. 모든 영역에서 문제가 출제되므로 특정 영역에 편중된 학습보다는 전체 영역을 고루 학습하는 것이 중요합니다.

1. 흐름을 파악하라

역사는 시대적 흐름의 연속성에 있습니다. 따라서 단편적 지식보다는 역사적 흐름속에서 사건이 어떠한 의미를 가지고 있으며 그 이후 시대에 어떤 영향을 미쳤는지 이해하면서 공부하여야 합니다. 그렇다고 암기할 내용을 소홀히 해서는 안됩니다. 한국사 학습은 이해를 바탕으로 하여야 하지만 중요한 사항의 암기가 기본적 학습방법이라는 사실 또한 변함이 없습니다.

2. 기출문제를 통해 출제 유형을 분석하라

기출문제는 향후 치러질 시험을 예측할 수 있는 가장 좋은 자료입니다. 한국사 능력검정시험의 경우 기출되었던 내용이 반복적으로 출제되는 경향이 있으므로 기본 개념의 이해가 완성되었다면 기존의 한국사 능력검정시험의 기출문제를 풀면서 시험 유형과 출제될 내용을 미리 파악해 볼 수 있습니다.

3. 사료와 유물에 주의를 기울여라

기출문제는 향후 치러질 시험을 예측할 수 있는 가장 좋은 자료입니다. 한국사 능력검정시험의 경우 기출되었던 내용이 반복적으로 출제되는 경향이 있으므로 기본 개념의 이해가 완성되었다면 기존의 한국사 능력검정시험의 기출문제를 풀면서 시험 유형과 출제될 내용을 미리 파악해 볼 수 있습니다.

4. 다양한 유형의 문제를 접하라

역사적 개념들은 문제를 통해서 재확인되어야 합니다. 실제로 알고 있는 개념이라 하더라도 막상 문제를 만나게 되면 해답을 찾기가 쉽지 않은 결과를 볼 수 있습니다. 따라서 다양한 문제를 풀어봄으로써 다양한 유형에 대한 적응력을 높여나가야 할 것입니다.

5. 시간 배분 훈련이 필요하다

막상 실제 시험에서 시간 배분에 실패하는 사례들을 종종 볼 수 있습니다. 100분은 50문제를 풀기에 충분한 시간이지만 평소에도 실제 시험과 같은 분위기를 만들고 적절한 시간 배분 훈련을 하도록 하여야 합니다.

✱CONTENTS

Part 1 _ 실전모의고사(1~8회)

실전모의고사 1회 ········· **008**
실전모의고사 2회 ········· **023**
실전모의고사 3회 ········· **039**
실전모의고사 4회 ········· **054**
실전모의고사 5회 ········· **069**
실전모의고사 6회 ········· **085**
실전모의고사 7회 ········· **101**
실전모의고사 8회 ········· **118**

Part 2 _ 기출문제

2013년 제21회 기출문제 ········· **136**
2014년 제23회 기출문제 ········· **149**

특별부록   사진과 지도로 보는 연표

Part 1

실전모의고사 (1~8회)

- 실전모의고사 1회
- 실전모의고사 2회
- 실전모의고사 3회
- 실전모의고사 4회
- 실전모의고사 5회
- 실전모의고사 6회
- 실전모의고사 7회
- 실전모의고사 8회

실전모의고사 1회

01 다음에서 설명하는 유적이 만들어진 시기에 대한 설명으로 옳은 것은? [2점]

> 국보 제285호인 울주 대곡리 반구대 암각화의 훼손이 심화되자 반구대 유적을 보호하기 위한 당국의 다양한 방안이 모색되고 있다.

① 동굴이나 막집에 거주하며 이동생활을 하였다.
② 잔석기를 나무나 뼈에 꽂아 쓰는 이음도구가 나타난다.
③ 이 시기 유적지로는 공주 석장리, 연천 전곡리 등이 대표적이다.
④ 최초로 토기를 사용하였으며 원시적 형태의 수공업이 나타났다.
⑤ 지배층의 무덤에서 청동으로 만든 껴묻거리가 발견되기도 한다.

해설 ①, ②, ③은 구석기, ④는 신석기 시대에 대한 설명이다.

보충설명 울주 대곡리 반구대 바위그림은 청동기 시대에 제작되었다.

02 다음 내용에 해당하는 국가에 대한 설명으로 옳은 것은? [3점]

> • 조선상(相) 노인, 상 한음, 장군 왕겹 등이 서로 모의하기를 … 모두 도망하여 한에 항복하였는데, 노인은 도중에 죽었다.
> • 우거가 격파되지 않았을 때에, 조선의 상 역계경이 우거에게 간언하였지만 채택되지 않았다. 이에 동쪽의 진국으로 가니 2천여 호의 백성이 따랐다.

① 고려 원 간섭기에 쓰인 삼국유사에 이 국가의 건국신화가 처음 등장한다.
② 국가의 중요한 일을 결정할 때 소를 죽여 그 발굽을 보고 결정하였다.
③ 천군이라는 제사장이 있어 제정 분리 사회의 모습을 엿볼 수 있다.
④ 왕은 없었으며 읍군, 삼로라 불리는 군장이 통치를 담당하였다.
⑤ 왕 아래 대가들이 지배하는 사출도가 존재하는 사회였다.

해설 제시문의 국가는 고조선이다. 고조선의 건국신화는 원 간섭기에 쓰인 일연의 삼국유사에 처음 등장한다.

03 다음 (가)와 (나)왕에 대한 설명으로 옳은 것은? [2점]

> • (가) 은(는) 노리사치계로 하여금 불상과 불경을 왜에 전파하게 하여 왜에 불교가 전래되게 하였다.
> • (나) 은(는) 즉위 14년 계유(553) 2월에 용궁 남쪽에 장차 대궐을 지으려 하였는데, 황룡이 나타남으로 인해 절을 지었다. 이름을 '황룡사'라 하고 기축(569)에 이르러 담을 쌓아 17년 만에 완성하였다.

① (가)는 수도를 웅진으로 천도하였다.
② (가)는 태학을 설립하여 교육을 장려하였다.
③ (나)는 자장의 건의에 따라 9층의 목탑을 건축하였다.
④ (나)는 금관가야를 복속시키고 율령을 반포하였다.
⑤ (가)와 (나)는 연합하여 고구려의 한강 유역을 공격하였다.

해설 ① 웅진으로 수도를 천도한 왕은 문주왕이다.
② 고구려 소수림왕은 태학을 설립하여 유학을 장려하였다.
③ 황룡사는 진흥왕 때 건축되었으며 자장의 건의로 황룡사 9층 목탑을 건축한 왕은 선덕여왕이다.
④ 법흥왕 때 금관가야가 복속되었고 율령이 반포되었다.

보충설명 (가)는 백제의 성왕, (나)는 신라의 진흥왕이다. 성왕과 진흥왕은 고구려에게 빼앗긴 한강 유역을 되찾기 위하여 연합하여 공격하였다.

04 다음 자료와 관련된 나라에 대한 설명으로 옳지 않은 것은? [1점]

> 그대의 귀신같은 계략은 하늘의 이치를 다했고, 기묘한 계략은 땅의 이치를 다하였네, 전쟁에 이겨서 그 공이 높으니 만족함을 알고 그만 두기를 바라노라.

① 이 전쟁으로 고구려를 침입한 국가는 멸망하는 계기가 되었다.
② 을지문덕이 이들을 살수에서 물리쳤다.
③ 연개소문은 이 국가를 방비하기 위하여 천리장성을 축조하였다.
④ 최초의 침입은 고구려의 요서 지역에 대한 선제공격 때문이었다.
⑤ 신라는 이 나라에게 군대를 요청하는 걸사표를 보내기도 하였다.

해설 제시된 글은 을지문덕의 '여수장우중문시'이고, 이와 관련된 국가는 수나라이다. 수는 두 차례에 걸쳐 고구려를 공격했으며 1차 침입은 고구려의 요서 선제공격이 원인이 되었으며, 2차 침입은 살수에서 을지문덕이 격퇴하였다. 연개소문은 당의 침입을 방비하기 위하여 천리장성을 축조하였다.

05 다음 삼국 시대의 항쟁 과정 중 시기적으로 두 번째에 해당하는 사실은? [2점]

① 고구려는 한강 유역을 완전히 정복하고 중원 고구려비를 세웠다.
② 백제는 국호를 남부여로 바꾸었다.
③ 신라는 당과 함께 백제를 공격하여 멸망시켰다.
④ 고구려의 왕이 평양에서 전사하였다.
⑤ 이문진이 『신집 5권』을 편찬하였다.

해설 ①은 5C(423) 장수왕, ②는 6C(538) 성왕 16년, ③은 7C(660) 의자왕 20년, ④는 4C(371) 고국원왕, ⑤는 7C(600) 영양왕 11년이다.

06 다음 글을 읽고 나눈 대화에서 가장 타당한 견해를 밝힌 사람은? [2점]

> 온달은 고구려 평강왕 때의 사람이다. 얼굴 모습은 우스꽝스러웠으나 속마음은 아주 맑았다. 집이 매우 가난하여 구걸한 음식으로 어머니를 봉양했다. 당시 사람들은 그를 '어리석은 온달'이라고 불렀다. … 공주가 장성하자 왕은 상부의 고 씨에게 시집 보내려 하였다. 공주는 "대왕께서는 항상 '나는 필시 온달의 아내가 되리라'고 말씀하시더니 지금은 어찌 예전의 말씀을 고치십니까? 지금 대왕의 명령이 전과 틀리시니 저는 감히 따르지 못하겠나이다."라고 하였다.… 공주는 궁궐에서 가지고 나온 팔찌를 팔아 집과 논밭, 노비, 우마, 기물을 사니 쓸 물건이 다 갖추어졌다.

① 이 시기에는 왕권이 약해져 공주마저도 왕명을 어기기에 이른 것이라 할 수 있다.
② 온달은 가공의 인물이므로 이를 근거로 고구려 사회의 실상을 말하는 것이 무의미하다.
③ 빈민을 구제하는 진대법이 실시되고 있었으니 결식을 하던 사람이 있었을 리가 없다.
④ 고구려에는 매매가 가능한 사적 소유지가 있어 평민도 자기의 토지를 가질 수 있었을 것이다.
⑤ 공주와 결혼한 것으로 보아 당시 온달의 신분은 귀족과 평민의 중간 계층으로 볼 수 있다.

해설 ① 지문을 통해 이 시기 왕권이 약해졌다는 근거를 찾을 수는 없다.
② 온달은 고구려 평강왕 때의 장군으로 『삼국사기』에 그 일대기가 전해진다. 온달의 일대기가 다분히 설화적 색채가 강하나 당시 고구려 사회를 이해하는 데 중요한 자료이다.
③ 진대법이 시행되나 모든 빈민을 구제하는 것은 불가능 하였다.
④ 고대 사회에서도 개인은 사적 소유지를 가질 수 있었다.
⑤ 귀족과 평민의 중간 계층인 중류층은 고려 시대에 등장한다.

07 다음 중 발해의 경제 활동에 관한 설명으로 올바른 것을 모두 고르면? [2점]

㉠ 수취제도로 조세, 공물, 부역을 수취하였다.
㉡ 목축과 수렵이 발달하였으며 솔빈부에서는 말을 수출하기도 하였다.
㉢ 논농사 중심의 농업 구조를 가지고 있었다.
㉣ 신라 견제를 목적으로 일본과는 무역을 하지 않았다.
㉤ 당항성이라는 국제 무역항을 통해 무역을 하였다.

정답 04 ③ 05 ① 06 ④ 07 ①

① ㄱ, ㄴ ② ㄴ, ㄷ ③ ㄷ, ㄹ
④ ㄹ, ㅁ ⑤ ㄷ, ㅁ

해설 발해의 경제활동
- 수취제도(조세, 공물, 부역)
- 산업농업(밭농사 중심, 철제 농기구의 보급과 수리 시설의 확충으로 일부 지방에 벼농사 보급, 목축과 수렵 발달, 솔빈부의 말 수출)
- 상업도시와 교통 요충지를 중심으로 상품 매매 활발, 현물 화폐와 외국 화폐 통용
- 무역항(8세기 후반 활발한 무역, 발해관 설치), 일본(신라 견제를 목적으로)과의 외교 관계 중시, 대규모 무역 활동

08 다음 (가), (나)국가의 경제 활동에 대한 설명으로 옳지 않은 것은? [2점]

> 부여씨와 고씨가 망한 다음에 김씨의 (가)가 남에 있고 대씨의 (나)가 북에 있으니 이것이 남북국이다. 여기에는 마땅히 남북사가 있어야 할 터인데, 고려가 편찬하지 않은 것은 잘못이다.

① (가) – 국가는 국제 무역이 발달하여 이슬람 상인과 무역하였다.
② (가) – 국가는 상품 수요의 증가로 동시 외에 서시와 남시를 설치하였다.
③ (나) – 국가는 중국의 남북조 및 북방의 유목 민족과 무역을 하였다.
④ (나) – 국가는 밭농사를 주로 지었고 솔빈부의 말이 유명하였다.
⑤ (가)와 (나)는 동해안을 따라 이어진 교통로를 가지고 있었다.

해설 제시문은 유득공의 『발해고』이다. (가)는 통일신라, (나)는 발해에 대한 설명이다. ③은 고구려에 대한 설명이다.

09 다음과 같은 문화재가 만들어졌던 시기의 불교계의 동향에 대한 설명으로 옳은 것은? [2점]

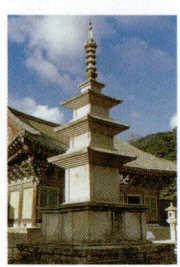

① 9산 선문이 만들어져 지방의 호족들에게 환영을 받았다.
② 승탑과 탑비가 유행하였으며, 실천 수행을 통한 깨달음이 강조되었다.
③ 이 시기 유행한 불교 종파는 훗날 고려의 건국 이념으로 수용되었다.
④ 같은 시기 신라 호국불교를 보여주는 황룡사 9층 목탑이 건립되었다.
⑤ 불교의 경전을 중시하는 종파가 발달하였고 이 종파의 영향으로 조형미술이 발달하였다.

해설 ①, ②, ③은 신라 하대 선종에 대한 설명이다. ④의 황룡사 9층 목탑은 신라 상대 선덕여왕 때 제작되었다.

보충설명 제시된 사진은 불국사 3층 석탑(석가탑)이다. 이 탑이 제작된 신라 중대는 경전을 중시하는 교종이 발달하였고, 이의 영향으로 조형미술이 발달하였다.

10 다음의 글이 지어졌을 왕대의 상황으로 가장 옳은 것은? [3점]

> 어떤 이가 화왕(모란)에게 말하였다. "두 명(장미와 할미꽃)이 왔는데 어느 쪽을 취하고 어느 쪽을 버리시겠습니까?" 화왕이 말하였다. "장부(할미꽃)의 말도 일리가 있지만 어여쁜 여자(장미)는 얻기가 어려운 것이니 이 일을 어떻게 할까?" 장부가 다가서서 말하였다. "저는 대왕이 총명하여 사리를 잘 알 줄 알고 왔더니 지금 보니 그렇지 않군요……" 화왕이 대답하였다. "내가 잘못했노라. 내가 잘못했노라." 이에 왕이 얼굴빛을 바로 하였다.
> 『삼국사기』

① 최초의 진골 출신의 왕이 등장하였다.
② 한강 유역을 장악하여 중국과의 직접 교류가 가능하였다.
③ 김흠돌의 모역사건이 발생하였고 왕권이 강화되었다.
④ 관료전이 폐지되고 녹읍이 부활하여 귀족의 권한이 강화되었다.
⑤ 김헌창, 장보고의 난 등으로 신라 사회가 혼란하였다.

해설 제시문은 설총이 신문왕에게 지어 바친 화왕계의 일부이다. 신문왕 때는 김흠돌의 모역사건이 발생하였고, 이와 연관된 귀족 약 80여 명이 처형되었다. 이 과정에서 왕권의 강화가 나타났다.

해설 제시된 사건은 무신정변기의 망이·망소이의 난이다. 최충헌은 권력을 장악하고 중방 대신 교정도감을 최고 기구로 설치하였고 교정별감에 올랐다.

11 다음 중 고려의 군사 제도에 대한 설명으로 옳은 것을 골라 묶은 것은? [2점]

㉠ 중앙군인 9서당은 민족 융합정책의 일환으로 편성되었다.
㉡ 중앙군은 직업군인으로 편재되었다.
㉢ 국경지대에는 상비군인 주진군을 배치하여 국경 수비를 강화하였다.
㉣ 유사시에 대비한 예비군으로 잡색군을 편성하였다.

① ㉠, ㉡ ② ㉡, ㉢ ③ ㉢, ㉣
④ ㉠, ㉢ ⑤ ㉡, ㉣

해설 ㉠ 통일신라의 중앙군인 9서당에 대한 설명이다. ㉣ 잡색군은 조선 시대 노비까지 포함된 예비군이었다.

보충설명 고려의 중앙군인 2군 6위는 군인전을 지급받는 직업군인으로 편성되었고, 지방의 5도에는 주현군과 양계에는 상비군인 주진군을 배치하였다.

13 다음 중 공민왕이 실시한 정책으로 옳은 것은? [1점]

① 호족을 견제하기 위하여 기인제도를 시행하였다.
② 왕권강화를 위하여 관리의 공복을 제정하였다.
③ 최승로의 건의를 받아들여 유교를 정치이념화 하였다.
④ 호복(胡服)을 벗고 변발 등의 몽고풍을 금지하였다.
⑤ 동녕부를 공격하여 철령 이북의 영토를 회복하였다.

해설 ①은 태조, ②는 광종, ③은 성종, ⑤는 공민왕이다. 공민왕은 쌍성총관부를 공격하여 철령 이북의 영토를 회복하였고, 동녕부는 충렬왕 때 반환되었다.

보충설명 공민왕은 반원 정책을 추진하였고, 몽고의 복장과 변발 등의 몽고풍을 금지시켰다.

12 다음과 관련된 사건이 일어난 가장 가까운 시기의 사회 모습으로 옳은 것은? [3점]

우리 고향을 현으로 올려 주고 수령까지 보내 백성을 위로하더니, 곧 군사를 보내 우리 고을을 치고 어머니와 아내를 잡아 가두니 이것은 무슨 까닭인가? 차라리 싸우다 죽을지언정 끝까지 굴복하지는 않을 것이며, 반드시 개경까지 가고야 말겠다.

① 금의 사대요구를 수용하므로 북진정책이 좌절되었다.
② 국정을 총괄하는 교정도감이 설치되었다.
③ 권문세족이 지위를 이용하여 농민의 토지를 약탈하였다.
④ 새로운 유학을 수용한 계층이 고려의 개혁을 주도하였다.
⑤ 신진사대부의 경제적 기반 마련을 위하여 과전법이 시행되었다.

14 다음의 제시문을 통해 알 수 있는 시기의 경제 상황으로 옳지 않은 것은? [2점]

문익점은 본국으로 돌아오면서 목화씨를 얻어와 정천익과 그것을 심었다. 처음에는 재배 방법을 몰라 모두 말라죽고 한 그루만 남았는데 3년 만에 크게 불었다.

① 밭농사에서 견종법이 널리 시행되었다.
② 시비법의 발달로 휴경지가 감소되었다.
③ 우경을 이용한 깊이갈이가 일반화되었다.
④ 중국의 농서인 『농상집요』가 소개되었다.
⑤ 일부 남부 지방에서 이앙법이 시행되었다.

해설 문익점의 목화 전래는 고려 말기의 상황이다. 견종법은 밭 고랑이 씨를 뿌리는 방식으로 17세기 이후 시행되었다.

정답 11 ② 12 ② 13 ④ 14 ①

15 다음 제시된 고려 시대 중앙 통치 조직에 대한 설명으로 옳지 않은 것은? [3점]

> **Q** 고려의 중앙 정치 조직에 대해 알려주세요. 기구별 기능을 중심으로 간략하게 부탁드려요.
>
> **A** 고려의 중앙 정치 조직은 성종 때 마련한 2성 6부제를 토대로 하였습니다. 아래 내용은 각 기구의 역할을 정리한 것입니다.
> ✓ 식목도감
>   - 법제와 격식에 관련된 국가 중대사를 결정······ (가)
> ✓ 상서성
>   - 6부를 관할하고 정책의 집행을 담당 ············ (나)
> ✓ 어사대
>   - 풍속을 교정하고, 관리 감찰을 담당 ············ (다)
> ✓ 삼사
>   - 사헌부, 사간원, 홍문관을 합쳐 부르는 명칭으로 언관 기능을 담당 ····································· (라)
> ✓ 도병마사
>   - 중서문하성과 중추원의 고관들이 모여 국방에 관계된 국가 중대사를 결정 ························· (마)

① (가)는 재추기구라고도 불리며, 고려 귀족회의의 전통을 보여주는 기구이다.
② (나)는 장관은 상서, 차관은 시랑이라 불리고 백관을 거느리며 정책 실무를 담당하였다.
③ (다)는 중서문하성의 낭사와 함께 대간을 구성하였으며 왕권을 견제하는 역할을 하였다.
④ (라)는 사헌부, 사간원, 홍문관을 합쳐 부르는 명칭으로 언론기관의 역할을 담당하였다.
⑤ (마)는 고려 후기 충렬왕 때 도평의사사로 명칭이 개칭되고 구성원이 확대되면서 국정 전반을 담당하는 최고 기구로 발전하였다.

해설 고려의 삼사는 돈과 곡식의 출납을 담당하는 회계 기관이고 삼사가 언론 기관의 역할을 담당, 왕권을 견제한 것은 조선의 삼사에 대한 설명이다.

16 다음의 밑줄 친 교육기관에 대한 설명으로 옳은 것은? [2점]

> 성현에 대한 제사와 유생의 교육, 주민의 교화를 위해 부·목·군·현에 하나씩 설치된 이 교육기관의 관리는 수령 7사 중의 하나로 수령의 평가 기준이 되기도 하였다.

① 초등 교육을 담당하는 교육기관이다.
② 입학 자격은 생원과 진사로 제한하였다.
③ 백운동 서원이 최초로 설립되었다.
④ 중앙정부에서 교수 또는 훈도를 파견하였다.
⑤ 서울의 동, 서, 남, 북에 각각 설치되었다.

해설 제시문의 교육기관은 지방에 설립된 중등교육기관인 향교이다. 향교는 지방민의 교화를 위하여 부·목·군·현에 각각 하나씩 설치되었고, 중앙에서 교수 또는 훈도를 파견하였다.

17 다음의 토지 제도에 대한 설명으로 옳은 것을 모두 고르면? [2점]

> 경기는 사방의 근본이니 마땅히 ( )을(를) 설치하여 사대부를 우대한다. 무릇 수조권자가 죽은 후, 자식이 있는 아내가 수신하면 남편이 받은 토지를 모두 물려받고, 자식이 없으면 그 절반을 물려받으며, 수신하지 않는 경우는 물려받지 못한다. 부모가 사망하고 자식들이 어리면 휼량하여야 하니 그 토지를 모두 물려받는다.

㉠ 전·현직 관리에게 전지와 시지를 지급하였다.
㉡ 고려 시대에 시작된 토지 제도이다.
㉢ 토지를 지급받은 관리는 조세를 징수하고 노동력을 징발할 권리를 가졌다.
㉣ 매년 풍흉에 따라 수확량을 조사하여 납부액을 조정하였다.

① ㉠, ㉡   ② ㉠, ㉢   ③ ㉡, ㉢
④ ㉡, ㉣   ⑤ ㉢, ㉣

해설 제시문은 과전법에 대한 설명이다.
㉠ 전시과에 대한 설명이다.
㉢ 과전법은 조세를 수취할 권한을 가졌으나, 노동력을 징발할 수는 없었다.

보충설명 과전법은 공양왕(1391)에 처음 시작되었고, 풍흉을 조사하여 납부액을 조정하였다.

18 조선 시대의 문화에 대한 설명으로 옳지 않은 것은? [2점]

① 태종 때에는 서적 간행을 위하여 주자소가 설치되고 금속활자인 계미자가 주조되었다.
② 세조는 불교 진흥책의 일환으로 간경도감을 설치하였다.

정답 15 ④ 16 ④ 17 ④ 18 ⑤

③ 조선 초기에는 분청사기가 16세기 이후 선비들의 취향에 부합하는 백자가 유행하였다.
④ 15세기 회화의 대표작으로는 안견의 몽유도원도와 강희안의 고사관수도를 들 수 있다.
⑤ 조선 후기 이제마는 『향약집성방』에서 사상의설을 주장하였다.

해설 사상의설을 주장한 이제마의 책은 『동의수세보원』이다.

보충설명 『향약집성방』은 세종 때 간행된 의학서적으로 『의방유취』와 함께 의학의 자주적 체계를 마련한 의학서로 평가된다.

19 조선 전기에 시행된 다음의 정책과 관련된 설명으로 가장 적절한 것을 모두 고르면? [3점]

> 북방 영토를 확장하면서 이를 유지하기 위해 수만의 남방 민호를 이주시켰다. 그리고 향리와 역리는 그 역을 면해 주고, 천인은 양인으로 승격시키는 방안을 결정하였다.

㉠ 토관 제도를 활용하여 민심을 수습하였다.
㉡ 북방 지역의 개척과 국토의 균형적 발전을 위해 실시하였다.
㉢ 명의 과다한 금·은의 요구에 대처하기 위해 취해진 조치였다.
㉣ 주민의 자치적 지역 방어 체제를 확립함으로써 여진족의 침입에 대비하려는 것이었다.
㉤ 요동 지방을 수복하기 위한 북방 개척의 전초 기지로 삼으려 하였다.

① ㉠, ㉡, ㉢   ② ㉠, ㉡, ㉣
③ ㉠, ㉢, ㉤   ④ ㉡, ㉣, ㉤
⑤ ㉡, ㉢, ㉣

보충설명 제시된 자료는 사민정책에 대한 설명이다.
• 사민정책의 실시 목적은 ㉡과 ㉣이었고, 민심을 수습하기 위해 ㉠의 토관 제도를 실시하였다.
• ㉢은 조선정부가 광산 개발을 억제한 것으로 사민정책과 관련없다. ㉤은 북방 지역 개척 및 사민 정책은 명의 요동 지방을 수복하는 것과는 관계가 없다.

20 다음의 규약에 대한 설명으로 옳은 것은? [3점]

> • 부모에게 불순한 자, 형제가 서로 싸우는 자, 집안의 도덕을 무너뜨리고 어지럽히는 자 … 이상은 극벌상, 중, 하에 처한다.
> • 친척과 화목하지 않은 자, 본처를 박대하는 자, … 이상은 중벌 상, 중, 하에 처한다.

① 조광조의 노력으로 전국에 보급되었다.
② 상호부조와 유교 윤리의 향촌 보급을 목적으로 시행하였다.
③ 토착적인 전통 조직에서 시작하여 발달하였다.
④ 사림 세력의 공론 형성에 있어 중요한 역할을 담당하였다.
⑤ 조선 후기 수령의 세금 자문기구로 그 역할이 축소되었다.

해설 제시문은 이황의 예안 향약의 일부이다.
① 향약의 전국 보급은 이황과 이이에 의해 이루어졌다.
③ 향약은 중국의 여씨 향약을 근간으로 우리 실정에 맞춰 실시되었다.
④ 서원에 대한 설명이다.
⑤ 유향소에 대한 설명이다.

21 다음 자료를 통해 조선 전기의 경제 구조에 대해 바르게 추론한 것은? [1점]

> 검소한 것은 덕이 함께 하는 것이며, 사치는 악이 큰 것이니 사치스럽게 사는 것보다는 차라리 검소해야 할 것이다. 농사와 양잠은 의식의 근본이니 왕도 정치에서 우선이 되는 것이다.
> 우리나라에는 이전에 공상(工商)에 관한 제도가 없어, 백성들 중 게으르고 놀기 좋아하는 자들이 수공업과 상업에 종사하였기 때문에 농사를 짓는 백성이 줄어들었으며, 말작(상업)이 발달하고 본실(농업)이 피폐하였다.
> 『조선경국전』

① 성리학적 명분론에 입각하여 산업의 중심은 수공업이라고 보았다.
② 농업 중심의 자급자족 경제 구조가 성리학적 질서에 부합한 것으로 보았다.
③ 양반들은 성리학을 강조하였으므로 농업 경영과 생산력 증대에 관심을 보이지 않았다.
④ 국가에서는 농업 생산과 민생 안정을 위하여 농민을 군역에 동원하지 않았다.

정답 19 ② 20 ② 21 ②

⑤ 상공업을 발전시켜 부의 증대가 국가의 안정과 발전을 위한 필수적 요소로 인식하였다.

해설 조선은 재정 확충과 민생 안정을 위한 방안으로 농본주의 경제 정책을 내세웠다. 자급자족적인 농업 중심의 경제로 인하여 화폐 유통, 상공업 활동, 무역 등이 부진하였다.

22 조선 시대 다음과 같은 문화재가 제작된 시기의 상황으로 옳은 것은? [2점]

① 활자를 개량하여 계미자를 주조하였다.
② 대신이나 외척세력을 견제하기 위하여 사간원을 독립시켰다.
③ 공법상정소를 설치하고 풍흉에 따른 조세 제도를 만들어 시행하였다.
④ 이시애의 난을 계기로 유향소를 폐지하고 중앙집권을 강화하였다.
⑤ 홍문관을 설치하여 국왕의 자문 기구의 역할과 경연을 주관하게 하였다.

해설 ①, ②는 태종, ④는 세조, ⑤는 성종이다.

보충설명 세종 때 공법상정소를 설치하고, 연분 9등법을 시행하여 풍흉에 따라 조세 수취액을 달리하였다.

23 다음과 같은 정치적 변화가 일어나던 시기 농촌의 생활 모습으로 볼 수 있는 것은? [2점]

> 조광조의 중용과 함께 급진적인 개혁이 추진되자, 급진적 개혁에 대한 공신들의 반발로 조광조를 비롯한 사림 세력들은 대부분 제거되었다.

① 쉬는 시간에 담배를 태우는 농부
② 겨울밤 고구마를 구워먹는 아이들
③ 후추를 뿌려 고기를 굽는 양반들
④ 애호박을 넣고 칼국수를 끓이는 여인들
⑤ 고춧가루를 넣고 매운탕을 끓이는 청년들

해설 조광조가 숙청된 사화는 중종 때의 기묘사화이고, 조선 전기에 해당한다. 고구마, 고추, 호박, 담배 등은 임진왜란 이후에 전래된 것이며, 후추는 고려 때 전래된다.

24 다음은 조선 전기의 조운 상황을 나타낸 지도이다. 이 지도와 관계된 내용으로 적절하지 못한 것은? [2점]

① 경기도 지역은 수운보다 주로 육운으로 조세가 운반되었다.
② 지방에서 수납한 조세는 최종적으로 서강과 용산의 경창으로 운반되었다.
③ 평안도, 함경도, 제주도 등은 인구가 적은 벽지였기 때문에 잉류가 허용되었다.
④ 강원도는 한강, 경상도는 낙동강과 남한강을 통해 한양의 경창으로 운송하였다.
⑤ 조세는 각 지방이 개별적으로 운송하지 않고 조창에 모아 한꺼번에 운송하였다.

해설 평안도, 함경도는 국경지대로 사신접대비와 군사비로, 제주도는 거리가 멀어 잉류가 허용되었다.

25 다음 글의 (가)에 들어갈 인물들에 대한 설명으로 옳은 것은? [2점]

> 오래동안 막혀 있으면 반드시 터놓아야 하고, 원한은 쌓이면 반드시 풀어야 하는 것이 하늘의 이치이다. 중인·서얼을 가로막는 것은 우리나라에서 한쪽으로 치우친 일로 이제 몇 백 년이 되었다. 서얼은 다행히 조정의 큰 성덕을 입어 문관은 승문원, 무관은 선전관에 임용되고 있다. 그런데도 우리들 (가)는(은) 홀로 이 은혜를 입지 못하니 어찌 탄식조차 없겠는가?
> 『상원과방자료』

① 노비종모법의 시행으로 신분의 변화를 겪었다.
② 정조 때 규장각의 검서관으로 등용되었다.
③ 조선 후기 권반, 향반, 잔반으로 분화되었다.
④ 철종 때 대규모의 소청 운동을 전개하였다.
⑤ 경제적 부를 축적하여 요호부민이라고 불리기도 했다.

해설 제시문은 중인에 대한 설명이다.
① 천민에 대한 설명이다.
② 서얼에 대한 설명이다.
③ 양반에 대한 설명이다.
⑤ 평민에 대한 설명이다.

보충설명 중인들은 철종 때 대규모의 소청운동을 전개하지만 실패한다. 그러나 전문직이라는 인식을 제고시키는 데는 성공하였다.

26 다음 제시문과 관련 있는 왕의 업적으로 옳은 것은? [1점]

> 1742년 탕평책의 일환으로 성균관 반수교에 탕평비를 건립하였다. 이 비석은 붕당의 폐해에 대한 경계의 뜻을 담고 있다.

① 임진왜란 때 소실된 사고를 재정비하였다.
② 대전통편을 편찬하여 통치체제를 재정비하였다.
③ 사형수에 대한 삼심제를 시행하였다.
④ 영정법을 시행하여 군포의 부담을 줄였다.
⑤ 수령에게 향약을 주관하게 하였다.

해설 제시문은 영조 때 건립된 탕평비에 대한 설명이다. 영조는 균역법을 시행하여 백성들의 군포부담을 줄여주었고, 지나친 악형을 금지시켰다. 또한 사형수에 대한 삼심제를 시행하였고 『속대전』,『동국문헌비고』 등을 편찬하였다.

27 조선 후기의 수공업에 대한 설명으로 옳지 않은 것은? [2점]

① 장인 등록제가 폐지되었다.
② 대동법의 실시로 상품 수요가 증가하였다.
③ 화폐 사용이 증가하였고 전황이 발생하였다.
④ 상인의 지배를 받는 수공업자가 등장하였다.
⑤ 사원을 중심으로 한 수공업이 발달하였다.

해설 사원 수공업이 발달했던 것은 고려 후기의 상황이다.

28 다음 사건의 영향으로 옳은 것은? [2점]

> 삼남 지방의 읍민들이 소요를 일으켜 관원을 협박하고 아전을 해쳤으며, 심지어 함흥의 백성들은 관찰사의 정당(政堂)을 범하기까지 하였습니다. 왕께서 영남에 안핵사와 선무사를 나누어 보냈으며, 호남 난민의 주모자를 참형에 처하였고 지방의 관리들을 처벌하였습니다.

① 이 사건의 결과 삼정이정청이 설치되었다.
② 순조 때 일어난 최초의 지방 반란이었다.
③ 신분적 차별에 저항한 농민의 신분 상승 운동이다.
④ 이 사건의 결과 왕권이 약화되자 탕평책이 시행되었다.
⑤ 농민군과 정부군 사이에 전주화약이 체결되어 일단락되었다.

해설 제시문은 임술 농민 봉기에 대한 설명이다. 정부에서는 안핵사를 파견하고, 삼정이정청을 설치하여 사건을 수습하고 민심을 안정시키고자 하였다.

29 다음과 같이 말한 인물이 집권한 시기에 추진된 정책으로 옳지 않은 것은? [2점]

> • 나는 천리를 끌어다 지척을 삼겠으며, 태산을 깎아 내려 평지를 만들고, 또한 남대문을 3층으로 높이려 하는데 제공들은 어떻게 생각하오?
> • 진실로 백성에게 해가 되는 것이 있으면 비록 공자가 다시 살아난다 해도 나는 용서하지 않겠다. 하물며 서원은 우리나라에서 존경받는 유학자를 제사하는 곳인데, 지금은 도적의 소굴이 되어버렸으니 말할 것도 없다.

정답 26 ③ 27 ⑤ 28 ① 29 ①

① 집권 기간에 개항을 결정하고 강화도 조약을 체결하였다.
② 고리대로 전락한 환곡제를 개선하여 사창제를 시행하였다.
③ 호포제를 시행하여 양반들에게도 군포를 징수하였다.
④ 비변사의 기능을 축소시키고 의정부와 삼군부를 부활시켰다.
⑤ 왕실의 권위를 높이기 위해 임진왜란 때 불타 버린 경복궁을 중건하였다.

> **해설** 대원군은 통상수교 거부 정책을 사용하였으며, 강화도 조약은 명성황후 시절에 체결되었다.

30 다음의 밑줄 친 이 책에 대한 설명으로 옳은 것은? [2점]

> 김홍집 일행 58명은 8월 중순 도쿄에 도착하여 약 1개월간 체류하면서 일본의 조야 인사와 만나 당시 현안이었던 관세개정, 미곡금수, 개항장의 확대 등을 해결하려 하였다. 또한 주일 청국공사인 허루장[何如璋], 참찬관(參贊官) 황쭌셴[黃遵憲] 등과 접촉하면서 조선이 알지 못하던 국제정세에 관해 여러 정보를 얻게 되었다. 이때 김홍집은 이 책을 증정 받고 귀국한 후 고종에게 바쳤다.

① 임오군란이 일어나는 계기가 되었다.
② 일본을 견제하려는 의도가 담겨 있다.
③ 미국과 수교를 맺는 계기가 되었다.
④ 최익현은 5불가소를 올려 이 책을 비판하였다.
⑤ 근대적 무기 제작 방법과 군사 훈련 방법이 담겨있다.

> **해설** 제시된 책은 2차 수신사로 일본을 방문했던 김홍집이 가지고 온 『조선책략』이다. 러시아의 남하를 견제하기 위하여 친(親)중국, 결(結)일본, 연(聯)미국의 내용을 담고 있는 이 책은 조선과 미국이 수교하는 계기가 되었다.

31 밑줄 친 '이 집회'에서 결의한 내용으로 옳은 것은? [3점]

> 내가 일전에 학교에 갈 때 종로를 지나다가 본즉 태극기는 일월(日月)같이 높이 달고 흰 구름 같은 천막이 울타리 담장처럼 넓게 펼쳐져 있었습니다. 나무 울타리 안에 수많은 사람들이 모여 있었습니다. 제가 어떤 사람에게 묻기를 "여기서 무슨 일을 하려고 모였소" 하니, 그 사람이 대답하기를 "정부 대신을 초청하여 묻고 토론할 일이 있어 이 집회가 열렸소." 라고 하였습니다.
> - 대한계년사 -

① 토지의 평균 분작을 주장하였다.
② 의정부와 각 아문의 직무 권한을 명확히 제정한다.
③ 태양력을 사용하며 종두법을 실시하였다.
④ 과거제를 폐지하고 과부의 재가를 허용한다.
⑤ 국가의 재정은 탁지부에서 관리하고, 예산·결산을 공포한다.

> **해설** 제시문의 집회는 독립협회가 주관한 관민공동회이다. 관민공동회에서는 헌의 6조가 채택되었고, 헌의 6조에서는 재정을 탁지부에서 일원화 할 것을 주장하였다.

재정의 일원화	
갑신정변	14개조 개혁 정강 – 호조로 재정의 일원화 주장
갑오개혁	홍범 14조 – 탁지아문으로 재정의 일원화 주장
독립협회	헌의 6조 – 탁지부로 재정의 일원화 주장

32 다음 개혁 안을 내세운 근대적 민족 운동의 특징에 해당하는 것을 〈보기〉에서 모두 고르면? [2점]

> • 노비문서를 소각한다.
> • 7종의 천인 차별을 개선하고 백정이 쓰는 평량갓을 없앤다.
> • 왜와 통하는 자는 엄징한다.
> • 토지는 평균하여 분작한다.

〈 보기 〉
㉠ 신분제의 폐지를 주장한 반봉건적 운동이었다.
㉡ 반외세적 성격으로 양반 유생들의 지지를 받았다.
㉢ 입헌군주제를 목표로 하였다.
㉣ 위로부터의 개혁운동이라고 할 수 있다.
㉤ 이 운동은 안으로는 갑오개혁, 밖으로는 청일 전쟁에 영향을 미쳤다.

정답 30 ③ 31 ⑤ 32 ③

① ㉠, ㉢   ② ㉠, ㉣   ③ ㉠, ㉤
④ ㉡, ㉢   ⑤ ㉡, ㉣

해설 제시된 글은 동학 농민 운동의 폐정개혁안의 일부이다.
㉡ 신분제의 폐지와 같은 반봉건적 성격으로 양반들의 지지를 받지 못한다.
㉢ 동학은 입헌군주제와 같은 구체적인 정치적 실천 방안이 없으며, 집권 후의 구체적 계획이 결여되어 있다는 한계를 지니고 있다.
㉣ 농민들이 중심이 된 아래로부터의 개혁 운동이다.

33 다음 밑줄 친 개혁의 내용으로 가장 옳지 않은 것은? [2점]

> 지금 조선의 개혁은 행하지 않을 수 없지만, 조선인 입장에서는 세 가지 부끄러움이 있다. 세 가지 부끄러움이란 스스로 개혁하지 못하고 일본의 권고와 압박을 받았기 때문에 본국 인민에 대해 부끄러운 것이 그 하나요, 세계 만국에 대하여 부끄러운 것이 그 둘이요, 천하 후세에 대해 부끄러운 것이 그 셋이다.

① 궁내부를 설치하였다.
② 8아문을 7부로 개편하였다.
③ 종두법을 시행하였다.
④ 지계를 발급하였다.
⑤ 조세 금납제를 시행하였다.

해설 제시문에서 일본의 압박을 받은 개혁이므로 갑오개혁임을 알 수 있다. 토지 소유 문서인 지계는 광무개혁 때 발급되었다.

34 다음의 제시문과 관련된 단체에 대한 설명으로 옳은 것은? [2점]

> 무릇 나라의 독립은 오직 자강의 여하에 달려 있는 것이다. … 자강의 방도를 강구하려 할 것 같으면 다른 곳에 있지 않고 교육을 진작하고 산업을 일으키는 데 있으니, 무릇 교육이 일어나지 않으면 민지(民智)가 열리지 않고, 산업이 일어나지 않으면 국부가 증가하지 못하는 것이다.

① 의병활동을 지지하였다.
② 황무지 개간권 요구 반대 운동을 전개하였다.
③ 국외 독립운동 기지 건설을 주도하였다.
④ 일제시대 최대의 좌우합작 조직이었다.
⑤ 고종의 강제 퇴위 반대 운동을 전개하였다.

해설 제시문은 대한자강회 취지문이다. 대한자강회는 국권 회복을 위한 교육과 산업의 진흥을 강조하였으나, 고종의 강제 퇴위 운동을 전개하다 일제의 탄압으로 해산되었다.

35 다음 중 신간회의 해소 원인으로 옳지 않은 것은? [2점]

① 민중 대회 사건으로 인한 일제의 탄압
② 신간회 내부의 이념 대립
③ 코민테른의 지시에 의한 사회주의 계열의 이탈
④ 105인 사건으로 신간회의 세력 약화
⑤ 민족주의 계열 지도부의 우경화 현상

해설 ④ 105인 사건은 신민회가 해체되는 원인이다.

보충설명 신간회(1927~31)
• 조직 : 이상재, 홍명희, 김병로 등을 주축으로 비타협 민족주의와 사회주의 계열의 합작 단체이다.
• 강령 : 민족의 단결과 정치·경제적 각성 촉구, 기회주의자 배격
• 활동 : 광주 학생 항일 운동 지원, 사회 운동 전개, 농민 및 학생운동 지원, 전국 순회 강연
• 해소 : 1929년 민중 대회 사건으로 인한 일제의 탄압, 김병로 등의 지도부가 자치론자들과 제휴를 모색하는 등 타협적 노선에 따른 신간회 내부의 갈등, 코민테른의 노선 변경

36 우리나라의 국권 피탈 과정을 순서대로 바르게 나열한 것은? [2점]

> ㉠ 군사 전략상 필요한 지역을 마음대로 사용
> ㉡ 외교권 박탈, 통감부 설치
> ㉢ 사법권 강탈
> ㉣ 정부 각 부에 일본인 차관을 두게 하였음, 군대 강제 해산
> ㉤ 일본이 추천하는 외국인 고문(메가타, 스티븐스) 임명

① ㉠ → ㉡ → ㉢ → ㉣ → ㉤
② ㉠ → ㉢ → ㉣ → ㉤ → ㉡
③ ㉠ → ㉤ → ㉡ → ㉣ → ㉢
④ ㉠ → ㉡ → ㉣ → ㉢ → ㉤
⑤ ㉠ → ㉣ → ㉤ → ㉡ → ㉢ → ㉣

해설 ㉠ 한일의정서(1904. 2) → ㉤ 제1차 한일협약(1904. 8) → ㉡ 을사조약(제2차 한일협약, 1905) → ㉣ 한일 신협약(정미 7조약, 1907) → ㉢ 기유각서(1909)

정답 33 ④   34 ⑤   35 ④   36 ③

37 다음 사건과 관련된 설명으로 옳지 않은 것은? [2점]

> (가) 1932년 상하이의 중국 신문들이 사건을 보도하면서 "일본 국왕이 불행히도 명중되지 않았다"라고 표현하였다.
> (나) 중국의 지도자 장 제스는 "중국의 1억 인구가 해내지 못한 일을 한국의 한 청년이 해내었다"고 감탄하였다.

① 김구가 조직한 한인애국단 소속 의사들의 의혈 활동이다.
② (가) 사건에 대한 중국 신문들의 표현은 상하이 사변을 불러 일으켰다.
③ (나) 사건 이후 임시 정부는 일본의 탄압을 피해 중국 내륙으로 이동하게 되었다.
④ (가) 사건은 중국 국민당 정부가 임시정부를 지원하는 계기가 되었다.
⑤ 임시 정부의 침체를 극복하고 세계에 우리 민족의 독립 의지를 알리는 계기가 되었다.

해설 (가)는 이봉창 의사, (나)는 윤봉길 의사의 의거이다. 김구가 조직한 한인 애국단 소속의 의혈 활동이며, 이봉창 의사의 의거 후 일본은 상하이 사변을 촉발시켰다. 윤봉길 의사의 의거로 중국의 장 제스는 임시정부를 지원하게 되었고, 임시정부는 일본의 탄압을 피해 중국 여러 지역을 떠돌게 되었다.

38 일제 강점기에 있었던 한글 보급 운동에 관한 포스터이다. 이와 관련된 사실로 옳은 것은? [1점]

① 일본의 낮은 수준의 교육으로 문맹률이 급증하자 실력 양성 운동의 일환으로 전개되었다.
② 이 운동은 3·1운동의 결과 문화 통치가 시작되는 1920년대 전반에 활발히 전개되었다.
③ 동아일보는 "아는 것이 힘, 배워야 산다."는 표어를 내세우고, 문자 보급 운동을 전개하였다.
④ 조선일보는 "배우자! 가르키자! 다 함께"라는 표어로 내세우고 브나로드 운동을 전개하였다.
⑤ 이 운동의 결과 우리나라의 문맹률이 급격히 낮아지고 농촌 계몽 운동이 활발하게 전개되었다.

해설 ② 1920년대는 야학을 중심으로 문맹퇴치 운동이 전개되었고, 1930년대는 언론사를 중심으로 문맹퇴치 운동이 전개되었다.
③, ④ 동아일보는 브나로드 운동을, 조선일보는 문자보급 운동을 전개하였다.
⑤ 문맹률이 다소 낮아지는 효과가 있었으나, 민족정신을 육성한다는 이유로 일제는 문맹 퇴치 운동을 금지시켰다.

보충설명 일제의 우민화 정책으로 문맹자가 급증하자 실력 양성운동의 일환으로 추진되었다.

39 다음과 같은 내용의 협정이 체결될 당시의 사실로 가장 옳은 것은? [3점]

> • 한국인의 무기 휴대와 한국 내 침입을 엄금하며, 위반자는 검거하여 일본 경찰에 인도한다.
> • 재만 한인 단체를 해산시키고 무장을 해제하며, 무기와 탄약을 몰수한다.
> • 일제가 지명하는 독립 운동 지도자를 체포하여 일본 경찰에 인도한다.

① 학교에서 한국어를 공부하고 있는 학생들
② 미군과 함께 국내 진입 훈련을 하고 있는 독립군
③ 칼을 차고 교단에 올라 학생들을 가르치는 선생님
④ 학도병으로 징집되어 군대에 끌려가는 조선인 학생
⑤ 모스크바 3국 외상회의 결정에 반대하는 시위에 참가하는 시민

해설 ① 1922년 제2차 조선교육령을 통해 일제는 조선어를 필수 과목으로 지정하였다.
② 1945년 한국 광복군은 미군 OSS와 국내 정진군을 편성하였으나, 국내 진입을 하지는 못하였다.
③ 1910년대 일제의 무단통치기의 상황이다.
④ 1940년대 일제는 학도지원병제를 실시하였다.
⑤ 1945년 해방 이후의 상황이다.

보충설명 제시문은 1925년 일제의 미쓰야와 만주 군벌 장쭤린 사이에 맺어진 미쓰야 협정이다.

정답 37 ④ 38 ① 39 ①

40 다음의 그래프와 관련된 일제의 정책에 대한 설명으로 옳지 않은 것은? [1점]

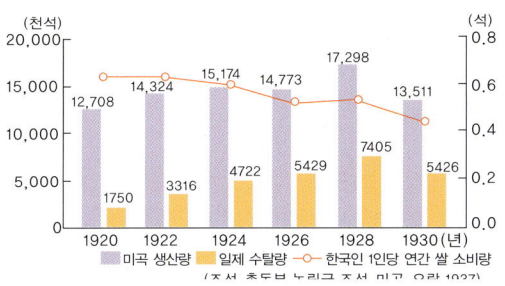

① 이 정책의 시행으로 국내의 쌀 생산량이 증대되었다.
② 공업화에 성공한 일본은 국내에 쌀 부족분을 한반도에서 충당하려 하였다.
③ 일제는 조선의 식량 부족 현상을 해결하기 위하여 만주에서 잡곡을 수입하였다.
④ 이 정책으로 농민들의 생활은 어려워졌고 많은 농민이 생계를 위해 해외로 이주하였다.
⑤ 지방관들은 이러한 상황을 극복하기 위하여 방곡령을 내려 곡식의 외부 유출을 막았다.

해설 ⑤ 방곡령은 1889년 쌀의 외부 유출을 막고자 지방관이 내린 명령이다.

보충설명 1920년대 일제는 공업화로 인한 쌀의 부족 현상을 해결하기 위하여 산미 증식계획을 추진하였다. 산미 증식 계획으로 쌀의 생산량이 증가하나, 수탈량이 더욱 많이 증가하였고 그 결과 농민들은 몰락하고 많은 동포들이 경제적 이유로 국외로 이주하였다.

41 다음 강령을 내세웠던 정당에 대한 설명으로 옳은 것을 <보기>에서 모두 고른 것은? [2점]

> 우리는 맹서한다. 중경의 대한민국 임시 정부는 광복 벽두의 우리 정부로서 맞이하려 한다. 그리고 또 우리는 약속한다. … 우리는 전 국민의 자유로운 발전을 보증하며 전민족의 단결된 총력을 기울여 국가의 기초를 반석 위에 두고 세계 신문화 건설에 매진하려 한다.
> 1. 조선 민족의 자주 독립 국가 완성을 기함
> 2. 민주주의의 정체 수립을 기함
> 3. 근로 대중의 복리 증진을 기함
> 4. 민족 문화를 앙양하여 세계 문화에 공헌함
> 5. 국제 헌장을 준수하여 세계 평화의 확립을 기함
> 1945. 9. 16

〈 보기 〉
㉠ 건국 동맹이 모체였으며, 이후 조선 인민 공화국을 선포하였다.
㉡ 친일파의 처리에 부정적이었으며, 토지개혁에도 반대 입장을 보였다.
㉢ 미군정청의 활동에 적극적으로 협력하였으며, 건국준비위원회는 참여하지 않았다.
㉣ 해외에서 독립 운동 후 귀국한 인사들이 주축이었으며, 김구 중심의 통합을 주장하였다.

① ㉠, ㉡   ② ㉡, ㉢   ③ ㉢, ㉣
④ ㉠, ㉣   ⑤ ㉡, ㉣

해설 제시문은 한국 민주당의 창당 선언과 강령이다. 한국 민주당은 김성수와 송진우가 중심이 되어 창당하였고, 미군정에 적극 협조하였지만, 토지 개혁과 친일파 처리 문제에는 반대의 입장을 보였다.

42 (가), (나)와 관련된 인물에 대한 설명으로 옳은 것은? [3점]

> (가) 아! 왜적이 항복! 이 소식은 내게 희소식이라기보다는 하늘이 무너지고 땅이 꺼지는 일이었다. 수년 동안 애를 써서 참전을 준비한 것도 모두 허사로 돌아가고 말았다.
> (나) 우리는 남방만이라도 임시 정부 혹은 위원회 같은 것을 조직하여 38선 이북에서 소련이 철퇴하도록 세계 공론에 호소하여야 될 것이니 여러분도 결심하여야 될 것입니다.

① (가) - 신민회에 참여했으며 안악사건으로 체포되었다.
② (가) - 임시정부 초대 대통령을 역임하였다.
③ (나) - 국제 연합에 위임 통치안을 제출하였고 국민대표회의 소집의 한 원인이 된다.
④ (나) - 미국 하와이에서 대조선국민군단을 창설하였다.
⑤ (가) - 신한청년단을 조직, 파리 강화회의에 대표를 파견하였다.

해설 (가)는 김구, (나)는 이승만에 관한 설명이다.
② 임시정부 초대 대통령은 이승만이었다.
③ 이승만은 국제 연맹에 위임 통치안을 제출한다.
④ 하와이 대조선국민군단을 창설하고, 군사 훈련을 지도한 사람은 박용만이다.
⑤ 상하이에서 신한청년단을 결성하고, 파리 강화 회의에 김규식을 대표로 파견한 인물은 여운형이다.

정답 40 ⑤ 41 ② 42 ①

43 5·10 총선거에 대한 설명으로 옳은 것을 모두 고르면? [2점]

㉠ 김구, 김규식 등 남북 협상파가 대거 제헌 국회에 진출하였다.
㉡ 남북한 총선거가 불가능해지자 유엔 소총회의 결의에 따라 실시되었다.
㉢ 민주주의에 바탕을 둔 보통선거로 21세 이상의 모든 국민이 투표권을 부여받았다.
㉣ 임기 4년의 단원제 국회인 제헌 국회가 구성되어 이승만을 대통령으로 선출하였다.

① ㉠, ㉡   ② ㉡, ㉢   ③ ㉢, ㉣
④ ㉠, ㉢   ⑤ ㉡, ㉣

해설 ㉠ 김구, 김규식 등 남북 협상파는 총선에 불참하였다.
㉣ 제헌의회는 임기 2년이었다.

보충설명 미소공동위원회가 결렬되자 미국은 한반도의 문제를 유엔으로 이관하였고, 유엔은 인구비례에 따른 남북한 총선거를 의결하였다. 그러나 소련과 북한은 이를 거부하였고, 유엔 소총회에서는 가능한 지역에서의 선거를 결정하여 1948년 5·10 총선거가 남한에서 시행되었다.

44 다음의 법안을 처리한 국회에 대한 설명으로 옳은 것은? [2점]

> 제5조 정부는 다음에 의하여 농지를 매수한다.
> (중략)
> 2. 다음의 농지는 본 법 규정에 의하여 정부가 매수한다.
> (가) 농가 아닌 자의 농지
> (나) 자경하지 않은 자의 농지, 단 부득이한 경우는 보류
> (다) 본법 규정의 한도를 초과하는 부분의 농지
> (라) 3정보 이상 자영하는 자의 농지

① 임기는 4년이었다.
② 의회에서 선거로 대통령을 선출하였다.
③ 남북 협상파가 대거 의회에 진출하였다.
④ 초대 대통령에 한해 중임 제한을 철폐하였다.
⑤ 양원제 국회를 내용으로 하는 개헌안을 통과시켰다.

해설 제시된 자료는 제헌 의회에서 통과시킨 농지 개혁법이다. 제헌 의회에서 간선제로 대통령을 선출하였다.

45 다음 법률이 제정된 시기의 상황으로 옳은 것은? [1점]

> · 허위 사실을 발설하거나 유포한 자는 5년 이하의 징역에 처한다.
> · 대통령, 국회 의장, 대법원장을 비난한 자는 10년 이하의 징역에 처한다.

① 경향신문이 폐간되었다.
② 헌정사상 최초의 의원내각제 정부가 수립되었다.
③ 대통령은 국회를 해산시킬 수 있는 권한을 가졌다.
④ 신군부 세력이 권력을 장악하였다.
⑤ 개헌을 통해 5년 단임의 직선제 개헌이 이루어졌다.

해설 제시된 자료는 신국가 보안법으로 이승만 정부는 조봉암을 사형시켰고, 정부에 비판적인 경향신문을 폐간시켰다.

46 다음 자료와 관련된 민주화 운동의 결과로 탄생한 정부에 대한 설명으로 옳지 않은 것은? [2점]

> (가) 보라! 우리는 기쁨에 넘쳐 자유의 횃불을 올린다. 보라! 우리는 캄캄한 밤의 침묵에 자유의 종을 난타하는 타수의 일익임을 자랑한다.
> - 중략 -
> (나) 우리의 대열은 이성과, 양심과, 평화, 그리고 자유에의 열렬한 사랑의 대열이다. 모든 법은 우리를 보장한다.
> 3·15 선거는 부정선거이다. 공명선거에 의하여 정·부통령을 재선거하라.
> 3·15 부정선거를 조작한 자는 중형에 처하여야 한다.

① 우리 헌정사에서 유일한 내각 책임제 정부이다.

② 국가 재건 최고회의를 구성하여 혼란을 수습하려 하였다.
③ 대통령에 윤보선, 국무총리에 장면이 당선되었다.
④ 경제 개발 계획이 마련되었으나, 실시되지는 못하였다.
⑤ 민주당의 신·구파 간의 파쟁으로 정치 혼란이 지속되었다.

해설 제시된 (가)는 서울대 문리대의 4·19 선언문이고, (나)는 대학 교수단의 시국선언문이다.

보충설명 4·19혁명의 결과 장면 내각이 탄생되었다. 국가 재건 최고 회의는 5·16 군사 정변이후 만들어진 군사 혁명 위원회가 개칭 된 것으로, 초헌법적인 최고 통치 기구의 역할을 수행하였으며, 박정희가 의장으로 실권을 장악하였다.

47 다음 글은 1960년대 이후 우리나라 사회의 변화 모습을 설명한 것이다. 이러한 현상이 나타난 배경으로 보기 어려운 것은? [1점]

> 농촌 중심의 촌락 공동체적 생활환경이 무너지고, 주택 문제, 교통 문제, 환경 문제 등 여러 가지 사회 문제를 일으키게 되었다. 뿐만 아니라 사회의 익명성은 사람과 사람 사이의 관계를 이익 중심적으로 변화시켰다. 그 결과 전통적 가치는 단절될 수밖에 없었다.

① 산업구조가 1차 산업 중심에서 2, 3차 산업으로 변화되었다.
② 산업화에 따른 이촌향도 현상으로 도시화 현상이 가속화되었다.
③ 서울, 부산과 같은 대도시가 형성되고 인구가 집중되었다.
④ 경제 정책이 형평성보다 효율성을 중시하는 방향으로 추진되었다.
⑤ 산업화의 진행과 함께 1970년대 이후 노동운동이 본격화되었다.

해설 1960년대부터 본격적으로 경제가 성장하면서 산업화와 도시화가 진행되었다. 1960년대 초까지 60% 이상이 농업에 종사하였으나, 최근에는 2차와 3차 산업 분야 종사자의 비율이 매우 높아졌다. 이러한 산업화의 결과 농촌 중심의 촌락 공동체적 생활환경이 붕괴되고 급격한 도시화가 촉진되었다. 따라서 주어진 자료의 배경은 급격한 도시화와 산업화의 시기이며, 이러한 시기의 경제 정책은 효율성을 중시하는 방향으로 전개되었다. 노동 운동은 1987년 이후 정치적 민주화와 함께 비로소 활성화되었다.

48 다음과 같은 사건의 결과 개정된 헌법의 내용으로 옳은 것은? [1점]

> • 박종철 고문치사 사건
> • 4·13 호헌 조치
> • 민주헌법 쟁취 국민 운동본부 결성

① 대통령의 임기는 4년이고 정·부통령이 있었다.
② 민의원, 참의원의 양원제 국회가 만들어졌다.
③ 통일 주체 국민회의에서 대통령을 선출하였다.
④ 개헌을 통해 대통령의 임기를 7년 단임으로 바꿨다.
⑤ 대통령 직선제가 이루어졌으며, 임기는 5년 단임이다.

해설 1987년 6월 민주항쟁의 결과 6·29 민주화 선언이 발표되었고, 이에 따라 헌법이 개정되어 대통령 직선제와 5년 단임을 골자로 하는 현행 헌법이 만들어졌다.

49 다음과 같은 상황이 발생했을 당시 정부의 정책으로 적절한 것은? [3점]

> 이번 선거에서 원내 의석의 여야 역전 현상이 벌어져 정국의 큰 변화가 예측 된다. 국회는 국정조사·감사권을 모두 발동할 수 있고, 회기도 무제한 연장할 수 있는 막강한 권한을 가지고 있다. 반면, 대통령의 국회 해산권 등 정부가 국회를 견제할 수단은 거의 소멸된 상황이다. 따라서 과반수를 확보하지 못한 민정당은 '다당제 아래의 1당' 역할 밖에 할 수 없는 어려운 처지에 놓이게 되었다.

① 정부는 금융실명제를 전격 실시하였다.
② 남북 정상 회담이 개최되어 대한민국 대통령이 평양을 방문하였다.
③ 계엄령이 전국적으로 확대되어 국민의 저항을 불러 일으켰다.

정답 47 ⑤　48 ⑤　49 ④

④ 지방 의회 선거가 실시되어 지방자치제가 부분적으로 재개되었다.
⑤ 금융위기로 국가 경제가 위축되었고 IMF 구제 금융을 신청하였다.

해설 ①, ⑤ 김영삼 정부 때의 일이다.
② 김대중 대통령 때 평양을 방문하였다.
③ 1980년 신군부 세력은 계엄령을 전국으로 확대하였고, 국민적 저항을 불러 일으켰다.

보충설명 제시문은 노태우 정부 시기의 여소야대 현상을 설명하고 있다. 이후 여당인 민주정의당과 통일민주당, 신민주공화당이 합당하여 민주자유당을 창당하였다.

50 다음은 남북 사이의 합의문이다. 순서대로 바르게 나열한 것은? [2점]

(가) 남과 북은 나라의 통일을 위한 남측의 연방제 안과 북측의 낮은 단계의 연방제 안이 서로 공통성이 있다고 인정하고 이 방향에서 통일을 지향시켜 나가기로 하였다.
(나) 통일은 외세에 의존하거나 외세의 간섭을 받음이 없이 자주적으로 해결하여야 하며, 서로 상대방을 반대하는 무력 행사에 의거하지 않고 평화 방법으로 실현 하여야 하고, 사상과 이념, 제도의 차이를 초월하여 우선 하나의 민족으로서 민족적 대단결을 도모하여야 한다.
(다) 쌍방 사이의 관계가 나라와 나라 사이의 관계가 아닌 통일을 지향하는 과정에서 잠정적으로 형성되는 특수 관계라는 것을 인정하고 … 남과 북은 서로 상대방의 체제를 인정하고 존중한다.

① (가) → (나) → (다)
② (가) → (다) → (나)
③ (나) → (가) → (다)
④ (나) → (다) → (가)
⑤ (다) → (나) → (가)

해설 (나)는 1972년의 7·4 남북 공동 성명 → (다)는 1991년 남북 기본합의서이다. → (가)는 2000년의 6·15 남북 공동선언이다.

보충설명 7·4 남북 공동 성명은 자주, 평화, 민족대단결의 3대 원칙에 합의하였다는 점에서 남북 기본 합의서는 밀사가 아닌 공식적 고위급 회담을 통하여 합의를 도출하였으며, 남북 관계를 통일의 잠정적 특수 관계로 규정하고 있다는 점에서, 6·15 남북 공동선언은 남과 북의 정상이 만나 통일 방안의 공통성을 인정하였다는 점에서 의의를 찾을 수 있다.

정답 50 ④

실전모의고사 2회

01 다음 중 우리나라 구석기 시대에 대한 설명으로 옳은 것은? [2점]

① 금굴 유적지는 우리나라에서 가장 오래전에 발견된 유적지이다.
② 중기 구석기 시대부터 날씨가 따뜻해졌고 작은 동물이 출현하였다.
③ 이 시기 한반도에 거주했던 사람들이 우리 민족의 조상이다.
④ 사냥감의 번성을 비는 주술적 의미의 예술품들이 만들어지기도 하였다.
⑤ 농경과 목축이 시작되었으며, 정착 생활이 이루어졌다.

> **해설** ① 우리나라 최초로 발견된 구석기 유적지는 일제시대에 발굴된 함북 웅기군 동관진 유적이다.
> ② 후기 구석기 이후 날씨가 따뜻해졌으며, 작은 동물이 출현하였다.
> ③ 정착 생활이 이루어진 신석기 시대부터 청동기 시대를 거치면서 민족의 기틀이 만들어졌다.
> ⑤ 농경과 목축은 신석기 시대에 시작되었다.

> **보충설명** 구석기 시대는 수렵과 채집, 어로의 경제생활 중심으로 이루졌으며, 사냥감의 번성을 비는 주술적 의미의 예술품이 만들어졌다.

02 다음 그림과 같은 토기가 제작되었던 시대에 대한 설명으로 옳지 않은 것은? [2점]

① 이른 민무늬 토기, 덧무늬 토기도 제작되었다.
② 피나 조 등을 경작하며 정착생활이 시작되었다.
③ 씨족 간의 족외혼을 통해 부족사회가 성립되었다.
④ 여주 흔암리, 부여 송국리, 부안 토산리 등이 대표 유적지이다.
⑤ 움집의 중앙에 화덕이 있었고 집의 규모는 4~5인 정도가 거주하기에 알맞은 크기였다.

> **해설** 여주 흔암리, 부여 송국리, 부안 토산리, 부산 아치섬 등은 청동기 시대의 유적지로 탄화미가 발견되었다.

03 (가)와 (나) 사이의 사실로 옳은 것을 골라 묶은 것은? [3점]

> (가) 위만이 조선으로 망명하였다. 준왕은 그를 믿고 박사에 임명하였고, 백리의 땅을 봉해 주어 서쪽 변경을 지키게 하였다.
> (나) 한나라 무제의 공격으로 내분이 발생하였으며, 우거왕이 살해되고 왕자 장까지 투항하였다. 108년 왕검성이 함락되었다.

> ㉠ 한반도 남부의 국가와 중국과의 중계무역으로 번성하였다.
> ㉡ 낙랑, 진번, 임둔, 현도 등의 4군현이 설치되었다.
> ㉢ 법 조항이 60여 조로 증가하였다.
> ㉣ 전쟁과정에서 지배층의 내분이 발생하였다.

① ㉠, ㉡ ② ㉡, ㉢ ③ ㉢, ㉣
④ ㉡, ㉣ ⑤ ㉠, ㉣

> **해설** 위만의 집권 이후 고조선은 한반도 남부와 중국과의 중계무역으로 번성하였고, 이에 불만을 느낀 한나라의 무제가 공격하였다. 고조선은 한과 맞서 1년 여간 싸웠으나 지배층의 내분으로 멸망하였다. 한나라는 고조선의 영토를 지배해기 위해 4개의 군현을 세웠으며 법 조항은 60여 조로 증가하였다.

정답 01 ④ 02 ④ 03 ⑤

04 다음과 같은 특징을 지닌 국가에 대한 설명으로 적합한 것은? [1점]

> 족외혼이 엄격하게 지켜졌으며, 각 부족의 영역을 함부로 침범하지 못하게 하였다. 만약, 다른 부족의 생활권을 침범하면 노비와 소, 말로 변상하게 하였다.

① 훔친 물건의 12배를 배상하게 하였다.
② 가족 공동무덤이 행해졌다.
③ 데릴사위제의 혼인 풍속이 있었다.
④ 무천이라는 제천 행사를 실시하였다.
⑤ 일본까지 철을 수출하였다.

해설 ① 1책 12법은 부여와 고구려의 풍속이다.
② 옥저는 가족 공동무덤, 민며느리제의 풍속이 있었다.
③ 고구려의 혼인 풍속이다.
⑤ 변한은 철의 생산이 많아 이를 일본에까지 수출하였다.

보충설명 제시문은 동예의 책화에 대한 설명이다. 동예는 무천이라는 제천 행사를 실시하였다.

05 다음 (가)의 교육기관이 설치되던 시기의 (나)의 계층의 활동을 바르게 지적한 것은? [3점]

(가)
모든 학생의 벼슬은 대사로부터 그 이하에 이르는 귀족의 자제였으며, 연령은 15세로부터 30세까지이며 수학 연한은 9년으로 하였다. 능력이 신통치 않으면 9년 이내로 한정하였으나 대기로 인정되는 경우 9년이 넘어도 재학을 허용하였다. 그러나 관등이 대나마, 나마에 이르면 졸업시켰다.

(나)
- 신라 골품제에 따르면 아찬까지 승진할 수 있었다.
- 득난(得難)이라고도 하였다.
- 설총, 최치원 등이 이 계층에 속한다.

① 호족과 연결하여 사회개혁을 주장하였다.
② 교종에 대항하여 선종을 개창하기도 하였다.
③ 왕권과 결탁하여 전제 왕권을 뒷받침하였다.
④ 화백회의의 시중 등을 도맡으며 귀족 세력을 견제하였다.
⑤ 귀족계층의 일부였으나 이 시기 평민계층으로 편입되었다.

해설 제시문 (가)는 신문왕 때 설치된 국학에 대한 설명이고 (나)는 6두품에 대한 설명이다. 신라 중대 6두품들은 왕과 결탁하여 왕의 전제왕권 강화를 뒷받침하였다.

06 다음은 발해에 관한 설명이다. 옳지 않은 것은? [1점]

① 발해는 고구려인을 지배 계급으로, 말갈인을 피지배 계급으로 한 국가이다.
② 발해의 문화는 당의 문화를 주축으로 말갈족의 전통이 가미된 독특한 문화를 발달시켰다.
③ 발해는 인안, 대흥, 건흥 등의 독자적인 연호를 사용할 만큼 왕권이 강대하였다.
④ 발해는 선왕 때 전성기를 맞이하여 해동성국이라 불릴만큼 번성하였다.
⑤ 발해는 초기에는 당과 적대적이었으나 문왕 이후 친선관계로 변하게 되었다.

해설 발해는 고구려 문화를 바탕으로 당의 문화를 독자적으로 수용하였다.

07 지도에 표시된 9산과 가장 관계없는 것을 고르면? [2점]

① 지방 문화의 성장에 이바지하였다.
② 지방 호족 세력의 이념적 바탕이 되었다.
③ 이 종파의 번성으로 조형미술은 쇠퇴하였다.
④ 이 종파는 경전보다는 참선과 자기수양을 중요시하였다.
⑤ 이 종파는 업설과 미륵불 신앙을 중심사상으로 삼았다.

정답 04 ④ 05 ③ 06 ② 07 ⑤

해설 ⑤ 업설은 신라 왕권을 강화시키는 불교 이론으로 신라 중대를 전후하여 등장하였다.

보충설명 9산 선문과 관련 있는 불교 종파는 선종이다. 선종은 신라 하대 지방 호족의 사상적 이념으로 작용하였으며, 경전보다는 참선과 자기수양을 강조한 종파이다.

08 다음과 관련된 왕에 대한 설명으로 옳지 않은 것은? [1점]

- 국학을 설치하고 경, 공장부감, 채전감을 각 1명씩 두었다.
- 완산주를 설치하고, 용원을 총관으로 삼았다. 거열주를 승격시켜 청주를 설치하니 비로소 9주가 갖추어졌다.
- 문무 관료들에게 전지를 하사하였다.

① 왕권이 강화되고 귀족의 경제적 기반이 약화되었다.
② 9서당 10정의 군사 제도를 정비하였다.
③ 보덕국을 멸망시키고 금마저를 영토로 편입하였다.
④ 설총을 비롯한 6두품 계열의 인물들이 왕권의 강화를 뒷받침하였다.
⑤ 9주에 장관으로 파견된 군주를 총관으로 바꿔 군사적 기능을 약화시켰다.

해설 ⑤ 문무왕에 대한 설명이다.

보충설명 제시문의 왕은 신라의 신문왕이다. 신문왕은 관료전을 지급하고 녹읍을 폐지함으로서 왕권을 강화시켰고, 행정구역과 군사 제도를 정비하였다. 또, 안승을 신라의 귀족으로 편입시켜 보덕국을 해체시켰다.

09 다음은 발해에 대한 중국측의 시각이다. 이에 대한 비판 근거로 적절하지 않은 것은? [2점]

속말말갈은 흑수말갈의 남쪽에 분포되어 있었다. 당나라 초기에 이미 당 정부에 귀속되었다. 7세기 말엽에 속말말갈의 수령 대조영이 여러 종족들을 통일하고 정권을 세웠다. 713년 당 현종이 대조영을 발해군왕으로 책봉하고 발해 도독부 도독의 작위를 수여하였다. 이때로부터 속말말갈이 수립한 정권을 발해라고 불렀다.

① 궁궐터에서 온돌 장치가 발견되었다.
② 정혜공주묘의 모줄임천장 구조가 나타난다.
③ 일본에 보낸 국서에 '고려국왕'이라는 명칭을 사용하였다.
④ 발해 멸망 후 왕자 대광현을 비롯한 발해 유민들이 고려로 망명하였다.
⑤ 신라와 빈공과 합격의 순위 문제로 다툰 등제서열 사건이 발생하였다.

해설 등제서열 사건은 신라와 발해 간의 문화적 우월 경쟁으로 고구려 계승의식을 보여주는 직접적인 사례로는 보기 어렵다.

10 다음 밑줄 친 황상의 재위 시기에 있었던 일로 옳은 것을 〈보기〉에서 모두 고르면? [3점]

공주는 대흥(大興) 56년 여름 6월 9일에 사망하였는데, 당시 나이는 36세였다. 이에 시호를 정효공주라고 하였다. … <u>황상(皇上)</u>은 조회마저 금하고 비통해 하시며 침식을 잃고 노래와 춤추는 것도 중지하였다.

〈 보 기 〉
㉠ 장문휴로 하여금 당의 산둥 지방을 공격하였다.
㉡ 3성 6부의 중앙 관제를 마련하였다.
㉢ 신라와의 상설 교통로를 개설하였다.
㉣ 해동성국이라는 칭호를 얻었다.

① ㉠, ㉡   ② ㉡, ㉢   ③ ㉢, ㉣
④ ㉠, ㉣   ⑤ ㉡, ㉣

해설 ㉠ 산둥 지방을 공격한 것은 무왕 시기의 일이다.
㉣ 발해는 선왕 때 전성기를 누렸으며, 이때 해동성국이라는 칭호를 얻었다.

보충설명 대흥의 연호와 정효공주의 아버지라는 것에서 황상은 문왕이라는 것을 알 수 있다.

11 고려 시대 국자감에 대한 설명으로 옳은 것은? [2점]

① 사림파에 의해 건설된 지방 중등 교육기관이다.
② 유학부에는 7품 이상의 자녀만 입학이 가능하였다.

③ 사학이 번성하자 9재라는 전문 강좌를 설치하기도 하였다.
④ 국자감 출신들은 모두 문관 관료로만 관직에 등용되었다.
⑤ 지방에 설치되어 중앙에서 교수와 훈도를 파견하여 교육을 담당하였다.

해설 ① 조선 시대 서원에 대한 설명이다.
③ 9재 학당은 최충에 의해 세워진 사립학교이다.
④ 국자감은 문관 관료를 배출하는 유학부와 기술관료를 배출하는 기술학부로 구분되어 있었다.
⑤ 향교에 대한 설명이다.

보충설명 고려 최고 교육기관인 국자감은 유학부와 기술학부로 구분되어 있었으며, 유학부의 경우 7품 이상의 자녀가 입학 가능하였다.

12 다음은 어떤 승려의 사상을 요약한 것이다. 이 승려에 대한 설명으로 옳은 것은? [2점]

> 교종을 공부하는 사람은 내적인 것을 버리고 외적인 것만 구하려는 경향이 강한 반면에 선종을 공부하는 사람은 외부의 대상을 잊고 내적으로만 깨달으려는 경향이 강하다. 이는 모두 양 극단에 치우친 것이므로 양자를 고루 갖추어 안팎으로 모두 조화를 이루어야 한다.

① 흥왕사에 교장도감을 설치하고 교장을 간행하였다.
② 선종을 중심으로 교종의 통합을 시도하였다.
③ 법화신앙에 토대를 둔 백련결사를 제창하였다.
④ 아미타 신앙을 바탕으로 불교의 대중화에 기여하였다.
⑤ 유불일치설을 주장하여 성리학 수용의 토대를 마련하였다.

해설 ② 지눌은 선종을 중심으로 교종의 통합을 시도하여 조계종을 창시하였다.
③ 요세는 불교계의 폐단을 지적하면서 백련결사를 제창하였다.
④ 신라 시대 원효는 아미타 신앙을 바탕으로 불교의 대중화에 공헌하였다.
⑤ 혜심의 유불일치설은 성리학 수용의 토대가 되었다.

보충설명 제시문은 의천의 주장인 내외겸전이다. 의천은 교장도감을 설치하고 교장(속장경)을 간행하였다.

13 다음과 같은 일정으로 답사를 할 때 만날 수 있는 고려 시대 유물을 순서대로 바르게 나열한 것은? [3점]

> 국립중앙박물관 → 영주 부석사 → 합천 해인사 → 전라남도 강진 → 오대산 월정사

㉠ 신라 양식을 계승한 고려 최고의 걸작품인 불상과 주심포 양식의 목조 건축이 만들어졌다.
㉡ 내용이 정확하고 아름다움과 정교함으로 동양에서 으뜸가는 대장경이 만들어졌다.
㉢ 고려 시대 다각 다층 석탑을 대표하는 석탑이 남아 있다.
㉣ 중국인들도 천하의 명품이라 감탄한 고려청자를 굽던 가마터가 보존되고 있다.
㉤ 원의 영향을 받았고 조선 시대 원각사지 10층 석탑의 원형이 된 석탑이 보존되고 있다.

① ㉤ → ㉡ → ㉢ → ㉣ → ㉠
② ㉤ → ㉢ → ㉡ → ㉣ → ㉠
③ ㉤ → ㉠ → ㉣ → ㉡ → ㉢
④ ㉤ → ㉠ → ㉡ → ㉣ → ㉢
⑤ ㉤ → ㉢ → ㉠ → ㉡ → ㉣

해설 ㉤ 국립중앙박물관에는 '경천사 10층 석탑' → ㉠ 영주 부석사에는 고려 시대 주심포 양식의 건축물인 '무량수전'과 신라 시대 양식을 계승한 '소조아미타여래좌상' → ㉡ 해인사에는 고려 시대 몽고의 침입을 부처의 힘으로 막으려 조판한 '재조대장경(팔만대장경)' → ㉣ 전라남도 강진에는 고려 시대 가마터 → ㉢ 오대산 월정사에는 8각 9층 석탑이 있다.

14 다음 (가)와 (나)의 인물에 대한 설명으로 옳은 것은? [1점]

(가) 나는 신라 왕족 출신으로 송악을 근거로 나라를 세웠습니다.

(나) 나는 지방 호족의 후예로 수군을 이끌고 금성을 점령하여 후백제를 견제 하였습니다.

① (가)의 인물은 신라의 왕족으로 평양을 도읍으로 나라를 세웠다.
② (나)의 인물은 후고구려를 건국하여 후삼국 시대의 혼란을 극복하였다.
③ (가)의 인물은 (나)의 인물에게 쫓겨 공산전투에서 대패하였다.
④ (나)의 인물은 후백제와 신라에 대한 강경책으로 후삼국을 통일하였다.
⑤ (가)의 인물은 광평성을 설치하고 골품제를 대신할 신분제를 모색하기도 하였다.

> **해설** (가)는 후고구려를 세운 궁예, (나)는 고려의 왕건이다.
>
> **보충설명** 궁예는 송악을 도읍으로 후고구려를 세웠으며, 최고 관서로 광평성을 설치하고 새로운 신분제를 모색하기도 하였다. 그러나 지나친 전제정치로 왕건에 의해 축출되었다.

15 다음 중 고려의 경제 정책에 대한 설명으로 바른 것을 골라 묶은 것은 어느 것인가? [2점]

> ㉠ 이자율을 제한하고 의창제를 실시하였다.
> ㉡ 상업을 통제하여 민간 상인의 활동을 금지하였다.
> ㉢ 개간을 장려하고 농번기에는 잡역 동원을 금지하였다.
> ㉣ 관청 이외의 곳에서 행해지는 수공업 활동을 억제하였다.

① ㉠, ㉡ ② ㉠, ㉢ ③ ㉡, ㉢
④ ㉡, ㉣ ⑤ ㉢, ㉣

> **해설** 고려는 고리대를 제한하기 위하여 이자가 원금을 넘으면 더 이상의 이자를 받지 못하게 하였고, 빈민 구제를 위하여 의창제를 실시하였다. 또 개간을 장려하고 농번기의 잡역 동원을 금지하여 농업을 장려하였다.

16 다음 중 (가)~(마)에 대한 설명으로 옳지 않은 것은? [2점]

> 조준 등이 아뢰었다. "예전 태조께서 즉위하시고 여러 신하들에게 '최근 백성들에 대한 수탈이 가혹해지면서 백성의 삶이 어려우니 지금부터 마땅히 (가) 10분의 1만 수취하도록 하라.'고 말하였다. … 삼한이 통일되고 난 뒤에는 (나) 토지 제도를 정하여 관리와 백성들에게 나누어 주었습니다. … (다) 근년에는 겸병이 더욱 심해져 간사하고 흉악한 무리가 (라) 여러 주·군에 걸쳐 토지를 차지하고 산과 내로 경계를 삼고 있습니다. … (마) 1무(畝)의 주인이 5, 6명을 넘고 1년에 조세를 8, 9번씩 받아내고 있습니다.
>   『고려사』

① (가) - 귀족들이 국가로부터 받은 땅에서 수조권을 행사하였다.
② (나) - 신진사대부의 경제적 기반 마련이 이 토지 제도의 시행목적이었다.
③ (다) - 귀족들의 토지 겸병 현상이 나타나고 있었다.
④ (라) - 중앙귀족으로 대농장을 소유하고 산과 내로 경계를 삼았다.
⑤ (마) - 토지 수조권을 몰수하고 재분배하자는 전제 개혁론이 해결책으로 제시되었다.

> **해설** 제시문은 고려 후기 권문세족의 토지 겸병 현상을 비판하는 글이다. 고려 태조 왕건은 논공행상적 성격의 역분전을 지급하였고, 신진사대부의 경제적 기반을 마련하기 위해 지급된 토지는 조선 태조 이성계가 고려 공양왕 때 실시한 과전법(1391)이다.

17 다음에 제시된 사실을 고려하여 조선의 지방 행정 조직이 고려 시대에 비해 달라진 점을 고르면? [1점]

> • 군현 아래에 면·리·통을 두고, 책임자를 선임하여 정령을 집행하게 하였다.
> • 고려 시대의 사심관 제도는 유향소와 경재소로 분화, 발전하였다.
> • 향촌에는 유향소를 두어 지방행정에 참여토록 하였다.

① 향촌 자치를 허용하며, 강력한 중앙 집권을 추구하였다.
② 지방 세력을 견제하기 위해 신라의 상수리 제도와 같은 제도를 두었다.

정답 15 ② 16 ② 17 ①

③ 향리들의 권한은 약해졌으나, 신분 상승에는 제약을 두지 않았다.
④ 면·리·통에는 중앙에서 관리를 파견하여 강력한 중앙 집권 체제를 확립하였다.
⑤ 호장, 부호장이라 불리는 향리 제도를 마련하여 중앙집권 체제를 강화하였다.

해설 ② 신라의 상수리 제도는 지방 세력의 자제를 수도로 옮겨 살게 하는 일종의 인질책으로 고려의 기인제도로 계승된다.
③ 조선의 향리는 고려의 향리보다 그 권한이 약해지며 세습적 아전으로 전락하게 된다. 또한 양반들은 자신들의 기득권을 유지하기 위하여 여러 제한을 통하여 향리들의 신분 상승을 제한하였다.
④ 중앙관리는 부·목·군·현까지 파견되며, 그 밑의 면·리·통에는 파견되지 않았다.
⑤ 호장, 부호장은 고려 성종 때 만들어진 향리제도이며, 조선에서의 향리는 관청 실무를 담당하는 세습적 아전으로 그 지위가 격하된다.

보충설명 조선의 지방 행정 조직은 유향소라는 향촌 자치기구를 두었으며, 중앙에 유향소와의 연락을 담당하며 통제하는 경재소를 설치하였다. 또한 고려와는 달리 모든 군현에 지방관을 파견하여 고려 시대에 비해 강력한 중앙 집권체제를 구축하였다.

18 다음 글의 밑줄 친 부분과 성격이 다른 설명은? [2점]

> 조선의 지방 통치에서 기본 행정 구역인 군현은 그 고을의 인구와 토지의 크기에 따라 부·목·군·현으로 구획되었다. 이에 따라 지방의 총 책임자인 수령도 종2품에서 최하 종6품으로 구분되었다. 이들은 행정 체계상으로는 모두 병렬적으로 관찰사의 관할 아래 있었다. 나아가 <u>전국의 주민을 국가가 직접 지배하였다.</u>

① 모든 군현에 수령을 파견하였다.
② 군현 아래 면·리·통을 두고 다섯 집을 하나의 통으로 편성하였다.
③ 전국 8도에 관찰사를 파견하였다.
④ 유향소에서 향회를 소집하여 여론을 수렴하였다.
⑤ 경재소를 설치하여 유향소와의 연락과 통제를 담당하게 하였다.

해설 제시문은 조선의 중앙집권에 대한 설명이다. 유향소는 향촌 자치기구로 중앙 집권과는 관련이 없다.

19 다음은 어느 성리학자의 주장이다. 이 인물에 대한 설명으로 옳은 것은? [3점]

> 모든 사물은 기(氣)이며, 기에 내재한 기본 원리와 원인은 이(理)이다. 이와 기는 일체의 양면으로서 분석하면 둘이 되지만 실제로서는 하나로서 둘이면서도 하나이며 하나이면서도 둘이다. 그러나 이(理)는 운동성이 없고 오로지 기(氣)만이 운동성을 갖는다. 이와 기는 서로 떨어질 수도 없고 그렇다고 섞이지도 않는다.

① 주자의 이기 이원론을 그대로 계승하였다.
② 이언적의 학통을 계승하여 예학의 발달에 기여하였다.
③ 정치, 경제, 사회 등에서 사회 경장론을 주장하였다.
④ 이기호발설에 입각한 도덕 수양론을 주장하였다.
⑤ 일본의 성리학 발전에 큰 영향을 끼쳤다.

해설 제시문은 율곡 이이의 주장이다. 이이는 제도의 개혁을 통한 사회개혁을 주장하였다.

20 다음 제시문의 제도에 대한 설명으로 옳은 것은? [2점]

> 토지에서 미곡을 거두어 경공(京貢 : 중앙의 공물)으로 쓰게 하였는데 먼저 경기에서 시작하고 선혜청을 설치했다. … 그 방법은 밭과 논을 통틀어 1결에 쌀 12말을 거두었다. 옛날 각 고을에서 토산물로 공납하던 것을 모두 경공으로 만들고, 경공 주인을 정하여 그들에게 거둬들인 곡물로 값을 미리 지급하고 물건을 조달하게 하였다.

① 집집마다 부과되던 세금이 토지 면적에 따라 부과되었다.
② 선조 때 처음 시작되어 영조 때 전국으로 확대되었다.
③ 이 제도의 시행 결과 현물의 세금납부는 모두 사라졌다.
④ 향촌 경제가 활성화되었고 자급자족의 경제 체제로 전환되었다.
⑤ 이 제도의 실시로 발생한 국가 재정의 부족분은 결작을 부과하였다.

정답 18 ④ 19 ③ 20 ①

해설 제시문의 제도는 대동법이다.
② 대동법은 광해군 때 경기도에서 시범적으로 시행되어 숙종 때 전국으로 확산되었다.
③ 대동법 시행 이후에도 별공과 진상과 같은 현물 납부가 계속 남아 있었다.
④ 대동법 시행 이후 공인이라는 어용상인이 등장하였고, 상품 화폐 경제가 발달하였다.
⑤ 결작은 영조 때 시행된 균역법의 부족분을 메우기 위해 부과하였다.

보충설명 대동법의 시행으로 각 호(戶)에 부과되던 공물이 토지에 부과되게 되었다.

21 다음 (가)와 (나)의 주장에 대한 설명으로 옳지 않은 것은? [3점]

> (가) 생태계를 구성하는 인간, 금수, 초목은 차별성이 있지만 이것이 곧 차등성이 되는 것은 결코 아니다. 금수와 초목에도 나름대로 예(禮)와 의(義)가 있다. 사람과 사물이 귀하고 천함에 차이가 있다고 해도 하늘이라는 절대적인 관점에서 보면 사람과 사물은 균등하다.
> - 홍대용 -
>
> (나) 물(物)에도 인·의·예·지라는 도덕성이 있다. 다만 인간은 그 전체를 가지고 있지만 물(物)은 일부분만 가지고 있다. 사람이 오상(五常)을 모두 갖추었음에 비해 초목이나 금수와 같은 물(物)에는 그것이 치우치게 존재하여, 인성(人性)과 물성(物性)은 근본적으로 다를 것이다.
> - 한원진 -

① (가)는 서울 지역에 거주하던 양반인 낙론의 주장이다.
② (나)는 충청 지역에 거주하던 양반인 호론의 주장이다.
③ (가)는 중상학파 실학자들에게 영향을 미쳤고 이후 개화사상으로 계승되었다.
④ (나)는 의병에게 영향을 미쳤고 이후 위정척사 사상으로 계승되었다.
⑤ (가)와 (나)는 임오화변 이후 시파와 벽파의 사상 논쟁이 되었다.

해설 ⑤ 시파는 사도세자의 죽음에 온건한 입장, 벽파는 강경한 입장을 취한 것으로 호락논쟁과는 관련이 없다.

보충설명 제시문은 인성과 물성이 동일한가를 놓고 노론 내부에서 벌어진 호락논쟁이다. 이 논쟁에서 충청도 지역 노론인 호론은 인물성이론을 주장하였고, 서울 지역 노론인 낙론은 인물성동론을 주장하였다. 호론의 인물성이론은 위정척사 사상으로 계승되었고, 낙론의 인물성동론은 개화사상으로 이어졌다.

22 다음 밑줄 친 '소삼이'가 속한 계층에 대한 설명으로 옳은 것은? [2점]

> 정조 때 김진사의 외거노비 막동은 이웃마을에 사는 양녀(良女) 삼월과 혼인을 하였고, 이듬해 아들 <u>소삼이</u>를 낳았다.

① 관청의 하급 행정 실무를 담당하는 세습적 아전이었다.
② 재산으로 취급되어 매매, 상속, 증여의 대상이 되었다.
③ 법제적으로 과거에 응시할 수 있는 자격을 가지고 있었다.
④ 과거를 통해 관직을 독점하고 당시 사회를 지배하였다.
⑤ 문과 응시는 금지되어 주로 잡과를 통해 관직에 진출하였다.

해설 ①은 중인, ②는 노비, ④는 양반, ⑤는 서얼에 대한 설명이다.

보충설명 영조 때 노비종모법이 시행되었고, 어머니가 양녀이므로 소삼이의 신분은 양인이다. 양인은 법제적으로 과거 응시자격을 가지고 있었다.

23 다음 (가)와 (나)에 대한 설명으로 올바르지 못한 것을 고르면? [3점]

(가) 조선 후기의 농민생활 안정을 우선시하는 실학자들은 토지 제도의 개혁을 주장하였다.

(나) 반면 적극적인 상공업 진흥과 기술 혁신을 주장하는 학자들도 있었다.

① 정전제를 주장한 정약용은 (가)의 실학을 집대성하였다.

정답 21 ⑤ 22 ③ 23 ④

② (가)의 입장에 있던 유형원은 균전론을 제시하였다.
③ (나)의 입장에 있던 유수원은 사농공상의 직업적 평등을 주장하였다.
④ (나)의 입장에 있던 홍대용은 무역선을 파견, 청에서 행해지던 국제무역에 참여할 것을 주장하였다.
⑤ (가)와 (나)의 실학자 모두 정권으로부터 소외되어 정책에 반영되지 못한 한계를 지니고 있다.

해설 (가)는 중농학파, (나)는 중상학파 실학자를 설명하고 있고, 무역선을 파견 국제무역에 참여하자는 주장은 중상학파 실학자인 박제가에 대한 설명이다.

24 (가), (나)는 두 시대의 과거 제도를 도식화한 것이다. 이에 대한 설명으로 옳지 않은 것은? [2점]

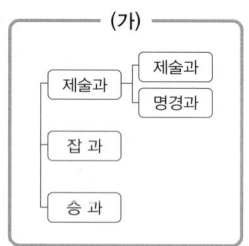
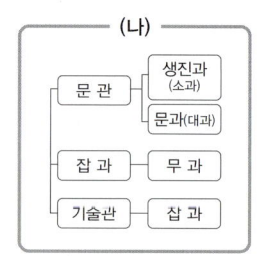

① (가)시대의 문과는 제술업과 명경업으로 구분되었다.
② (나)에서 소과 합격만으로도 관리로 임용될 수 있었다.
③ (나)에서 문과의 경우 양인 이상이면 누구나 응시 가능하였다.
④ (가), (나) 모두 과거 제도들 가운데 문과를 가장 중시하였다.
⑤ (가), (나) 이외에도 관리가 되는 방법이 있었다.

해설 제시문의 (가)는 고려의 과거 제도이고, (나)는 조선의 과거 제도이다.

보충설명 조선은 과거에 응시할 수 있는 자격은 천인을 제외하고는 특별한 제한이 없었으나, 서얼, 중인 등은 문과에 응시할 자격을 갖지 못하였다.

25 다음과 같은 사회 계층이 조선 후기 사회에 끼친 영향으로 가장 적절한 것은? [2점]

- 조선 전기에는 양반과 상인 사이의 중간 신분 계층이라는 넓은 의미로 이해되었다.
- 고급 관료로 진출하지 못하고 주로 기술직이나 행정 실무를 맡았다.
- 조선 후기에 전문직으로서의 역할이 커졌고, 부를 축적하는 자도 등장하였다.

① 향촌사회에서 실질적인 지배자의 역할을 담당하였다.
② 조선 후기 농업 기술의 발달과 함께 부농층으로 성장하여 향촌 사회를 지배하였다.
③ 향약의 보급 등으로 향촌사회에서 영향력을 확대하여 주도권을 행사하기도 하였다.
④ 19세기 중엽의 대규모의 소청 운동을 전개하였고, 이 결과 성공하여 신분상승을 이루었다.
⑤ 조선 후기 서학을 비롯한 외래 문물 수용에 있어서 주도적 역할을 담당하기도 하였다.

해설 제시된 지문의 계층은 중인을 뜻한다. 중인들은 역관 등으로 활동하면서, 서양 문물 수용에 주도적 역할을 담당하였다.

26 조선 전기의 농업에 대한 설명 중 바른 것을 모은 것은? [2점]

㉠ 정부는 봄 가뭄 때문에 모내기를 억제하였다.
㉡ 해안 지방의 개간으로 농민의 토지 소유가 확대되었다.
㉢ 시비법의 발달로 연작을 하게 되었다.
㉣ 권농 정책으로 농업 서적이 편찬되었다.
㉤ 병작농은 매년 일정한 액수의 지대를 바쳤다.
㉥ 사과, 배, 토마토 등 과수 재배가 보급되었다.

① ㉠, ㉡, ㉢
② ㉡, ㉢, ㉤
③ ㉡, ㉣, ㉥
④ ㉠, ㉢, ㉣
⑤ ㉣, ㉤, ㉥

해설 ㉠ 조선 정부는 이앙법이 가뭄에 취약하다는 이유로 확대를 막았고, 이로 인해 조선 전기 일부 남부지방에서 이앙법이 행해졌다.
㉢ 조선 전기 시비법의 발달로 휴경지는 거의 소멸하게 된다.
㉣ 농본 정책의 일환으로 『농사직설』, 『금양잡록』과 같은 농서들이 편찬되었다.

27 다음과 같은 글이 쓰인 시대의 상황과 부합하지 않는 것을 고르면? [2점]

> 통치자는 백성을 위해 존재하며, 통치자가 민심을 잃었을 때에는 교체할 수 있다. 통치자는 언제나 백성을 위한 민본 정치를 실시하기 위해 노력해야 하며, 그러기 위해서는 훌륭한 재상을 선택하여 재상에게 정치의 실권을 부여함으로써 위로는 임금을 받들어 올바르게 인도하고, 아래로는 백관을 통괄하고 만인을 다스리는 중책을 담당하게 해야 한다.
> 『삼봉집』

① 『훈민정음운해』와 같은 음운학 책이 편찬되었다.
② 측우기, 혼천의, 간의 등이 만들어졌다.
③ 청자를 대신하여 분청사기가 유행하였다.
④ 『신찬팔도지리지』와 같은 지리서가 편찬되었다.
⑤ 유교윤리의 보급을 위해 삼강행실도가 편찬되었다.

해설 정도전의 삼봉집에서 출제된 글이다.
① 신경준의 『훈민정음운해』는 실학의 영향으로 우리것에 대한 관심이 높아진 조선 후기에 만들어진 언어연구 책이다.

28 다음 같은 글이 제정된 왕대의 일로 옳은 것만을 〈보기〉에서 골라 바르게 묶은 것은? [3점]

> • 제1조 제방이나 저수지 바닥을 불법 경작한 곳은 즉시 복구시키되 이를 소홀히 할 때는 지방관을 문책한다.
> • 제2조 저수지 바닥을 파내되 바로 바닥 근처에 두지 말고 멀리 운반하여 다시 유입되지 않도록 한다.
> • 제3조 제방에는 수문이 없어 불편하므로 제언 수축시에는 반드시 소나무로 만든 수통을 설치하여 필요에 따라 열고 닫도록 한다.

〈 보기 〉
㉠ 장용영을 설치하여 군권을 장악하였다.
㉡ 규장각을 두어 진보적 학자들을 등용하였다.
㉢ 속대전을 편찬하여 법전 체제를 재정리하였다.
㉣ 사형수에 대한 삼심제를 엄격하게 시행하였다.
㉤ 초계문신제를 시행하였다.
㉥ 수령의 향약 주관을 장려하였다.

① ㉠, ㉡, ㉢, ㉣
② ㉠, ㉡, ㉢, ㉤
③ ㉠, ㉡, ㉤, ㉥
④ ㉡, ㉢, ㉣, ㉤
⑤ ㉡, ㉢, ㉤, ㉥

해설 ㉢과 ㉣은 영조의 업적이다.
보충설명 제시문은 정조 때 비변사에서 제정한 제언절목이다. 조선 후기 이앙법의 확대와 함께 수리 시설의 개선이 필요하게 되자 당시 정부는 제언절목을 제정하여 제언 수축과 관리의 필요성을 강조하였다.

29 다음의 인물이 속한 붕당과 관련된 설명으로 옳지 않은 것은? [2점]

> • 선조 40년 충청도 옥천 출생
> • 효종 즉위년 효종의 사망에 따른 자의대비의 복상 문제에 대해 1년 설을 주장함
> • 숙종 9년 윤증 등 소장파와 대립, 결별
> • 숙종 15년 희빈 장씨 아들의 세자 책봉 문제에 대해 반대하다가 제주로 유배, 재조사를 위해 서울로 압송 중 사약을 받고 사망

① 이이와 성혼의 영향을 받은 붕당이다.
② 숙종 때 경신대출척으로 권력을 잃었으나 이후 재집권하였다.
③ 예송에서 남인과 대립하는 입장에 서있던 붕당이다.
④ 의리와 명분을 중시한 붕당으로 후금에 대한 강경책을 주장하였다.
⑤ 광해군의 중립외교에 반대하여 인조의 옹립에 주도적 역할을 담당하였다.

해설 제시된 인물은 송시열이다. 송시열은 서인 중 노론의 영수에 해당하는 인물이다.
① 이이, 성혼은 서인의 붕당 형성에 영향을 주었다.
② 경신대출척으로 권력을 잃은 붕당은 남인들이다.
③ 효종이 사망하자 자의대비의 복상 문제를 둘러싸고 남인은 3년 상을 서인은 1년 상을 주장하며 대립하였다.
④, ⑤ 서인들은 광해군과 북인들의 중립외교에 대한 반발로 인조반정을 일으키고 친명배금 정책을 주장하였다.

정답 27 ① 28 ③ 29 ②

30 다음과 같은 그림이 유행하던 시기에 대한 설명으로 옳지 않은 것은? [2점]

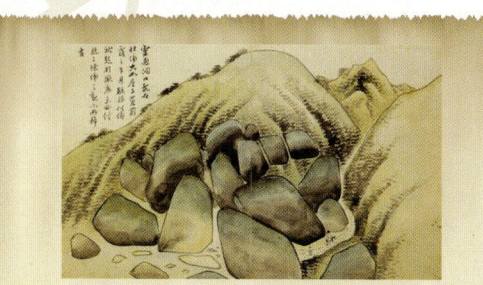

이 그림은 송도지방의 명승고적을 여행하면서 경치를 그린 『송도기행첩(松都紀行帖)』 중의 한 점이다. 바위에 원근의 개념을 부여하여 산악을 표현하였고, 이와는 대조적으로 담채와 담먹을 묽게 혼용하여 입체감을 나타내었다. 또한 『송도기행첩』의 다른 작품에서와 마찬가지로 원근법을 사용하여 서구적인 해석이 돋보이는 작품이다.

① 정약용은 『마과회통』에서 종두법을 최초로 소개하였다.
② 유클리드가 지은 기하학서의 전반을 한문으로 번역한 기하원본이 출간되었다.
③ 홍대용은 『임하경륜』이라는 책에서 신분에 따른 토지의 차등 분배를 주장하였다.
④ 영조 때 정상기는 100리를 척(尺)으로 하는 축척의 개념을 사용하여 동국지도를 제작하였다.
⑤ 이익은 노비, 과거, 양반문벌, 사치와 미신, 승려, 게으름 등을 나라를 좀 먹는 여섯가지 좀이라 하였다.

해설 제시된 그림은 조선 후기 강세황의 '영통동구도'이다. 홍대용은 『임하경륜』에서 성인 남자에게 2결의 토지를 나누어 주자는 균전론을 주장하였다. 신분에 따른 토지의 차등분배는 유형원의 주장이다.

31 다음 사건에 대한 설명으로 옳은 것은? [1점]

정족산성 수성장 양헌수의 보고에 의하면, "성을 점령할 계책으로 저들의 두령이 말을 타고 동문과 남문으로 나누어 들어오는 것을 우리 군사들이 좌우에 매복하여 있다가 일제히 총탄을 퍼부었다. 저들이 죽은 것은 6명이고, 아군이 죽은 것은 1명이다."라고 하였다.

① 어재연이 이끄는 조선 수비대가 광성보에서 미군에 맞서 싸웠다.
② 이 사건의 결과 수많은 천주교 신자와 프랑스 선교사들이 처형당했다.
③ 통상을 요구하던 미국 상선을 평양 군민이 불태워 침몰시킨 사건이 발단이 되었다.
④ 독일 상인 오페르트의 남연군 묘 도굴 사건으로 서양에 대한 적개심이 높은 상태에서 일어났다.
⑤ 이 사건으로 외규장각 의궤가 약탈당하였으며, 2011년 영구 임대 형식으로 우리나라에 돌아왔다.

해설 제시문은 병인양요 당시 정족산성에서 양헌수 부대가 프랑스를 격퇴한 내용이다.
① 신미양요에 대한 설명이다.
② 프랑스는 병인박해를 구실로 병인양요를 일으켰다.
③ 제너럴셔먼호 사건은 신미양요의 원인이다.
④ 병인양요는 1866년, 오페르트 도굴 사건은 1868년이다.

보충설명 당시 프랑스는 강화도에 있던 서적과 문화재를 훼손하였고, 일부는 프랑스로 가져갔다.

32 다음은 개항 이후 일부 정치세력이 주장한 내용의 일부이다. 이와 직접적인 관련이 있는 사건에 대한 설명으로 옳은 것은? [2점]

• 대원군은 가까운 시일 안으로 나라에 돌아오도록 할 것
• 각 도의 환상(還上) 제도를 영원히 없앨 것
• 재정은 모두 호조에서 관할하게 할 것

① 이 사건 이후 일본의 강요로 조선과 청 사이에 텐진조약이 맺어졌다.
② 정부의 개화정책 추진에 대한 반발로 일어난 사건이며 의병으로 계승되었다.
③ 서울 상인과 빈민들은 이 사건을 일으킨 정치세력에 적극적인 지지를 보냈다.
④ 구식 군인들이 정부의 차별대우에 불만을 품고 개혁을 요구한 것이 발단이 되었다.
⑤ 이 사건의 주역들은 사회적으로 문벌을 폐지하고, 인민평등권을 확립하고자 하였다

해설 제시문은 갑신정변 당시 발표된 14개조 개혁정강의 일부로 이들은 양반 문벌제도를 폐지하고, 평등한 사회를 확립하고자 하였다.

33. 다음과 같은 사건이 발생했을 당시 위정척사 사상을 가진 사람들의 움직임으로 적절한 것은? [3점]

> 미국도 1866년에 조선의 개방을 시험한 것이 있으니, 제너럴셔먼호라는 상선이 평양을 향해 대동강을 거슬러 올라갔다. 미국인과 영국인, 중국인이 섞인 선원을 태운 이 중무장 선박은, 크리스트교 뿐만 아니라 외국과의 통상도 조선의 법에 위배된다는 전문을 받았다. 하지만 제너럴셔먼호는 이 말을 무시한 채 계속해서 앞으로 나아갔다. 곧 적대감에 찬 군중이 강가에 몰려들었고, 겁에 질린 선원들은 그들에게 머스켓 총을 발사하였다. 그 일제 사격이 끝나자 당시 평양 감사로서 사람들의 존경을 받고 있던 온건한 관리 박규수는 제너럴셔먼호를 파괴하라는 명을 내렸다. 전투에 나선 조선인들은 선원 전원을 죽이고 배를 불살랐다.
> — 브루스 커밍스, 『한국 현대사』 —

① 이항로 등은 상소를 올려 척화주전론을 주장하였다.
② 유인석, 이소응 등이 중심이 되어 의병 운동이 일어났다.
③ 만언척사소의 홍제학과 같은 인물들이 개화를 반대하였다.
④ 최익현이 왜양일체론을 들어 문호개방을 반대하였다.
⑤ 이양선의 출몰에 따른 위기의식의 고조로 각지에서 의병들이 일어났다.

해설 제시된 글은 제너럴셔먼호 사건이며, 1860년대 위정척사 운동의 움직임은 통상반대, 척화주전론이다.

구분	배경	주장	대표 인물
1860년대	병인양요, 통상요구	통상 반대, 척화주전론	이항로, 기정진
1870년대	문호개방, 강화도 조약	개항 반대, 왜양일체론	최익현
1880년대	정부의 개화정책 조선책략의 유포	개화 반대, 조선책략 반대	이만손 "영남만인소", 홍제학 "만인척사소"
1890년대	을미사변, 단발령	항일 의병운동	유인석, 이소응, 최익현

34. 다음은 근대적 개혁의 전개 과정을 도식화한 것이다. 이에 대해 바르게 설명한 것은? [3점]

(가) 1차 개혁	→	(나) 2차 개혁	→	(다) 3차 개혁
제차 김홍집 내각, 군국기무처 설치		군국기무처 폐지, 홍범14조 발표		연호 제정, 친위대·진위대 설치

① (가)의 개혁에 반발하여 전국에서 의병이 봉기하였다.
② (나)와 (다) 사이에 친러 내각이 성립되었던 시기가 있었다.
③ 일제는 적극적인 태도로 (가)와 (나)의 개혁에 관여하였다.
④ (다)시기에 노비제와 과거제가 폐지되면서 평등사회가 이루어졌다.
⑤ 정국의 주도권이 급진개혁파에게 넘어가면서 개혁의 전 과정을 주도하였다.

해설 제시된 표는 갑오개혁에 대한 설명이다.

보충설명 2차 갑오개혁은 1894년 12월 김홍집과 박영효의 연립내각에서 추진되었다. 이후 1895년 청·일 전쟁에서 승리한 일본은 시모노세키 조약을 체결하여 요동반도를 할양 받았으나, 러시아, 프랑스, 독일의 3국 간섭으로 청에 요동반도를 반환하였다. 이에 조선에서는 친러 내각인 3차 김홍집 내각이 형성되었다.

35. 다음 표는 서양 열강과 체결한 조약을 나타낸 것이다. 이와 관련된 옳은 설명을 〈보기〉에서 모두 고르면? [2점]

연도	조약 체결 국가
1882. 5	미국
1883. 11	영국, 독일 … (가)
1884. 6	이탈리아 … (나)
1884. 7	러시아 … (다)
1886. 6	프랑스 … (라)
1892. 6	오스트리아

〈 보기 〉
㉠ (가) 일본의 알선으로 조약이 체결되었다.
㉡ (나) 거문도 사건이 계기가 되었다.
㉢ (다) 조선 정부가 독자적으로 조약을 체결하였다.
㉣ (라) 천주교가 포교의 자유를 획득하였다.

① ㉠, ㉡ ② ㉠, ㉢ ③ ㉡, ㉢
④ ㉡, ㉣ ⑤ ㉢, ㉣

정답 33 ① 34 ② 35 ⑤

해설 서양과의 근대적 조약은 주로 청의 알선으로 체결되었으나 러시아와는 우리가 독자적으로 조약을 체결하였다. 프랑스와 1866년 체결한 조약으로 천주교는 포교의 자유를 획득하였다.

36 다음 글을 쓴 인물에 대한 설명으로 옳은 것은? [2점]

> 오호라, 어떻게 하면 내가 2천만 동포의 피와 눈물이 항상 나라를 위하여 뜨겁게 방울 맺히게 할까? 오직 역사로 할 수 있을 것이다. 역사가 무엇이기에 그 효능이 이처럼 신성하단 말인가. 가로되 역사라는 것은 그 나라 그 국민의 변천 성쇠의 실적이니, 역사가 있으면 그 나라가 반드시 흥하게 되는 것이다. … 그러하니 애국심이 없는 사람도 역사를 반드시 읽어야 하고, 애국심이 있는 자도 반드시 역사를 읽어야 하나니라.
>
> 대한협회 회보 제3호, 1908. 6

① 대한 매일 신보에 독사신론을 발표하였다.
② 임시정부 2대 대통령을 역임했으며, 민족정신으로 국혼을 강조하였다.
③ 세계사적 보편성을 강조하여 일본의 식민사관인 정체성론을 비판하였다.
④ 매천야록을 저술하였으며, 국권이 피탈되자 절명시를 남기고 자결하였다.
⑤ 신민회에서 활동하였으며, 해방 후 귀국하여 한국독립당을 창당하였다.

해설 제시문은 신채호의 글이다.
②는 박은식, ③은 백남운, ④는 황현, ⑤는 김구에 대한 설명이다.

37 다음과 같은 법령이 시행된 시기에 볼 수 있는 장면으로 옳은 것은? [1점]

> 제1조 국가 총 동원이란 전시(전시에 준할 경우도 포함)에 국방 목적을 달성하기 위해 국가의 전력을 가장 유효하게 발휘하도록 인적 및 물적 자원을 운용하는 것을 말한다.
> 제4조 정부는 전시에 국가 총 동원상 필요할 때는 칙령이 정하는 바에 따라 제국 신민을 징용하여 총 동원 업무에 종사하게 할 수 있다. 단, 병역법의 적용을 방해하지 않는다.

① 제복과 칼을 차고 수업을 하는 선생님
② 처음 만들어진 치안 유지법에 따라 체포된 사회주의자
③ 조선일보 창간에 맞춰 신문 구독을 신청하는 상인
④ 국내 쌀의 부족 현상을 해결하기 위해 만주에서 수입되는 잡곡
⑤ 창씨개명을 하지 않아 학교 입학을 거부당하는 학생

해설 제시문은 1938년에 공포된 국가 총 동원법의 일부이다.
① 1910년대 무단 통치기의 상황으로 교원이 제복을 입고 칼을 차고 수업을 하였다.
② 치안유지법은 1925년 사회주의를 탄압할 목적으로 만들어졌으나, 이후 민족 운동을 탄압하는 도구로 사용되었다.
③ 3·1 운동의 결과 일본은 문화통치로 통치 방식을 바꾸었고 그 일환으로 1920년 조선일보와 동아일보의 창간을 허용하였다.
④ 1920년대 시행된 산미 증식계획으로 국내의 쌀이 부족해지자 일본은 만주에서 잡곡을 수입하였다.

38 다음의 문서가 미친 영향으로 옳은 것은? [2점]

> 미국 대통령 각하, 우리는 자유를 사랑하는 2천만의 이름으로 각하에게 청원하노니 각하도 평화 회의에서 우리의 자유를 주창하여 참석한 열강이 먼저 한국을 일본의 학정에서부터 벗어나게 하여 장래 완전한 독립을 보증하고 당분간은 한국을 국제 연맹 통치 밑에 두게 할 것을 빌며 ……

① 임시 정부를 해체하고 새로운 정부를 구성하기로 결의하였다.
② 임시 정부의 외교 활동을 전담하기 위해 임시 의정원이 설치되었다.
③ 임시정부가 미국의 영향을 받아 공화정체를 채택하게 되었다.
④ 임시 정부의 근거지를 연해주로 이동하고 무장 투쟁 중심으로 변화하였다.
⑤ 무장 독립론자들이 이승만을 불신임하고 강력한 신정부의 수립을 요구하였다.

해설 제시문은 이승만의 위임통치안이다. 이 문서가 제출된 것이 알려지자 무장 독립론자들을 중심으로 국민대표회의가 소집되었고, 임시 정부의 개혁방향을 놓고 창조파와 개조파로 대립하다가 탈퇴하게 된다.

39 다음 지도의 A 도시에 대한 설명으로 옳은 것은? [2점]

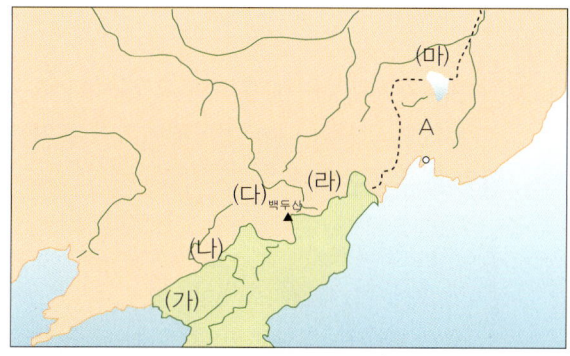

① 의병 통합부대로 13도 의군이 결성되었다.
② 대한 광복군 정부가 수립되어 훗날 임시 정부 수립의 길을 열어 놓았다.
③ A 지역을 대표하는 신문으로는 해조신문, 대동공보, 권업신문 등이 있다.
④ 항일 의병 계열과 애국 계몽 계열의 합작 단체인 성명회가 조직된 지역이다.
⑤ 독립 운동가들이 모여 한·일 병합의 무효를 주장하는 무오독립선언이 발표되었다.

해설 지도의 A 지역은 연해주 지역이다. 무오독립선언(대한독립선언)은 1918년 북간도에서 발표되었다. 서일 등 만주와 연해주에서 활동하던 39명의 독립 운동가들이 모여 한·일 병합의 무효를 주장하고, 독립 전쟁을 통한 독립 쟁취의 내용을 담고 있는 독립선언이다.

40 다음 자료로 추론할 수 있는 독립군 부대의 활동에 대한 설명으로 옳은 것은?

> 1944년 7월 7일. 이 날은 일본군 병영을 탈출해 충칭을 찾아가는 대륙 횡단을 위해, 중국 벌판의 황토 속으로 그 뜨거운 지열과 엄청난 비바람과 매서운 눈보라의 길. 6천리를 헤매기 시작한 날이다.
> 『돌베개』
>
> 협의회의 군사 문제 토론회에서는 나에게 중국 공산당의 수도 연안에 가서 국내에 대한 군사 대책을 세워 보라고 하였다. 1944년 11월 27일에 경성을 출발하였다.
> 『연안행』

① 조선의용대의 일부 세력이 합류하였다.
② 중국의 호로군과 함께 연합작전을 전개하였다.
③ 중국 관내에서 최초로 결성된 무장 독립 단체이다.
④ 동포들의 민정기관과 군정기관의 역할을 수행하였다.
⑤ 미군과 연합하여 국내 진공작전을 단행, 일본군에게 타격을 입혔다.

해설 제시문의 독립군 부대는 1940년 충칭에서 임시정부 산하의 군사조직으로 결성된 한국 광복군에 대한 설명이다.
② 지청천이 이끄는 한국독립군은 중국의 호로군과 연합하여 쌍성보, 대전자령 전투 등에서 일본군을 격파하였다.
③ 조선 민족 혁명당 산하의 군사조직인 조선의용대는 1938년 중국 관내에서 최초로 결성된 무장 투쟁 단체이다.
④ 자유시 참변 이후 흐트러진 독립군 조직을 정비하여 만든 참의부, 정의부, 신민부의 3부는 군정기관과 민정기관의 역할을 담당하였다.
⑤ 한국 광복군은 미군의 OSS와 연합하여 국내 진공작전을 계획하였으나, 일본의 패망으로 실천에 옮겨지지는 못하였다.

보충설명 한국 광복군은 김원봉이 이끄는 조선의용대의 일부 세력을 흡수하였다.

41 다음 사실들을 통해서 알 수 있는 광복 직전의 건국 준비 활동의 성격에 대해 가장 타당한 것은? [1점]

> (가) 대한민국 임시 정부는 민족주의 계열의 독립 운동 단체들을 한국 독립당으로 통합하여 그 지지 기반을 강화한 후 대한민국 건국 강령을 제정 공포하였다. 이 건국 강령은 보통 선거를 통한 민주 공화국의 수립이었다.
> (나) 중국의 화북 지방에서는 사회주의 계열의 독립 운동가들이 조선 독립 동맹을 결성하고 민주 공화국의 수립을 강령으로 내세웠다.
> (다) 국내에서도 일제의 가혹한 탄압 속에서 일부 지도자들이 조선 건국 동맹을 조직하고 일제의 타도와 민주주의 국가의 건설을 추구하였다.

① 남북 분단의 원인은 좌우 이념 대립 때문이었다.
② 해방 후 한반도에 영향력을 행사하려는 일본의 의도가 반영되어 있다.
③ 국내외에서 독립 운동을 추진하던 민족 지도자들은 민주 공화국을 수립하는 데 뜻을 같이 하였다.

정답 39 ⑤ 40 ① 41 ③

④ 위의 예들은 건국 준비 활동 과정에서 합리적인 의사 결정의 여지가 없었음을 보여 주고 있다.
⑤ 건국 준비과정에서 민족주의 계열과 사회주의 계열의 대립이 극심하게 나타나고 있었다.

해설 제시문은 각 단체들의 건국강령을 설명하고 있다.
(가)의 대한민국 임시정부는 조소앙의 삼균주의를 채택하고 보통선거를 통한 민주 공화국의 수립을 목표로 내세웠다.
(나)는 김두봉의 조선 독립동맹에 대한 설명으로 조선 독립동맹은 무상 의무 교육의 실시, 주요 기업의 국영화, 보통선거에 의한 민주 국가 수립을 목표로 내세웠다.
(다)는 국내에서 여운형을 중심으로 만들어졌던 건국동맹에 대한 설명이다.

보충설명 제시된 자료를 통해 민족주의, 사회주의 계열 그리고 국내외를 막론하고 민주 공화국 수립이라는 목표에 합의하고 있음을 알 수 있다.

42 다음은 1949년에 제정된 농지 개혁법의 내용이다. 이와 관련된 설명으로 타당하지 못한 것은? [2점]

(가) 법령에 의해 몰수 또는 국유로 된 농지, 소유권자의 명의가 분명하지 않은 농지는 정부에 귀속하며, 농가 아닌 자의 농지, 자경하지 않은 자의 농지, 본법 규정의 한도를 초과하는 부분의 농지 등은 적당한 보상으로 정부가 매수한다.
(나) 국유 농지는 현재 당해 농지를 경작하는 농가, 경작 능력에 비하여 과소한 농지를 경작하는 농가, 농업 경영 경험을 가진 순국 열사의 유가족, 영농력을 가진 피고용 농가, 국외에서 귀환한 농가의 순위에 따라 분배 소유케 한다. 농지의 분배는 농지의 종목, 등급 등 농가의 능력 기타에 기준한 점수제에 의거하여 한 가구당 총 경영 면적 3정보를 초과하지 못한다.

① 이 법의 시행으로 자영농이 증가하였다.
② 유상몰수와 무상분배의 원칙으로 추진되었다.
③ 일부 농민은 다시 영세농으로 전락하기도 하였다.
④ 한 가구당 3정보를 소유 상한으로 정하고 추진되었다.
⑤ 이 법의 시행으로 토지 자본을 산업 자본으로 전환, 산업화의 토대를 마련하려 하였다.

해설 제시문은 농지개혁법이다. 농지개혁법은 유상매입, 유상분배의 원칙으로 추진되었다.

43 다음은 7대 대통령에 출마한 두 후보의 주장이다. 선거 이후 당선된 대통령의 재임기간 동안 있었던 일로 옳은 것은? [2점]

(가) 경제 성장과 조국의 통일을 위해서는 강력한 지도력이 필요합니다. 한 번 더 신임해 주시면 후계자를 양성하고 스스로 물러나겠습니다.
(나) 생산 증대와 분배 형평을 이루어 대중 경제를 실현하겠습니다. 이번에 정권 교체를 이루지 못하면 영구 집권 체제가 출현할 것입니다.

① 3선개헌   ② 유신헌법 공포
③ OECD 가입   ④ IMF 구제 금융
⑤ 금강산 관광 시작

해설 제시문은 1971년 실시된 대통령 선거에서 후보의 주장으로 (가)는 박정희, (나)는 김대중 후보의 주장이었다. 이 선거에서 당선된 박정희 대통령은 1972년 유신헌법을 공포한다.
① 1969년 6차 개헌   ③ 1996년 김영삼 정부
④ 1997년 김영삼 정부   ⑤ 1998년 김대중 정부

44 다음중 대통령의 선출방식이 간접 선거인 경우만으로 묶인 것은? [1점]

㉠ 초대 대통령 선거   ㉡ 발췌 개헌 이후
㉢ 사사오입 개헌 이후   ㉣ 유신헌법 이후
㉤ 6월 민주 항쟁 이후

① ㉠, ㉡   ② ㉡, ㉢   ③ ㉠, ㉣
④ ㉡, ㉤   ⑤ ㉢, ㉤

해설 ㉠ 1948년 공포된 제헌헌법은 대통령의 임기를 4년 중임으로 하고 선출은 의회가 담당하는 간선제 선출방식으로 초대 대통령을 선출하였다.
㉡ 1952년 당시 임시 수도였던 부산에서 공포된 발췌개헌은 대통령 직선제를 채택하였다.
㉢ 1954년 공포된 2차 개헌인 사사오입 개헌은 초대 대통령의 중임 제한 철폐가 주요 내용이며, 대통령의 선출방식은 직선제 방식이었다.
㉣ 1972년 유신헌법은 대통령의 권한을 강화하고 통일주체 국민회의에서 대통령 간선제를 내용으로 담고 있다.

ⓔ 1987년 6월 민주 항쟁 이후 나온 6·29선언으로 5년 단임의 대통령제가 만들어졌고, 대통령 직선제가 이루어졌다.

45 다음 노래의 배경이 된 정책이 시행된 이유로 옳은 것은? [2점]

> 새벽종이 울렸네. 새 아침이 밝았네.
> 너도 나도 일어나 새 마을을 가꾸세.
> 살기 좋은 내 마을 우리 힘으로 만드세.
> 초가집도 없애고 마을길도 넓히고
> 푸른 동산 만들어 알뜰살뜰 다듬세.
> 살기 좋은 내 마을 우리 힘으로 만드세.

① 정부의 저곡가 정책으로 도농 간 격차가 확대되었다.
② 북한의 송전 중단으로 남한 경제가 큰 어려움에 봉착하였다.
③ 지주 중심의 토지 소유관계를 농민 중심으로 개편할 필요성이 있었다.
④ 농업 중심의 경제 구조 육성에 따른 농민들의 불만을 완화시키려는 목적이었다.
⑤ 농촌 젊은이들의 베트남 파병으로 농촌의 불만이 고조되어 불만을 완화할 필요가 있었다.

해설 1960년대 이후 본격적으로 추진된 산업화, 저곡가 정책의 결과 도시와 농촌 간의 경제적 격차가 커지게 되었고, 이에 따라 농촌의 불만을 완화시킬 목적으로 시행된 새마을 운동 노래이다.

46 다음과 같이 국회가 구성된 시기의 상황으로 옳지 않은 것은? [2점]

구분	민주당	사회 대중당	자유당	한국 사회당	통일당	무소속	기타
민의원	(233)	175	4	2	1	49	1
참의원	(58)	31	1	4	1	-	20	1

① 정부는 통일 문제 해결을 위해 남북 협상을 추진하였다.
② 정부는 내각 책임제로, 국회는 양원제로 구성되었다.
③ 정부는 정치·사회의 민주화와 경제 발전을 국정 목표로 삼았다.
④ 정부는 국민들의 민주주의적 요구에 효과적으로 대처하지 못하였다.
⑤ 사회 각 분야에서 민주화를 요구하는 목소리가 높아지기 시작하였다.

해설 자료는 양원제 의회로 제2공화국 당시의 의회 구성임을 알 수 있다.
① 장면 내각은 통일 문제에 대해 적극적인 자세를 취하지 않았고, 학생을 비롯한 민간 부분에서 통일에 대한 논의가 활발히 전개되었다.

47 다음은 1960년대 이후 한국의 수·출입 동향을 나타낸 표이다. 이를 통해 한국의 경제 구조의 성격을 추론한 기술문으로 적절한 것은? [2점]

(단위 : 100만 달러)

연도	수출(통관액)		수입(통관액)	
	금액	증감률(%)	금액	증감률(%)
1960년	32.8	65.7	343.5	13.1
1965년	175.1	47.0	463.4	14.6
1970년	835.2	34.2	1,984.0	8.8
1975년	5,081.0	13.9	7,274.4	6.2
1979년	15,055.5	18.4	20,338.6	35.8

① 수출액의 급증으로 무역 적자가 점차 감소되었다.
② 국민 소득이 급증하여 빈부의 격차 문제가 완화되었다.
③ 우리나라 경제 구조의 해외 의존도가 갈수록 심화되었다.
④ 내수 산업과 관련된 기업체들이 큰 폭으로 성장하는 추세이다.
⑤ 경제 성장과 함께 평등한 부의 분배가 이루어져 빈부격차는 완화되었다.

해설 제시문의 수·출입 액수의 변화를 통하여 무역 규모가 증대되고 있음을 알 수 있다. 무역의 증대와 더불어 우리나라의 해외 의존도는 심화되었다.

48 다음의 내용으로 북한 정권에서 숙청된 세력은? [2점]

> • 1956년 소련에서 실권을 잡은 흐루시초프가 스탈린 체제를 비판하고, 집단 지도 체제를 강조하였다.
> • 반김일성 세력이 1956년 노동당 중앙위원회 전원회의에서 김일성 개인 숭배를 비판하였으나, 종파주의로 몰려 숙청되었다.

정답 45 ① 46 ① 47 ③ 48 ②

① 남로당　② 연안파　③ 조선공산당
④ 갑산파　⑤ 청우당

해설 조선 독립 동맹 계열의 연안파 최창익과 소련파 계열의 박창옥 등은 김일성 독재 체제를 비판하였으나, 오히려 이들이 종파주의자로 몰려 숙청당하였다.

49 다음 주장의 배경을 파악하기 위한 탐구 활동으로 가장 적절한 것은? [1점]

- 1일 14시간의 작업 시간을 단축하십시오.
- 1일 10~12시간으로 1개월 특(휴)일 2일을 일요일마다 휴일로 쉬기를 희망합니다.
- 건강 진단을 정확하게 하여 주십시오.
- 시다공의 수당 현 70원 내지 100원을 10% 이상 인상하십시오.
- 절대로 무리한 요구가 아님을 맹세합니다.
- 인간으로서 최소한의 요구입니다. 기업주 측에서도 충분히 지킬 수 있는 사항입니다.

① 이승만 정부의 노동 운동 탄압 사례를 조사하였다.
② 수출 경쟁력 확보를 위한 저 임금 정책을 조사하였다.
③ 외국인 노동자에 대한 인권 침해 상황을 조사하였다.
④ 6·25 전쟁으로 인한 산업 시설 파괴 상황을 조사하였다
⑤ 노동조합 설립 운동에 대한 정부 정책을 조사하였다.

해설 제시된 글은 전태일의 글이다.
전태일은 평화시장에서 근무하던 중 열악한 노동환경에 대한 시정을 요구하며 분신한 노동자이다. 1970년 전태일의 분신은 경제 발전의 고통 받던 노동자들의 모습을 보여주는 노동 운동의 상징적 사건이라 할 수 있다.

50 다음은 어느 정부 때의 사실이다. 이 시기의 통일 노력으로 옳은 것은? [2점]

- 북방 외교를 추진하여 소련 및 동유럽 공산 국가들과 수교하였다.
- 5·18 민주화 운동 진압에 대한 진상과 언론 탄압에 대한 진상을 규명하기 위해 청문회를 열었다.

① 분단 이후 처음으로 남북 정상 회담이 개최되었다.
② 남북 고위급 회담에서 남북 기본 합의서를 채택하였다.
③ 자주, 평화, 민족 대단결의 통일의 3가지 원칙에 합의하였다.
④ 남북한 당국은 정기적인 이산가족의 상호 방문을 합의하였다.
⑤ 우리 정부는 개성 공단 설치 등 북한과 경제 협력을 추진하였다.

해설 북방외교와 5·18 청문회가 열렸던 시기는 노태우 정부 때의 일이다. 1991년 남북한은 남북기본 합의서를 채택하였다.
①, ④, ⑤는 2000년 남북 정상회담(김대중 정부) 당시 6·15 남북 공동 선언이 채택되었고, 이산가족의 상호방문, 개성 공단 설치 등을 합의하였다.
③ 1972년(박정희 정부) 7·4 남북 공동성명이다.

실전모의고사 3회

01 다음은 구석기 시대 ~ 철기 시대에 대한 설명이다. 시대순으로 바르게 나열한 것은? [2점]

> ㉠ 애니미즘, 토테미즘 등의 신앙이 있었다.
> ㉡ 뗀석기를 사용하여 수렵, 채집, 어로의 생활을 하였다.
> ㉢ 계급이 출현하였고, 벼농사가 시작되었다.
> ㉣ 널무덤, 독무덤의 무덤 양식이 나타난다.

① ㉠ → ㉡ → ㉢ → ㉣
② ㉡ → ㉠ → ㉢ → ㉣
③ ㉢ → ㉡ → ㉠ → ㉣
④ ㉡ → ㉠ → ㉣ → ㉢
⑤ ㉠ → ㉡ → ㉣ → ㉢

해설 ㉡은 구석기 시대, ㉠은 신석기 시대, ㉢은 청동기 시대, ㉣은 철기 시대이다.

02 다음은 국가 발전 과정 중 연맹 왕국의 특징을 설명하는 것이다. 각 나라가 연맹 왕국이었음을 주장하는 근거로서 가장 적절한 것은? [1점]

> 군장 국가가 발전한 형태로 국왕이 출현하고 국가 조직이 갖추어졌으나, 아직도 종래의 군장 세력이 자기 부족에 대한 지배권을 행사하였기 때문에 집권 국가로서는 일정한 한계점을 지니고 있었다.

① 부여 – 수해나 한해와 같은 자연 재해가 닥치면 왕에게 그 책임을 묻기도 하였다.
② 고구려 – 왕위의 상속이 형제상속에서 부자상속으로 바뀌어 갔다.
③ 옥저 – 고구려와 같은 부여족의 갈래로 소금과 어물이 풍부하였다.
④ 동예 – 족외혼이 엄격하게 지켜졌고 다른 부족의 영토를 침범하지 않았다.
⑤ 삼한 – 5월의 수릿날과 10월의 계절제를 통하여 씨를 뿌리고 추수하는 농경사회의 모습을 갖추었다.

해설 국가의 발전단계는 군장국가, 연맹국가, 중앙집권국가의 순이다. 연맹국가는 왕이 선출되었으나, 왕권이 미약하다는 특징을 가지고 있다. 반면 중앙집권 국가는 왕권의 강화를 특징으로 하는데 왕권강화를 보여주는 사실로는 왕위의 부자상속, 불교의 수용, 영토 확장 전쟁, 관리의 공복 제정 등을 들 수 있다.

03 다음 사실을 순서대로 바르게 나열한 것은? [1점]

> ㉠ 수도인 왕검성이 함락되어 멸망
> ㉡ 위만이 이끄는 유민들이 고조선으로 유입
> ㉢ 중국의 연나라와 대립할 정도로 강성
> ㉣ 한반도 남쪽의 여러 나라와 중국의 한나라 사이에서 중계무역으로 번성

① ㉡ → ㉢ → ㉣ → ㉠
② ㉢ → ㉣ → ㉡ → ㉠
③ ㉢ → ㉡ → ㉣ → ㉠
④ ㉡ → ㉣ → ㉢ → ㉠
⑤ ㉣ → ㉡ → ㉢ → ㉠

해설 ㉢ 고조선은 요서 지방을 경계로 연나라와 대립할 정도로 강성하였으나, 기원전 3세기 초 요동 지방을 상실하였다. ㉡ 기원전 2세기 경 위만이 이끄는 무리가 고조선으로 들어와 준왕을 몰아내고 위만이 왕위에 올랐다. ㉣ 이후 고조선은 지리적 이점을 이용 중계무역으로 번성하였으나, 우거왕 때 한나라 무제의 공격으로, ㉠ 수도인 왕검성이 함락되면서 멸망하였다.

정답 01 ② 02 ① 03 ③

04
다음 지도는 초기 철기 시대의 모습이다. 각 나라에 대한 설명으로 옳은 것은? [2점]

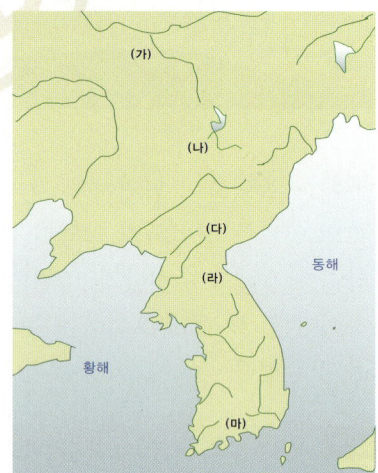

① (가) – 넓은 평야지대에서 반농반목의 경제 구조를 가지고 있었다.
② (나) – 모계사회의 풍습인 서옥제의 풍습을 가지고 있었다.
③ (다) – 연맹왕국으로 발전하지 못하고 군장국가 단계에서 멸망하였다.
④ (라) – 바닥이 철(凸)자 모양과 여(呂)자 모양의 가옥에서 생활하였다.
⑤ (마) – 이 지역의 국가 중 진한 지역의 사로국의 지배자가 진왕으로 추대되었다.

해설 삼한의 국가 중 가장 세력이 큰 것은 마한 지역의 목지국이다. 이 목지국의 지배자가 마한왕 또는 진왕으로 추대되어 삼한 연맹을 주도하였다.

05
다음 중 고구려의 사회모습에 대한 설명으로 옳지 않은 것은? [1점]

① 귀족회의로 제가회의를 운영하였다.
② 활발한 정복활동으로 씩씩한 사회기풍이 생겨났다.
③ 도둑질한 자는 훔친 물건의 2배를 배상하게 하였다.
④ 빈부의 귀천에 따라 벽화의 인물 크기를 달리하였다.
⑤ 10월에 동맹이라는 제천행사를 열었다.

해설 고구려는 도둑질한 자에게 12배를 배상하게 하였다. 2배의 배상은 백제에 관한 설명이다.

06
다음 지도의 (가), (나)에 대한 설명으로 옳지 않은 것은? [2점]

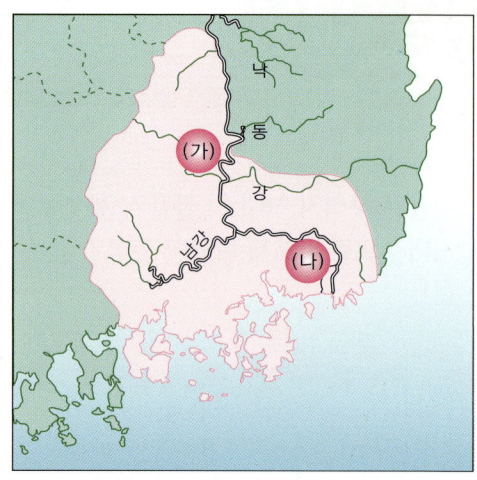

① 4세기경 이 지역의 중심 세력은 (나)였다.
② (나)는 법흥왕, (가)는 진흥왕의 공격을 받아 멸망하였다.
③ 이 연맹국가의 남부 지방은 신라와 백제에 의해 분할 점령되었다.
④ (가)는 6세기 초 국제적 고립에서 벗어나려고 신라와 결혼 동맹을 맺었다.
⑤ (가)에서 (나)로 연맹의 주도권이 넘어가는 것은 고구려군의 공격 때문이다.

해설 (나)의 금관가야는 법흥왕 때 스스로 귀부하였고, (가)의 대가야는 진흥왕 때 백제 성왕을 지원하다 진흥왕의 공격으로 멸망하였다.

07
다음 그림과 같은 시기의 모습으로 옳지 않은 것은? [2점]

① 예작부의 설치로 14부가 완성되었다.
② 9주 5소경의 지방 제도를 완비하였다.
③ 국학을 설립하여 유학 교육을 강화하였다.
④ 만파식적의 고사는 전제왕권의 강화를 보여준다.

⑤ 강릉 지방의 장정을 동원하여 북쪽 경계에 장성을 축조하였다.

해설 제시된 그림의 관료전 지급은 신문왕 때의 일이다. 장성을 축조한 왕은 성덕왕이다.

08 고대 농민들의 경제생활에 대한 설명으로 옳은 것은? [2점]

① 시비법은 발달하지 못하였고 가축을 농사에 이용할 기술도 없었다.
② 고리대는 법으로 금지되어 있어서, 이를 갚지 않아도 처벌받지 않았다.
③ 조세는 토지를 대상으로 부과하였기 때문에 토지가 없다면 조세의 부담도 없었다.
④ 향과 부곡에 사는 주민들은 일반 농민보다 더 많은 공물의 부담 때문에 어려운 삶을 살았다.
⑤ 왕토 사상에 따라 개인들은 자기 소유의 토지를 가질 수 없었으므로 귀족의 토지를 빌려 경작하였다.

해설 ① 시비법은 발달하지 못하였으나, 지증왕 때 소를 이용한 우경이 장려되었다.
② 고리대는 법으로 금지되어 있지 않아 농민들 몰락의 주요한 요인이 되었다.
③ 공물과 역의 동원은 토지의 소유여부와 관계없이 부과되었다.
⑤ 왕토 사상과는 관계없이 개인들은 토지에 대한 소유권을 가질 수 있었다.

보충설명 향과 부곡과 같은 특수 행정구역에 거주하는 주민들은 일반 주민에 비해 더 많은 공물을 부담하였다.

09 〈보기〉 중 신라의 삼국 통일 과정을 순서대로 나열한 것은? [2점]

〈 보 기 〉
㉠ 나·당 동맹 결성
㉡ 사비성 함락
㉢ 고구려 부흥 운동
㉣ 나·당 전쟁
㉤ 대동강에서 원산만을 경계로 한 국경

① ㉠ → ㉡ → ㉢ → ㉣ → ㉤
② ㉠ → ㉡ → ㉤ → ㉣ → ㉢
③ ㉣ → ㉤ → ㉠ → ㉡ → ㉢
④ ㉡ → ㉢ → ㉣ → ㉤ → ㉠
⑤ ㉣ → ㉢ → ㉡ → ㉠ → ㉤

해설 나·당 동맹(648년) → 사비성 함락(660년) → 고구려 부흥 운동(669년) → 나·당 전쟁(670~676년) → 국경선 확정

10 다음 인쇄술의 발전 과정에 대한 설명으로 옳지 않은 것은? [2점]

① 목판 인쇄의 발달을 보여 주는 대표적인 유물로는 고려대장경이 있다.
② 목판 인쇄의 장점은 여러 가지의 책을 소량으로 인쇄하기에 적합하다는 것이다.
③ 현존하는 세계에서 가장 오래된 금속활자본은 청주 흥덕사에서 간행한 직지심체요절이다.
④ 닥나무를 이용해 만들어진 종이는 품질이 뛰어나 제지술과 인쇄술 발달에 커다란 밑받침이 되었다.
⑤ 불국사 3층 석탑 안에서 발견된 무구정광대다라니경은 현존하는 세계에서 가장 오래된 목판인쇄물이다.

해설 목판 인쇄는 목판의 제작이 어려워 다양한 품종을 인쇄하기에는 부적합하나 대량인쇄가 가능하다는 장점을 가지고 있다.

11 고려 시대 토지 제도의 특징을 설명한 것으로 바르지 못한 것은? [2점]

① 군인전과 공음전은 세습이 가능하였다.
② 공음전은 귀족 세력의 경제적 기반이 되었다.
③ 전시과 토지는 매매와 상속, 증여가 가능한 토지였다.
④ 군인의 유가족에게는 생활 대책으로 구분전이 지급되었다.
⑤ 전시과 토지는 관직 복무와 직역에 대한 대가로 지급한 것이다.

해설 전시과 제도는 관리들에게 전지와 시지를 나누어 수조권을 지급한 것으로 원칙적으로 세습은 불가하였다.

정답 08 ④ 09 ① 10 ② 11 ③

12 고려 시대 관리 임용제도에 관한 설명으로 적절한 것은? [3점]

① 지방 향리의 자제들은 과거 응시가 원칙적으로 제한되었다.
② 음서는 직계 자손만을 대상으로 하여 처가쪽과는 관계없다.
③ 과거는 제술과, 명경과 등의 문과와 무과, 잡과 세 가지로 구분되었다.
④ 고관의 자제들은 음서를 통하여 관직에 진출했으나, 5품 이상으로 승진할 수는 없었다.
⑤ 관직 수의 부족으로 과거에 급제하고 상당 기간을 기다렸다가 관직을 받는 경우도 있었다.

해설 고려 시대에는 과거에 급제하고도 관직을 부여받지 못하는 경우도 있었다.
① 고려 시대의 향리는 지방의 실질적 지배자로 과거응시 자격과 혼인에서 중앙귀족과 별다른 차별을 두지 않았다.
② 음서는 직계는 물론 조카, 외손자에게까지 허용되었다.
③ 고려는 문과, 잡과, 승과의 시험이 치러졌다.
④ 음서를 통해 관직에 진출한 경우에도 고위직으로 승진하는데 제한을 두지 않았다.

13 다음 자료와 관련된 고려 시대의 공동 조직에 대한 옳은 설명을 <보기>에서 고른 것은? [2점]

- 매향 활동을 하였고, 대규모 인력이 참여하여 불상을 만들거나 절을 지을 때에도 이 조직이 주도적인 역할을 하였다.
- 이 조직의 구성원들이 호장의 주도로 개심사 5층 석탑을 건립하였다.

< 보 기 >
㉠ 특정 지역에서 나타난 불교 조직으로 노동력이 필요한 경우 이를 담당하는 역할을 하였다.
㉡ 고려 시대 지방에서는 이 조직을 향리층이 주도하기도 하였다.
㉢ 고려 시대 국가는 불교를 장려하여 이 조직을 각 향촌에 설치하도록 하였다.
㉣ 16세기 이후 향약이 보급되면서 향약의 하부로 편입되기도 하고 그 기능도 점차 두레로 넘어가게 되었다.

① ㉠, ㉡ ② ㉠, ㉢ ③ ㉡, ㉢
④ ㉡, ㉣ ⑤ ㉢, ㉣

해설 ㉠ 향도는 전국적으로 조직되어 특정 지역에 국한되어 나타나지는 않았다.
㉢ 향도는 농민의 자발적인 조직으로 국가에 의한 설치와는 관계가 없다.

보충설명 제시문의 조직은 향도이다. 향도는 초기 불교 행사에 노동력을 담당하는 역할을 하였으나, 후기로 접어들면서 향촌 사회의 농민의 공동조직으로 변모하게 된다.

14 다음 중 고려 시대 불교에 대한 설명으로 옳은 것은? [2점]

① 의천은 교관겸수를 제창하며 조계종을 개창하였다.
② 혜초는 인도를 여행하고 왕오천축국전을 기록하였다.
③ 지눌은 불교계의 타락을 지적하며 수선사 결사운동을 전개하였다.
④ 보우는 전민변정도감을 통하여 권문세족의 권한을 축소하려 하였다.
⑤ 균여는 유불일치설을 강조하면서 성리학 수용의 사상적 토대를 마련하였다.

해설 지눌은 불교계의 타락을 지적하면서 불교 본연의 자세로 돌아갈 것을 주장한 수선사 결사운동을 전개하였다.
① 의천은 천태종을 개창하였고, 조계종은 지눌이 개창하였다.
② 혜초의 왕오천축국전은 통일신라 시대에 쓰인 기행문이다.
④ 전민변정도감을 통하여 고려의 폐단을 개혁하려 했던 승려는 신돈이다.
⑤ 혜심은 유불일치설을 주장하여 성리학 수용의 토대를 제공하였다.

15 다음 고려의 중앙관제에 대한 설명으로 옳은 것은? [2점]

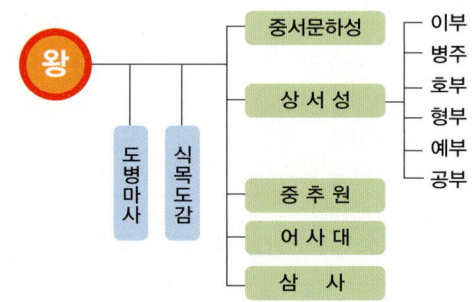

① 도병마사와 식목도감은 왕권 강화의 핵심 기관이었다.

정답 12 ⑤ 13 ④ 14 ③ 15 ④

② 시간이 흐를수록 도병마사의 권한이 약화된 반면, 식목도감의 권한은 강화되었다.
③ 중서문하성과 중추원은 고려 자체의 필요에 의해 만들어진 독창적인 기관이었다.
④ 중추원은 판원사를 최고 관직으로 군사 기밀과 왕명의 출납을 담당하였다.
⑤ 중서문하성의 추밀과 어사대의 관원은 대간으로서 서경의 권한을 갖고 왕권을 견제하였다.

해설 ①, ② 도병마사와 식목도감은 고려의 독자조직으로 도병마사는 초기에는 국방문제를 담당하는 임시기구였으나, 원 간섭기 도평의사사로 명칭이 바뀌면서 최고 기관으로 성장하였다. 식목도감은 법의 제정과 행사의 격식을 결정하였다.
③ 중추원은 송나라를 모방한 조직이다.
⑤ 중서문하성의 낭사와 어사대의 관원이 만나 대간을 형성하였고 이 대간은 왕권을 견제하는 역할을 담당하였다.

보충설명 중추원은 판원사를 최고 관직으로 군사 기밀을 담당하는 추밀과 왕명 출납을 담당하는 승선으로 이루어져 있다.

16 다음은 고려의 토지 제도에 관한 글이다. 이 글을 바르게 해석한 것을 모두 고르면? [2점]

- 국토의 역분전은 신하, 군사들에게 관직을 논하지 아니하고 성행(性行)의 선악과 공로의 대소를 보아 지급하였다.
- 고려의 전제(田制)는 문무백관에서부터 부병(府兵), 한인(閑人)에 이르기까지 과(科)에 따라 전지와 시지를 나누어 주었는데, 이를 전시과라 한다. 죽은 다음에는 모두 나라에 바치는 것이 원칙이나 5품 이상의 관리들에게 지급되는 공음전은 예외적으로 자손들에게 전할 수 있었다.

㉠ 역분전은 논공행상의 성격을 띤 것이었다.
㉡ 공음전은 귀족을 우대한 경제적 특혜였다.
㉢ 전시과는 토지에 대한 소유권을 지급한 것이다.
㉣ 전시과 체제가 확립되면서 모든 농민에게 토지를 지급하였다.

① ㉠, ㉡　② ㉠, ㉢　③ ㉡, ㉣
④ ㉡, ㉢　⑤ ㉢, ㉣

해설 ㉢ 전시과는 소유권을 지급한 것이 아닌 수조권만을 지급한 것이다.
㉣ 전시과는 고려의 기본 토지 제도로 관리에게 지급하는 것이고 일반 백성에게 토지를 지급하는 것은 아니다.

17 다음 자료의 학풍(학문)과 직접 관련 없는 사항은? [1점]

> 성균관을 다시 짓고 이색을 대사성으로 삼았다. 이색이 다시 학칙을 정하고, 매일 명륜당에 앉아 경을 나누어 수업하고, 강의를 마치면 서로 더불어 논란하여 권태를 잊게 하였다. 이에 학자들이 많이 모여 함께 눈으로 보고 마음으로 느끼는 가운데 정주학이 비로소 흥기하게 되었다.
> 『고려사』

① 인간의 심성과 우주의 원리 문제를 철학적으로 탐구하였다.
② 현실 사회의 모순을 시정하려는 개혁 사상으로 이 학문을 받아들였다.
③ 충렬왕 때 안향이 처음으로 소개하여 그 후 백이정이 직접 원나라에 가서 배웠다.
④ 이로 인하여 유교는 치국의 근본으로 불교는 수신의 도로 각각의 역할과 기능을 담당하였다.
⑤ 신진사대부들은 이 사상을 바탕으로 권문세족과 불교계의 폐단을 비판하고 새로운 나라를 건국하였다.

해설 제시문은 고려 말 성리학에 대한 글이다. 고려 성종 때 최승로의 시무 28조가 받아들여지면서 유교가 정치이념으로 받아들여졌다.

18 다음 지도에 표시된 지역을 수복한 왕대의 일로 옳지 않은 것은? [2점]

① 평양을 서경이라 하여 중시하고 북진정책을 추진하였다.

정답 16 ① 17 ④ 18 ④

② 스스로를 황제라 칭하고 광덕, 준풍 등의 연호를 사용하였다.
③ 여진족의 침범이 심하자 윤관이 별무반을 이끌고 여진족을 정벌하였다.
④ 성균관의 기술학부를 폐지하여 순수 유교 교육기관으로 변화시켰다.
⑤ 박위를 시켜 왜구의 본거지인 쓰시마 섬을 정벌하도록 하였다.

해설 제시된 그림은 공민왕 때 쌍성총관부의 수복으로 확장된 국경선이다.
①은 고려 태조, ②는 광종, ③은 예종, ⑤는 창왕 때의 일이다.

19 고려 시대 각 분야에서 나타난 문화의 특징으로 옳지 않은 것은? [2점]

① 인쇄 – 현존하는 세계 최초의 금속 활자본인 직지심체요절이 만들어졌다.
② 역사 – 김부식은 유교적 합리주의 사관을 바탕으로 『삼국사기』를 편찬하였다.
③ 건축 – 성불사 응진전 등 단아하고 세련된 주심포 양식의 건축물이 지어졌다.
④ 공예 – 독창적인 상감법이 개발되어 자기에 활용되면서 상감청자가 제작되었다.
⑤ 사상 – 불교를 바탕으로 하였으나 다양한 사상이 공존하는 개방적 사회였다.

해설 고려 시대 축조된 주심포 양식의 건축물로는 봉정사 극락전, 부석사 무량수전, 수덕사 대웅전 등이 있다. 성불사 응진전은 다포 양식의 건축물이다.

20 다음 사료와 관계된 사건이 갖는 역사적 의미를 바르게 설명한 것은? [2점]

> 지금 출사하는 일은 네 가지의 옳지 못한 점이 있습니다. 작은 나라로서 큰 나라에 거역하는 것이 한 가지 옳지 못함이요, 농사철에 군사를 동원하는 것이 두 가지 옳지 못함이요, 온 나라 군사를 동원하여 멀리 요동을 정벌하면, 왜적이 그 허술한 틈을 탈 것이니 세 가지 옳지 못함이요, 지금 한창 장마철이므로 아교가 녹아 활이 눅고, 많은 군사들은 역병을 앓을 것이니 네 가지 옳지 못합니다.

① 조선과 명 사이의 외교 관계가 단절되었다.
② 조선과 일본 사이에 계해약조가 체결되었다.
③ 신흥 무인 세력이 정치적 실권을 장악하였다.
④ 반원 성향의 개혁 세력이 급속히 약화되었다.
⑤ 문벌귀족 사회가 몰락하는 계기가 되었다.

해설 제시문은 이성계의 사불가론이다. 이성계는 최영의 요동정벌에 반대하여 위화도에서 회군하였고, 최영을 비롯한 반대파를 제거, 정치적 실권을 장악하게 된다.

21 다음은 조광조의 정치사상이다. 다음과 같은 사상이 바탕이 되어 시행하고자 했던 개혁으로 가장 적절한 것은?

> 하늘과 사람은 근본이 하나이기 때문에 하늘의 천리가 사람에게도 있기 마련이며, 군주와 백성도 근본이 하나이기에 군주의 도가 백성에게도 있기 마련이다. 그리하여 옛 성현들은 무릇 군주와 대신은 위민 때문에 있는 것이니, 모름지기 상하가 이 뜻을 알아차려 밤낮으로 백성들로 자기 마음을 삼을 때 비로소 정치의 도는 이루어진다.

① 전국 주요 도로에 역을 설치하여 교통망을 개선하였다.
② 중앙집권을 목적으로 지도와 지리서를 편찬하였다.
③ 왕도 정치를 목적으로 현량과를 실시하여 사림을 등용하였다.
④ 군적이 문란하여 방납제의 폐단을 시정하였다.
⑤ 소격서의 폐지를 통하여 도교 행사를 금지하였다.

해설 조광조는 의리와 명분을 바탕으로 한 왕도정치를 주장하였다. 이의 실현을 위해 현량과를 실시, 사림파를 등용하였다.

22 다음과 같은 조선의 토지 제도 변천에 대한 설명으로 옳은 것은? [2점]

과전법 → 직전법 → 관수관급제 → 녹봉제

① 국가의 토지 지배권이 약화되었다.
② 직전법은 전직 관료와 현직 관료 모두에게 지급한 토지이다.

③ 과전법의 과전은 전국의 토지를 대상으로 지급하였다.
④ 관수관급제는 양반 지주가 수조권 및 세습권을 강화하는 제도이다.
⑤ 양반 관료들은 토지 소유 욕구가 증가하여 토지 집적 현상이 나타났다.

해설 ① 토지 제도의 변천을 통해 국가의 토지 지배권은 강화되었다.
② 직전법은 현직 관료에게만 토지를 지급하였다.
③ 과전법은 경기도만을 대상으로 하였다.
④ 관수관급제는 국가가 수조권을 대행하는 제도이다.

보충설명 토지 제도의 변천은 지주들의 토지 소유 욕구가 증가하였고, 지주전호제가 일반화 되는현상을 낳았다.

23 다음과 같은 문화 의식을 가진 세력이 집권하던 시기의 문화 현상으로 옳은 것은? [1점]

> • 오방(五方)의 풍토가 서로 달라 심고 가꾸는 법도 각기 차이가 있으니, 전해진 책에 모두 의존할 수 없다. … 이에 따라 여러 고을의 나이든 농부를 찾아 농사 경험을 듣고 그중 필요한 것만 뽑아 책으로 엮는다.
> • 우리나라는 하늘이 한 구역을 만들어 대동(大東)을 차지하였다. 산과 바다에는 무진장한 보화가 있고, 풀과 나무에는 약재를 만들어 백성을 먹이고 병을 치료할 만한 것이 갖춰지지 않은 것이 없다.

① 훈민정음이 창제되어 백성들의 문자 생활이 가능해졌다.
② 선비의 취향과 어울리는 백자와 사군자가 유행하였다.
③ 환국이 일어났으며 집권층 내부에서 일당 전제화 현상이 나타나기 시작하였다.
④ 실학의 영향으로 우리것에 대한 관심이 높아졌다.
⑤ 부농층의 등장과 서당 교육의 확대로 서민문화가 크게 성장하였다.

해설 제시문은 15세기 세종대왕 때 만들어진 『농사직설』과 『의방유취』이다.
②는 16세기 사림파의 등장 이후, ③은 조선 숙종, ④, ⑤는 조선 후기의 상황이다.

24 다음 글에 나타난 교육기관의 공통점으로 볼 수 없는 것은? [3점]

> • 전국 군현에 순차적으로 학교를 설치하였다. 유생과 생도를 교생이라 하였고, 대성전·명륜당·동재·서재 등을 두었다. 교생의 정원은 각 군현의 인구 비례로 배정하였다.
> • 문성공 안향이 살던 이곳에 사당을 두고, 안축과 안보를 함께 배향하였다. 유생들은 이곳에서 학문을 닦고 연구함으로써 향촌 사회의 교화에 공헌하였다.

① 청금록을 가지고 있었다.
② 제사의 기능을 가지고 있었다.
③ 학생들이 기숙하는 시설이 있었다.
④ 교관인 교수 혹은 훈도를 나라에서 파견하였다.
⑤ 지방 사족의 여론이 모이는 공간이기도 하였다.

해설 제시문의 교육기관은 향교와 서원이다. 향교는 국가가 지방에 세운 중등 교육기관으로 교수나 훈도를 파견하였지만, 서원은 사립 교육기관으로 이러한 파견은 없었다.

25 다음 자료를 참고하여 당시의 정치적 상황을 바르게 추론한 것은? [1점]

> 신축·임인년 이래로 조정에서 … 서로 역적이란 이름으로 모함하니, 이 영향이 시골까지 미치게 되어 하나의 싸움터를 만들었다. 그리하여 서로 혼인을 하지 않을 뿐 아니라 다른 당색(黨色)끼리는 서로 용납하지 않는 지경에까지 이르렀다. … 근래에 와서는 사색이 모두 진출하여 오직 벼슬만을 할 뿐, 예부터 저마다 지켜 온 의리는 쓸모없는 물건처럼 되었고, 사문을 위한 시비와 국가에 대한 충역은 모두 과거의 일로 돌려 버리니 …
> 『택리지』

① 예송이 전개되면서 서인과 남인의 대립이 격화되었다.
② 대윤과 소윤의 대립의 결과로 을사사화가 발생하였다.
③ 붕당의 폐해를 극복하기 위하여 탕평책이 실시되었다.
④ 특정 가문이 권력을 독점하는 비정상적인 정치 형태가 나타났다.

⑤ 비변사의 권한이 강화되면서 왕권은 크게 약화되었다.

> **해설** '근래에 와서는 사색이 모두 진출하여 오직 벼슬만을 할 뿐'에서 탕평책이 시행되고 있음을 알 수 있다.

26 다음은 제시된 글을 읽고 추론한 것으로 옳지 않은 것은? [3점]

> - 경기 삼남에는 밭과 논을 통틀어 1결에 쌀 열두 말을 거두고, 관등과 같게 하되, 양전이 되지 않은 읍에는 네 말을 더하여, 영동에는 두 말을 더하고 황해도에는 상정법(詳定法)을 시행하여 열다섯 말을 거두었다. 이를 통틀어 대동이라 하였다. 옛날 여러 도와 읍에서 각각 토산물로써 공납하던 것을 공인을 뽑아 서울 관청에 바치게 하였다.
> 『만기요람』
>
> - 양포(良布)를 반으로 줄였다. 그 줄어든 것이 모두 50여 만 필이니 돈으로는 백여 만냥이다. … 어쩔 수 없이 서북 양도를 제외한 6도의 토지 1결마다 쌀 2말이나 돈 오전씩을 거두도록 한다. 지금 평상시의 토지 결수대로 따진다면 가히 30여 만 냥이나 된다.
> 『균역사실』

① 이러한 수취체제의 개편에는 농민들의 저항도 한 몫을 했을 것이다.
② 양반 지주들은 수취체제의 개편에 반대했을 것이다.
③ 가난한 농민들의 부담을 줄여주려는 방향으로 개혁이 진행되었다.
④ 재산세의 비중이 높아져 조세의 공평성이 높아졌다고 할 수 있다.
⑤ 지주들의 부담을 늘리려는 목표로 인해 대부분의 양반들도 군포를 냈을 것이다.

> **해설** 제시된 글은 대동법과 균역법에 대해 설명하고 있다. 조선 후기 수취체제의 개편의 방향은 지주의 부담을 늘이고 농민의 부담을 감소시키는 방향으로 전개되었다. 그러나 양반들에게까지 군포를 부담시킨 법은 흥선 대원군 때 실시된 호포법이다.

27 다음 지도에 대한 설명으로 옳지 않은 것은? [1점]

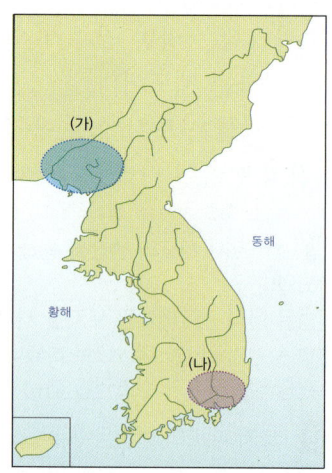

① (가)지역에서 일어난 민란은 삼정의 문란에 대한 저항과 아울러 차별대우에 항거하여 일어났다.
② (가)의 민란을 계기로 그 해에 농민 반란이 전국적으로 확산되는 계기가 되었다.
③ (나)의 농민 봉기는 백낙신의 탐학이 직접적인 계기가 되었다.
④ (나)의 농민 봉기 이후 정부는 삼정의 문란을 시정하기 위하여 삼정이정청을 설치하였다.
⑤ (가)와 (나)의 농민 봉기는 농민들의 자각 운동이라는 의의를 가진다.

> **해설** (가)지역에서 일어난 민란은 홍경래의 난이고 (나)지역에서 일어난 민란은 진주 농민 봉기이다.

홍경래의 난(순조, 1811)	진주 농민봉기(철종, 1862)
• 원인 : 서북민에 대한 차별, 삼정의 문란, 자연재해 → 농민의 불만 고조 • 의의 : 19세기 최초의 민란(농민 항쟁의 선구적 역할)	• 원인 : 삼정의 문란, 백낙신의 탐학에 대한 반발 • 정부의 대책 : 안핵사로 박규수가 파견되어 삼정 이정청 설치 • 결과 : 농민 봉기의 전국적 확산 계기

28 다음의 현상들이 나타난 시대의 문학과 예술 경향에 대한 설명으로 옳지 않은 것은? [2점]

> - 판소리가 보급되었다.
> - 한글 소설과 사설 시조가 나타났다.
> - 진경산수화가 등장하였다.
> - 다양한 민화가 그려졌다.

① 인간 감정에 대한 솔직한 묘사가 나타났다.

② 작품을 통해 사회의 부정과 비리도 고발되었다.
③ 주로 양반들의 교양을 위한 작품이 만들어졌다.
④ 위항문학이 발달하였으며 시사(詩社)가 조직되기도 하였다.
⑤ 서민의 의식 성장과 밀접한 관련이 있다.

해설 조선 후기 문예의 특징은 서민 의식의 성장과 함께 서민 문화가 발달하게 되었다. 이 시기 문화는 인간의 감정을 적나라하게 표현하며 양반의 위선을 비판하고, 사회 비리를 풍자, 고발하였다.

29 다음은 19세기 우리나라의 어떤 사상에 대한 설명이다. 이 사상에 대한 설명으로 옳은 것을 고르면? [1점]

- 사상적 바탕 : 전통적인 민족 신앙
- 대표적 이념 : 사람이 곧 하늘이다.
- 교리의 성격 : 여러 종교의 교리 종합

① 올바른 것은 지키고, 사악한 것은 배척한다는 명분을 내세웠다.
② 지배계층이 중심이 된 사회 개혁운동의 성격을 띠고 있다.
③ 보국안민을 주장함으로써 정부의 인정을 받았다.
④ 현세에서 얻지 못한 행복을 미륵 신앙에서 해결하고자 하였다.
⑤ 여성과 어린이의 인격을 존중하는 사회를 추구하였다.

해설 동학은 1860년 경주의 몰락한 양반인 최제우에 의해 창시되었다. 시천주와 인내천의 인간존중과 평등사상을 내포하고 있다.

30 다음의 지역에서 벌어진 사건으로 적절한 것을 고르면? [2점]

- 고려 북진 정책의 전진기지였다.
- 일제 시대에는 물산 장려 운동의 중심지이기도 하였다.

① 임술 농민 봉기의 시작이 되는 사건이 일어난 지역이다.
② 동학은 이 지역을 점령하고 집강소를 설치하였다.
③ 신미양요의 원인이 되는 사건이 발생한 지역이다.
④ 우리나라 최초의 근대적 사립학교가 세워진 지역이다.
⑤ 삼국 시대 고구려의 중원 고구려비가 세워진 지역이다.

해설 ①은 진주, ②는 전주, ④는 원산, ⑤는 충주에 대한 설명이다.

보충설명 제시된 지역은 평양이다. 평양은 신미양요의 원인인 제너럴셔먼호 사건이 일어난 지역이다.

31 다음은 개항을 전후하여 제기된 주장의 일부이다. 이들 주장의 공통점으로 옳은 것은? [2점]

- 천하의 커다란 시비(是非) 분별(分別)은 세가지가 있다. 첫째는 화(華)와 이(夷)의 구분이며, 둘째는 왕(王)과 패(覇)의 구분이며, 셋째는 정학(正學)과 이단(異端)의 구분이다.
- 외국의 교(敎)는, 즉 사(邪)로서 마땅히 멀리 해야 하지만, 그 기(器)는, 즉 이(利)로써 가히 이용 후생의 바탕이 될 것인즉, 어찌 이를 멀리하겠는가?

① 개화는 국가의 파멸을 가져온다.
② 위정 척사는 시대 착오적 발상이다.
③ 서구의 기술 문화는 수용하여야 한다.
④ 성리학적 전통 질서를 극복하여야 한다.
⑤ 우리의 정신문화를 온전히 지켜야 한다.

해설 제시된 글은 위정척사의 주장과 개화론자 중 온건 개화파의 동도서기론의 주장이다. 이들 주장의 공통점은 전통적인 가치관을 지키자는 점이다.

32 다음 조약이 체결된 이후 나타난 경제적 변화에 대한 설명으로 옳은 것은? [3점]

제2조 조선 상민이 이미 개항한 청의 항구에서 소유한 일체의 재산 관계 범죄는 피고와 원고가 어느 나라 사람이든 간에 모두 청의 지방관이 법조문에 따라 심판한다.

정답 29 ⑤ 30 ③ 31 ⑤ 32 ④

> 제4조 청국 상민은 조선의 양화진과 서울에 들어가 상점을 열거나 영업소를 개설할 수 있도록 하되, 여러 물건들을 내륙 지방에 운반하여 점포를 차려 놓는 것을 금하고, 다만 이것이 필요할 경우 지방관의 허가증을 받아야 한다.

① 개항장에서 외국 화폐가 유통되었다.
② 개항장 중심의 거류지 무역이 시작되었다.
③ 일본 상인들은 수출입 상품에 관세를 내지 않았다.
④ 청 상인과 일본 상인 간의 무역 경쟁이 심화되었다.
⑤ 객주, 여각과 같은 전통적 상인들은 무역 과정에서 부를 축적하기도 하였다.

📖 **해설** 제시문은 조청상민수륙무역장정이다. 이 조약으로 청 상인들의 내륙 진출이 심해지자 일본은 조일수호조규속약을 강요하여 우리나라의 내륙으로 상권을 확대 시켰다. 이에 따라 조선에서는 청과 일본 상인의 상권 경쟁이 격화되었다.

33 다음 내용과 관련된 경제 활동으로 가장 적절한 것은? [3점]

> 무릇 회사란 여러 사람이 자본을 합하여 농·공·상의 사무를 잘 아는 사람들에게 맡겨 운영하는 것이다.
> 제1조 처음으로 회사를 설립하고자 하는 자는 그 뜻을 세상 사람들에게 광고하여 동지를 얻는다. 회사를 조직할 때는 자본의 총액과 수익의 다과를 통틀어 계획하여 신문에 발표해서 모든 세상 사람이 그 회사의 유익함을 알게 한다. 그런 후에 고표(주식)를 발매 하는데, 만일 회사의 자본금으로 1만냥이 필요하면 1장의 정가가 10냥짜리고 표 1천 장을 만들어 세상 사람들이 마음대로 와서 매입하게 하는데, 고표를 사는 사람을 사원이라 한다.

① 상인들의 동맹 철시
② 개항장에서 객주의 중개 무역
③ 외국 상인들에 대한 관세 설정
④ 상회사 설립을 위한 전직 관료의 출자
⑤ 국채를 갚기 위한 전국적인 모금 운동

📖 **해설** 제시문은 1880년대 우리나라에 합자회사와 주식회사가 설립되는 과정을 보여준다. 당시 전·현직 관료의 상당수가 상회사 설립에 출자하였다.

34 다음 대화에 나타난 신문에 대한 설명으로 옳은 것은? [2점]

① 독립협회 해산 후에도 이 신문은 계속 발간되었다.
② 우리나라 최초의 신문으로 관보의 성격을 띠었다.
③ 일제 시대 백성들에게 가장 많이 읽힌 신문으로 항일 기사가 많이 실렸다.
④ 을사조약에 반대하는 논설인 장지연의 '시일야방성대곡'이 실린 신문이다.
⑤ 을사조약 체결 후 고종은 이 신문을 통해 조약의 무효를 주장하였다.

📖 **해설** ②는 한성순보, ③,⑤는 대한매일신보, ④는 황성신문에 대한 설명이다.

🔴 **보충설명** 독립신문은 독립협회가 해산된 이후에도 계속 발간되어 1899년 12월 폐간되었다.

35 다음과 같은 모습을 볼 수 있는 시기의 사실로 옳지 않은 것은? [2점]

> 우렁차게 토하는 기적 소리에
> 남대문을 등지고 떠나 나가서
> 빨리 부는 바람 같은 형세니
> 날개 가진 새라도 못 따르겠네
> 늙은이와 젊은이 섞여 앉았고
> 우리네와 외국인 같이 탔으나
> 내외 친소 다같이 익히 지내니
> 조그마한 딴 세상 절로 이루었네

정답 33 ④ 34 ① 35 ⑤

① 최초의 서양식 호텔이 운영되고 있었다.
② 국립 병원에서 서양 의술로 의료 행위가 이루어졌다.
③ 서울과 인천에 전화 통신이 이용되고 있었다.
④ 외국인 공사관, 일본인 상가 등에 전등이 설치되어 있었다.
⑤ 르네상스식 건축 양식의 건축물이 덕수궁에 건설되었다.

해설 제시문은 최남선의 '경부철도가'이다.
① 1902년 세워진 손탁호텔이 최초의 서양식 호텔이다.
② 최초의 서양식 병원은 1885년 알렌과 조선 정부의 공동출자로 세워진 광혜원이다. 그후 1900년 광제원이라는 정부 출자 신식 의료기관이 설립되었다.
③ 1898년 궁중에 처음으로 전화가 가설되었고, 1902년 민가에 가설되었다.
④ 전등은 1887년 경복궁 건천궁에 처음으로 가설되었다.

보충설명 경부선은 1904년 11월 10일 완공되었고, 르네상스식 건축물인 덕수궁 석조전은 1910년 완공되었다.

36 다음 정책과 관련된 설명으로 옳은 것을 모두 고르면? [1점]

> 조선에 들어와 있던 일본제일 은행은 1905년 1월부터 제일 은행권을 주요 통화로 삼고, 조선 정부의 이름으로 새로운 보조 화폐를 만들었다. 1905년 7월부터 기존 화폐인 엽전과 백동화를 새로운 화폐로 교환하는 작업이 진행되었다. 일본제일 은행은 백동화의 질에 따라 갑·을·병종으로 구분하여 갑종은 원래 가격인 신화폐 2전 5리로, 질이 떨어지는 을종은 신화폐 1전으로 교환해 주었다. 그리고 병종은 악화라고 하여 교환해 주지 않았다.

㉠ 을사조약을 근거로 시행되었다.
㉡ 한국인의 화폐 자산이 줄어들게 되었다.
㉢ 한국 상인들은 이에 맞서 철시 투쟁을 벌였다.
㉣ 많은 한국인 회사들이 일본인에게 넘어가게 되었다.
㉤ 일본 상인들은 병종 백동화를 이용하여 부당 이익을 챙겼다.

① ㉠, ㉡, ㉢ ② ㉠, ㉡, ㉣
③ ㉠, ㉣, ㉤ ④ ㉡, ㉢, ㉣
⑤ ㉡, ㉣, ㉤

해설 ㉠ 제1차 한일협약에 따라 정부의 재정 고문이 된 메가타가 실시하였다.
㉢ 상인들의 철시는 외국 상인들의 국내 시장 침투에 대응하여 이루어진 것이다.

보충설명 1905년 메가타의 주도로 시행된 화폐 정리 사업은 질이 나쁜 백동화는 교환해 주지 않아 우리 동포의 피해가 매우 컸다. 화폐 정리 사업을 미리 알고 있던 일본인들은 부당 이익을 챙겼으나 우리 상인들은 파산하는 경우가 많았다.

37 다음은 일제가 우리나라에서 실시했던 경제 정책을 나열한 것이다. 이에 대한 설명으로 옳은 것은? [3점]

> (가) 토지 조사령을 발표하여 전국적인 토지 조사사업을 벌였다.
> (나) 회사령을 제정하여 기업의 설립을 총독의 허가제로 하였다.
> (다) 이른바 산미 증식계획을 세워 이를 우리 농촌에 강요하였다.
> (라) 발전소를 건설하고 군수 산업 중심의 중화학 공업을 일으켰다.

① (가)의 결과로 농민이 가졌던 종래의 경작권이 근대적 소유권으로 전환되었다.
② (나)의 주요 목적은 우리나라의 민족 자본을 억압하기 위한 것이었다.
③ (다)의 결과 쌀의 증산은 계획대로 달성되었으나, 그 증산량은 대부분 수탈당하였다.
④ (라)의 시설은 남동 해안 지방에 편중되어 남북 간의 공업 발달에 심한 불균형을 초래하였다.
⑤ (가), (나)의 시행 결과 생활이 어려워진 농민들은 국외로 이주하였고 (다)의 시행 이후 국내로 돌아왔다.

해설 ① 일제는 토지 조사사업을 통해 종래의 경작권을 부정하였다.
③ 쌀의 생산량은 계획에 미치지 못하였으나, 수탈량은 계획대로 수탈하였다.
④ 중화학 공업은 지하 자원이 풍부한 북한지역에 건설되어, 남북 간의 산업구조의 불균형이 심화되었다.
⑤ 토지 조사사업과 산미 증식계획으로 생활이 어려워진 농민들은 경제적 이유로 국외로 이주하였고, 해방 이후 국내로 돌아왔다.

보충설명 1910년대 일제는 회사령을 제정하여 회사의 설립을 허가제로 하였다. 이것은 민족자본의 성장을 억제하기 위한 수단이었다.

정답 36 ⑤ 37 ②

38. 3·1운동의 의의와 영향으로 옳지 않은 것은? [2점]

① 동경 유학생들의 2·8 독립선언에 영향을 받았다.
② 일제의 무단 통치를 완화시켰다.
③ 일제는 이에 대한 보복으로 105인 사건을 조작하였다.
④ 대한민국 임시 정부 수립의 계기가 되었다.
⑤ 중국의 5·4운동과 아시아 여러 민족의 해방 운동에 영향을 미쳤다.

해설 3·1 운동의 배경은 월슨의 민족자결주의, 동경 유학생들의 2·8 독립 선언 등을 들 수 있다.

보충설명
• 3·1 운동의 결과 일제의 무단 통치는 문화통치로 전환 되었으며 대한민국 임시 정부 수립의 계기가 되었으며 중국, 인도 등의 아시아 지역의 반제국주의 운동에 영향을 끼쳤다.
• 105인 사건은 무단통치 시기에 일제가 데라우치 총독의 암살 사건을 날조하여 민족 지도자를 탄압한 사건으로 신민회 해체의 원인이다.

39. 다음 사건 이후 독립 운동의 변화에 대한 설명으로 적절한 것은? [3점]

> 권오설은 자금을 조달하였고, 박내원은 전단지 살포와 연락을 담당하였다. 양재식, 이용재, 백명천 등은 안국동 감고당(感古堂) 민창식의 집에서 10만 매의 전단지를 인쇄하였고, 태극기도 준비하였다. 전단지의 내용은 우리의 교육은 우리들 손에 맡겨라. 일본 제국주의를 타파하라. 토지는 농민에게 돌려 주라. 8시간 노동제를 채택하라는 내용을 담았다.

① 대한민국 임시정부가 수립되는 계기가 되었다.
② 민족유일당 운동으로 좌우익의 합작조직이 결성되었다.
③ 고등 교육의 필요성이 대두되어 민립대학 설립 운동이 전개되었다.
④ 경제적 자주성을 회복하기 위한 노력으로 국산품 애용 운동이 전개되었다.
⑤ 일본의 통치 방식이 문화통치로 전환되게 되는 계기를 제공하였다.

해설 제시문은 6·10 만세 운동을 준비하던 사회주의 계열에 대한 설명이다. 일제에 의해 사전 검거되어 6·10 만세 운동에 참여하지 못하였으나, 민족유일당 운동이 일어나 신간회 결성의 계기가 되었다.

40. 다음 글을 쓴 인물에 대한 설명으로 옳은 것은? [3점]

> 역사란 무엇이뇨? 인류 사회의 아(我)와 비아(非我)의 투쟁의 시간에서 발전하여 공간까지 확대하는 심적 활동의 상태의 기록이니, 세계사라 하면 세계 인류의 그리되어 온 상태의 기록이며, 조선사로 하면 조선 민족이 그리되어 온 상태의 기록이니라.
> 그리하여 아에 대한 접촉이 많을수록 비아에 대한 아의 투쟁이 더욱 맹렬하여 인류 사회의 활동이 유식할 사이가 없으며, 역사의 전도가 완결될 날이 없다. 그러므로 역사는 아와 비아의 투쟁의 기록이니라.

① '국혼'을 강조하였으며 『한국통사』, 『한국독립운동지혈사』 등의 저술을 남겼다.
② 동아일보에 '5천 년간 조선의 얼'을 연재하였으며, 역사의 본질을 얼에서 찾으려 했다.
③ '낭가사상'을 민족정신으로 강조하였고, 의열단의 창립선언문인 조선혁명 선언을 작성했다.
④ 『한미50년사』, 『호암전집』 등의 책을 간행하였고 민족문화의 근본으로 '조선심'을 강조하였다.
⑤ 세계사적 보편성을 토대로 한국사를 이해하려 하였으며 일제의 식민사관인 정체성론을 정면으로 비판하였다.

해설 제시문은 신채호의 『조선상고사』의 일부이다. ①은 박은식, ②는 정인보, ④는 문일평, ⑤는 백남운에 대한 설명이다.

41. 다음 주장과 관련된 설명으로 옳은 것은? [1점]

> 이제 우리는 무기 휴회된 미·소 공동위원회가 재개될 기색도 보이지 않으며 통일 정부를 고대하나 여의케 되지 않으니 우리는 남방만이라도 임시 정부 혹은 위원회 같은 것을 조직하여 38선 이북에서 소련이 철퇴하도록 세계 공론에 호소하여야 될 것이니 여러분도 결심하여야 될 것입니다.

정답 38 ③ 39 ② 40 ③ 41 ③

① 모스크바 3상 회의 결정에 찬성하는 입장이었다.
② 김규식과 함께 좌우합작위원회를 조직하였다.
③ 이 주장으로 인해 통일 정부 수립운동이 자극되었다.
④ 좌익계열은 이같은 주장이 현실적 대안이라며 적극 수용하였다.
⑤ 이 주장을 한 인물은 한국민주당을 결성하여 미군정에 적극 협력하였다.

해설 제시문은 이승만의 정읍발언이다. 이승만은 정읍 발언을 통해 단독 정부 수립을 주장하였고, 이것이 통일 정부 수립운동을 자극하였다.

42 다음 중 (가), (나) 발표문에 대한 설명으로 옳은 것은? [3점]

(가)
1. 한국 국민 중에서 대표를 선출하여 정부 수립에 참여시키기 위해 임시 위원단을 설치한다.
2. 각 투표 지구 또는 지대로부터의 대표자 수는 인구에 비례하여야 하며 선거는 임시 위원단 감시 하에 시행되어야 한다.

(나)
1. 외국 군대의 즉시 철수
2. 내전이 발생할 수 없다는 점 확인
3. 전 조선 정치 회의 소집을 통한 임시 정부 수립과 전국 총선에 의한 통일 국가 수립
4. 남조선 단독 선거 절대 반대

① (가) – 미·소 공동위원회의 결정 사항이다.
② (가) – 카이로 회담에서 재확인 된 사항이다.
③ (나) – UN 소총회에서 결정된 사항이다.
④ (나) – 남북 협상에서 합의된 사항이다.
⑤ (가), (나)의 발표문에는 우리의 입장 대신 외국의 입장만이 반영되어 있다.

해설 제시문 (가)는 유엔 총회의 한반도 결의 사항, (나)는 남북 협상의 합의 사항이다.

43 다음 법률에 대한 설명으로 옳지 않은 것은? [2점]

제1조 일본 정부와 통모하여 한·일 합병에 적극 협력한 자, 한국의 주권을 침해하는 조약이나 문서에 조인한 자와 모의한 자는 사형 또는 무기 징역에 처하고 그 재산과 유산의 전부 혹은 2분의 1 이상을 몰수 한다.
제2조 일본 정부로부터 작위를 받은 자 또는 일본 제국 의회의 의원이 되었던 자는 무기 또는 5년 이상의 징역에 처하고 그 재산과 유산의 전부 혹은 2분의 1 이상을 몰수 한다.

① 미군정하에서는 친일파에 대한 처벌이 이루어지지 않았다.
② 이 법은 대한민국 정부 수립 직후 제정되어 시행에 들어갔다.
③ 이승만 정부는 정권 유지를 위해 이 법의 시행을 방해하였다.
④ 반민족 행위 특별조사위원회는 대다수 국민의 지지를 받았다.
⑤ 친일파 처벌은 실패하였으나, 친일파들은 정계의 주도권을 잃게 되었다.

해설 해방 이후 친일파에 대한 처단 요구가 거세게 일었으나, 미군정은 친일파를 비호하여 재등용 하였다. 이후 대한민국 수립 이후 반민족행위처벌법이 제정되어 반민특위가 활동을 하였으나, 이승만 정부의 비협조로 친일파에 대한 청산이 이루어지지 못하였다.

44 다음 밑줄 친 내용 중 역사적 사실로 옳은 것은? [2점]

일제 강점기 지주제가 강화되면서 광복 당시 전체 경작 면적의 60% 이상이 소작지였다. 이승만 정부는 ① 보리와 쌀의 수집과 배급을 통제하는 미곡 수집제를 실시하였다. ② 북한이 무상으로 토지를 몰수하여 유상으로 분배하는 토지 개혁을 실시하자 남한도 농지 개혁법을 수립하고 ③ 한 가구당 5정보를 소유 상한으로 유상매입 유상분배 방식의 농지 개혁을 단행하였다. 그러나 법의 시행 이전 ④ 지주가 미리 땅을 팔아치운 경우도 있어 농지 개혁 대상 토지가 축소되는 경우도 있었다. 농지개혁의 시행 결과 정부의 목표대로 ⑤ 토지자본은 산업자본으로 전환되었다.

> **해설** ① 미곡 수집제는 미군정이 실시한 정책이다.
> ② 북한의 토지 개혁은 무상 몰수, 무상 분배의 방식으로 진행되었다.
> ③ 남한의 농지 개혁은 3정보를 소유 상한으로 정하였다.
> ⑤ 정부는 토지자본을 산업자본으로 전환시키려 하였으나 실패하였다.

45 다음 사건이 일어난 이후의 상황으로 옳은 것은? [2점]

> 이승만 정부는 6·25 전쟁 중 임시 수도였던 부산을 중심으로 하는 후방 지역에 계엄령을 선포하였다. 백골단, 땃벌떼 등 폭력 조직이 국회 해산을 요구하며 야당 국회의원 50여 명을 국제 공산당의 자금을 받았다는 혐의로 헌병대로 연행하였다. 이를 부산 정치파동이라 한다.

① 제주도에서 단독정부 수립에 반대하는 4·3 사건이 발생하였다.
② 제2대 국회의원 선거에서 이승만의 지지 세력이 크게 줄었다.
③ 야당 정치인들이 민주당을 만들어 이승만 정부에 대항하였다.
④ 대통령 직선제 개헌안이 국회에서 기립 투표로 통과되었다.
⑤ 부통령에 장면이 당선되어 정·부통령의 출신 정당이 다르게 되었다.

> **해설** 2대 국회의원 선거에서 남북협상파가 대거 당선되자, 이승만 정부는 직선제 개헌을 시도하였으나 실패하였다. 야당의원들은 의원내각제 개헌을 시도하였고, 이승만 정부는 부산 정치파동을 일으켜 정부에 비판적이었던 야당 인사들을 구속하고 발췌개헌을 단행한다.

46 다음 대한민국 헌법 개정에 나타나는 공통적 특징으로 알맞은 것은? [2점]

> • 1차 – 1952년 정·부통령의 국민 직선제 채택
> • 2차 – 1954년 초대 대통령의 중임 제한 철폐
> • 6차 – 1969년 대통령 3선 개헌
> • 7차 – 1972년 통일 주체 국민회의에 의한 대통령 선출

① 민주정치 발전을 위한 헌법 개헌
② 장기 집권을 위한 헌법 개헌
③ 국가 위기 극복을 위한 헌법 개헌
④ 서구 민주 원리를 정착시키기 위한 개헌
⑤ 정치적 혼란을 극복하기 위한 개헌

> **해설** 제시된 개헌은 모두 독재정권이 자신의 권력을 유지하기 위한 개헌이라는 특징을 가지고 있다.
> 1차 : 개헌발췌개헌   2차 : 사사오입 개헌
> 6차 : 3선 개헌   7차 : 유신 개헌

47 다음과 같은 과정을 거쳐 공포된 헌법의 특징을 모두 고르면? [2점]

> 대통령 특별 담화 → 국회해산 → 비상 국무회의에서 평화적 통일 지향, 한국적 민주주의의 토착화를 표방한 개헌안 의결·공고 → 국민투표 → 새 헌법 공포

(가) 대통령의 임기는 6년이었다.
(나) 대통령은 통일주체국민회의에서 간선제로 선출되었다.
(다) 대통령은 3번까지 가능하였다.
(라) 국제적으로는 냉전체제가 완화되는 시기였다.

① (가), (나)   ② (가), (라)   ③ (나), (다)
④ (나), (라)   ⑤ (다), (라)

> **해설** 제시문은 1972년 제정된 유신헌법의 제정 및 선포 과정이다. 유신헌법은 대통령의 임기를 6년으로 하였고, 중임제한 규정을 두지 않아 영구 집권을 가능하게 하였다. 대통령은 통일주체국민회의에서 간선제 방식으로 선출하였다. 이 시기는 데탕트로 국제적으로는 냉전체제가 완화되는 시기였다.

48 다음과 같은 상황이 나타나게 된 배경으로 가장 적절한 것은? [2점]

> 김종필-오히라 회담의 핵심 내용은 자금의 성격과 총액이었다. 대통령은 김종필 중앙정보부장에게 "우리 국민으로 하여금 청구권에 대한 변제 내지 보상으로 지불될 것이라는 점을 납득시킬 수 있는 표현을 써야 함"을 지시하였고 "순변제와 무상 원조의 합계 총액이 6억 달러여야 한다는 점을 강조하라."고 훈령을 내렸다.

① 경제 개발을 위한 비용이 필요하였다.
② 군정의 실시에 대한 비판 여론이 거세졌다.

정답 45 ②   46 ②   47 ④   48 ①

③ 진보 세력을 중심으로 통일 운동이 활발히 일어났다.
④ 군사정변으로 인한 사회 혼란이 계속되었다.
⑤ 헌법 개정을 요구하는 민주화 운동이 일어났다.

해설 박정희 정부는 경제 개발을 위하여 5개년 개발 계획을 추진하고자 하였고, 이를 추진하기 위한 자금을 마련하기 위하여 일본과의 국교 정상화를 추진하였다.

49 다음 노래가 등장한 시기의 경제 발전에 대한 설명으로 옳지 않은 것은? [3점]

> • 월남에서 돌아온 새까만 김 상사 이제서 돌아왔네
> 월남에서 돌아온 새까만 김 상사 너무나 기다렸네
> 굳게 단힌 그 입술 무거운 그 철모 웃으며 돌아왔네
>
> • 새벽종이 울렸네 새 아침이 밝았네
> 너도 나도 일어나 새 마을을 가꾸세
> 살기 좋은 내 마을 우리 힘으로 만드세

① 시장 경제의 자율성을 도모하고 자본 및 금융 시장의 개방을 추진하였다.
② 수출 상품을 생산하는 기업에 많은 혜택을 주어 수출을 늘리는 데 온 힘을 기울였다.
③ 대규모 기업 집단(재벌)은 사업 영역을 다각도로 확대하면서 경제력 집중 현상을 심화시켰다.
④ 저곡가 정책으로 도시와 농촌 간 소득 격차가 심화되고 농촌 인구의 도시 이주 현상이 발생하였다.
⑤ 경제 개발 계획의 성공에 힘입어 경제가 급격히 성장하고 도시화가 급속히 이루어졌다.

해설 신자유주의 경제 정책이 추진되고 금융 시장의 개방이 이루어진 것은 1990년대 이후의 경제 상황이다.

50 다음과 같은 남북 합의문이 체결된 직후의 사실로 옳은 것은? [2점]

> 남과 북은 나라의 통일을 위한 남측의 연합제안과 북측의 낮은 단계의 연방제 안이 서로 공통성이 있다고 인정하고, 앞으로 이 방향에서 통일을 지향시켜 나가기로 하였다.

① 남북조절위원회가 설치되는 계기를 마련하였다.
② 남북한이 한반도 비핵화 공동 선언을 발표하였다.
③ 정주영의 방북을 계기로 금강산 관광이 시작되었다.
④ 경의선 철도 복원에 합의하고 이를 추진하였다.
⑤ 남북한의 유엔 동시 가입에 합의하였다.

해설 ① 7·4 남북 공동 성명에 따라 1972년 11월 30일에 발족한 위원회이다.
② 1992년 1월 20일 한반도 비핵화 공동 선언이 체결되었다.
③ 금강산 관광은 정주영 현대 명예회장의 소떼 방북을 계기로 1998년 시작되었다.
⑤ 남북한 UN 동시가입은 1991년 이루어졌다.

정답 49 ① 50 ④

실전모의고사 4회

01 다음과 같은 유물을 사용했던 시기의 사람들의 생활 모습으로 옳은 것은? [2점]

① 언어와 불을 사용할 수 있었다.
② 농경이 시작되면서 인구가 증가하였다.
③ 자연적으로 발생한 동굴이나 움집 등에 거주하였다.
④ 다른 부족과의 전쟁을 통해 얻은 포로를 노비로 삼기도 하였다.
⑤ 이 시기 유적지에서는 중국과의 교류를 보여주는 화폐와 붓 등이 발견되기도 한다.

해설 ② 신석기 시대에 대한 설명이다.
③ 구석기인들은 자연적으로 발생한 동굴이나 막집에서 거주하였다.
④ 청동기 시대에 대한 설명이다.
⑤ 철기 시대에 대한 설명이다.

보충설명 제시된 유물은 구석기 시대의 뗀석기이다. 구석기 시대에도 언어와 불을 사용하였다.

02 다음 글의 밑줄 친 부분에 해당하는 내용으로 옳은 것을 고르면? [2점]

> 지금으로부터 약 1만년 전 빙하기가 끝나고 기온이 상승하였다. 날씨의 변화와 함께 한반도에서도 큰 짐승이 사라지고 작고 빠른 짐승이 나타나면서 사람들의 생활 모습에도 변화가 생겨났다.

① 사유재산이 출현하였다.
② 동굴이나 막집에서 거주하였다.
③ 계급과 빈부의 차가 발생하였다.
④ 벼농사가 행해지고 있었다.
⑤ 활, 창 등을 사용하여 사냥을 하였다.

해설 제시문의 시기는 후기 구석기(중석기)시대에 대한 설명이다. 이 시기 날씨가 따뜻해지면서 작고 빠른 짐승이 등장하였다. 이를 사냥하기 위해 활, 창과 같은 잔석기와 이음도구가 사용되었다.

03 (가), (나)의 나라와 관련된 설명으로 옳은 것은? [1점]

> (가) 우마의 생산이 적고, 싸울 때는 창을 가지고 보병전을 잘하였다. …(중략)… 집안 사람들이 죽으면 가매장하였다가 뼈를 추려 커다란 목곽 안에 묻었다. 목곽 안에는 살아있을 때의 모습을 나무로 만들어 넣었다.
> - 『삼국지 위서 동이전』 -
>
> (나) 대군왕이 없고, 후·읍군·삼로 등의 관직이 있어 하호를 통치하였다. 그 풍속은 산천을 중시하여 산과 내마다 구분이 있어 함부로 들어갈 수 없었다.
> - 『삼국지 위서 동이전』 -

① (가) - 10월에 행해지는 동맹이란 제천 행사가 행해졌다.
② (가) - 군장이 다스리는 지역과 종교적 지배자인 천군이 제사를 주관하는 소도가 있었다.
③ (나) - 토지가 비옥하고 해산물이 풍부하였으며 단궁, 과하마, 반어피 등이 유명하였다.
④ (나) - 국가의 중요한 일이 있을 때 소를 죽여 그 굽으로 길흉을 점치기도 하였다.
⑤ (가)와 (나) 두 국가는 연맹왕국 단계에서 발전을 멈춰 고대국가로 성장하지 못하였다.

정답 01 ① 02 ⑤ 03 ③

해설 ① 고구려는 10월에 동맹이라는 제천행사를 행하였다.
② 삼한에는 천군이 다스리는 소도가 있었다.
④ 부여와 고구려에 있었던 우제점법의 풍속이다.
⑤ 옥저와 동예는 군장국가에서 성장을 멈추었고, 연맹국가로 발전하지 못하였다.

보충설명 (가)는 옥저의 가족 공동묘, (나)는 동예의 책화에 대한 설명이다.

04 다음은 외국 벽화에 그려진 삼국 시대 우리나라 사신의 모습과 이 나라에 대해 나눈 대화 내용이다. 이 나라에 해당하는 사실로 옳은 것은? [2점]

① 왕족인 부여씨와 8성의 귀족가문이 있었다.
② 남의 물건을 훔치면 노비로 삼았다.
③ 특수 행정 구역으로 5소경을 설치하였다.
④ 전성기 때 해동성국이라는 명칭으로 불리기도 했다.
⑤ 상무적 분위기를 가지고 있었고 서옥제의 풍습이 있었다.

해설 ①은 백제, ②는 고조선, ③은 통일신라, ④는 발해이다.

보충설명 고구려는 동맹이라는 제천행사와 상무적 분위기를 가지고 있었다.

05 다음의 글은 어떤 나라가 백제에게 보낸 문서이다. 이 당시 삼국의 상황을 보여주는 유물로 적절한 것은? [2점]

> 고구려의 잘못은 하나 둘이 아닙니다. 겉으로는 겸손한 말을 지껄이면서도 속으로는 흉악한 짐승의 저돌성을 품고 있습니다. 남쪽의 송과 수교하기도 하고, 북쪽으로는 유목 민족인 유연과 맹약을 맺기도 하여 서로 순치(脣齒)의 관계를 이루면서 폐하의 영토(북위)를 짓밟으려 하고 있습니다. 한 방울씩 새어나오는 물이라도 마땅히 일찍 막아야 하니, 지금 취하지 않으면 뒷날 후회할 것입니다.

① 광개토대왕릉비   ② 중원 고구려비
③ 단양 적성비   ④ 진흥왕 순수비
⑤ 사택지적비

해설 백제는 고구려 장수왕에게 공격을 받자 중국측에 군대의 출병을 요청하는 국서를 보냈다. 중원 고구려비는 당시 고구려의 세력이 중원(충주)까지 미쳤다는 것을 보여주는 유물이다.

06 다음 표에 관한 설명으로 옳은 것은? [2점]

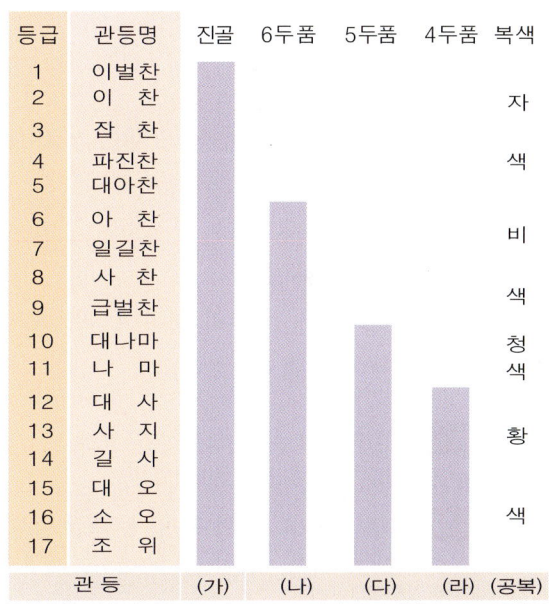

㉠ 화랑도의 구성원은 ㉮에 한정되었다.
㉡ 골품제는 원시 청소년 집단이 계승 발전된 제도이다.
㉢ 골품제는 왕권을 강화하는 과정에서 마련되었다.
㉣ 신라 중대에 ㉯ 세력은 ㉮ 세력에 대항하여 왕권과 결탁하기도 하였다.

① ㉠, ㉡   ② ㉠, ㉣   ③ ㉡, ㉢
④ ㉡, ㉣   ⑤ ㉢, ㉣

해설 제시된 표는 신라의 골품제이다.
㉠ 화랑도의 낭도의 경우 평민들도 참여할 수 있었다.
㉡ 화랑도에 대한 설명이다.

정답 04 ⑤ 05 ② 06 ④

07 (가)에서 설명하는 계층의 (나) 시기의 동향으로 옳은 것은? [2점]

> (가) 성주산의 개조인 낭혜는 속성이 김씨로 무열왕이 8대조이다. 조부 주천은 품(品)이 진골이고, 위(位)가 한찬이었으며, 고증조가 모두 나아가서는 장수가 되고, 들어와서는 재상이 되었으므로 사람들이 모두 알았다. 그러나 아버지인 범청은 족강되어 득난(得難)이 되었다.
> (나) 나라 안의 여러 주와 군에서 공부를 바치지 않아 국가의 재정이 고갈되어 나라의 쓰임이 궁핍해졌다. 이에 왕이 사자를 보내 독촉하자, 곳곳에서 도적이 벌떼처럼 일어났다. 이 틈을 타 원종, 애노 등이 사벌주에서 반란을 일으키니, 왕이 영기에서 명하여 잡도록 하였으나 적진을 쳐다보고는 두려워 나아가지 못하였다.

① 집사부 시중을 맡아 국정을 총괄하였다.
② 성리학을 새로운 국가의 사상적 이념으로 수용하였다.
③ 반 신라적 경향을 보이며 새로운 사회 건설을 주도하였다.
④ 골품 제도를 옹호하는 입장이었으며 특권적 지위를 고집하였다.
⑤ 스스로를 장군, 성주라 칭하며 지방에서 독자적 영향력을 행사하였다.

해설 ①은 신라 중대 6두품, ②는 고려말 신진사대부, ④는 진골귀족, ⑤는 신라말 호족이다.
보충설명 제시된 (가) 지문의 득난은 6두품을 일컫는 말이다. (나)는 신라 하대의 상황이므로 6두품들은 신라 하대 반 신라적 경향을 보였다.

08 다음과 관련된 기구에 대한 설명으로 옳은 것은? [2점]

> • 일은 반드시 무리와 더불어 의논하였다. … 한 사람이라도 이의가 있으면 통과되지 못하였다.
> • 신라에 신령한 땅이 네 군데 있어 나라의 큰일을 의논할 때 그곳에 모여서 모의하면 그 일이 반드시 이루어졌다.

① 귀족의 동의를 얻으려는 목적에서 왕이 설치하였다.
② 통일 이후 시중이 장관을 겸하였다.
③ 청소년에 대한 교육적 기능을 담당하였다.
④ 왕과 귀족 간의 권력을 조절하는 역할을 하였다.
⑤ 종교적 기능을 가지고 있어 국가의 사상적 통일을 이루었다.

해설 ① 씨족사회의 전통이 계승되었다.
② 화백회의의 대표는 상대등이다.
③ 화랑도에 대한 설명이다.
⑤ 화백회의는 종교적 기능을 담당하지는 않았다.
보충설명 제시된 기구는 신라의 화백회의이다. 귀족들의 회의인 화백회의는 왕과 귀족 간의 권력의 조절을 담당하였다.

09 다음 그림과 같은 종파의 성립으로 나타난 변화로 가장 옳은 것은? [1점]

① 지방 문화의 역량이 증대되었다.
② 이 종파의 성립으로 조형미술이 크게 성장하였다.
③ 아미타 신앙의 유행과 함께 불교가 대중화되기 시작하였다.
④ 왕즉불 사상이 유행하며 왕권이 강해졌고, 중앙 집권 체제가 강화되었다.
⑤ 불교의 폐단을 지적하고 본래의 모습으로 돌아가자는 신앙 결사운동이 전개되었다.

해설 제시된 그림은 9산이다. 신라 하대 유행한 선종은 호족의 지원을 받으며, 지방문화의 역량을 향상시켰다.

정답 07 ③ 08 ④ 09 ①

10 다음 자료를 잘 읽고 이를 통해 알 수 있는 신라의 토지 제도에 대한 설명으로 옳은 것은? [2점]

- 신문왕 7년(687) 5월에 문무 관료전을 지급하되 차등을 두었다.
- 신문왕 9년(689) 1월에 내외관의 녹읍을 혁파하고 매년 조(租)를 내리되 차등이 있게 하여 이로써 영원한 법식을 삼았다.
- 성덕왕 21년(722) 8월에 처음으로 백성에게 정전을 지급하였다.

① 이로써 귀족의 권한이 성장하여 왕권을 위협하게 되었다.
② 이러한 토지 개혁으로 인해 백성들은 토지에서 유리되고 말았다.
③ 이러한 정책은 귀족에 대한 국왕의 권한을 강화하기 위해 실시되었다.
④ 이러한 토지 제도를 기반으로 신라는 삼국 경쟁의 주도권을 장악하였다.
⑤ 모든 토지 제도의 개혁방향은 지주의 부담을 늘리고 농민의 부담을 줄이려는 방향으로 시행되었다.

해설 토지 제도의 개편 방향은 귀족의 권한을 약화시키고 왕권을 강화시키는 목적으로 실시되었다.

11 다음 각 문화재에 대한 설명으로 옳지 않은 것은? [2점]

① 불국사 – 통일신라 시대 불국토의 이상을 실현하고자 하는 신라인들의 의지가 잘 담겨 있다.
② 안압지 – 통일신라 시대 뛰어난 조경술을 보여 주는 것으로서 화려한 귀족 생활을 엿보게 해준다.
③ 황룡사 9층 목탑 – 삼국 통일을 이루어 낸 신라인들의 진취적인 기상이 잘 반영되어 있는 목탑이다.
④ 철감선사 승탑 – 신라 하대 선종의 유행과 관련하여 팔각원당형의 승탑이 많이 조성되었다.
⑤ 첨성대 – 동양에서 가장 오래된 천문관측 기구로 천체현상과 왕실의 권위를 연결시키려는 목적에서 만들어졌다.

해설 황룡사 9층 목탑은 자장의 건의로 선덕여왕 때(645) 만들어진 탑으로 신라의 호국 불교를 보여주는 탑이다. 그러나 몽고와의 전쟁과정에서 소실되어 현존하지는 않는다.

12 다음에서 설명하는 '그'가 귀국 이후 볼 수 있었던 사회의 모습으로 옳은 것은? [1점]

그는 당에서 학문에 힘써 건부 원년(874)에 과거에 합격하여 선주 표수현위의 벼슬을 받았다. … 그는 서학을 많이 깨달아 얻은 바가 많았으며 귀국하여 이를 널리 펴보려는 뜻을 가졌으나 그를 의심하고 꺼리는 사람들로 스스로 불우한 처지를 한탄하며 다시 벼슬에 뜻을 두지 않았다.

① 수나라에 원병 지원을 요청하는 문서를 작성하는 신하
② 세금 독촉에 반대하여 봉기를 일으키는 농민
③ 과거 시험을 보기 위해 개경으로 모인 유생들
④ 우리 실정에 맞는 최초의 농서를 보고 있는 농민들
⑤ 경복궁 중건 공사에 부역으로 동원된 농민들

해설 '그'는 신라 하대의 최치원이다. 신라 하대에는 각지에서 농민봉기가 일어났다.

13 다음의 밑줄 친 인물들이 속한 정치 세력에 대한 설명으로 옳은 것은? [2점]

- 공직이 아들 직달에게 말하기를 "오늘날 이 나라를 보니 사치하고 무도하여 내가 비록 심복으로 있었지만 다시 이곳에 오지 않겠다. 듣건대 왕공은 문(文)으로 백성을 안정시키고 무(武)로 포악함을 금함으로 사방에서 '왕건의 위엄을 무서워하지 않는 자가 없으며, 왕건의 덕을 따르지 않는 자가 없다.' 하니 나는 왕공에게 귀부하고자 한다. 너의 뜻은 어떠하냐?" 하였다.
『고려사』

- 왕순식은 명주 사람으로 그의 아들 장명을 왕건에게 보내어 600인을 거느리고 숙위하게 하였으며, 후에 자제와 더불어 무리를 거느리고 와서 협력할 뜻을 보이니, 태조가 왕씨 성을 하사하시고 대광의 벼슬을 내렸다.
『고려사』

정답 10 ③ 11 ③ 12 ② 13 ②

① 신라 중대 전제왕권 강화에 기여하였다.
② 신라말 지방에서 반 독립적 세력을 형성하였다.
③ 중앙 귀족으로 대농장을 소유한 세력이었다.
④ 성리학을 수용하여 사회의 변화를 모색하였다.
⑤ 중국으로 건너가 빈공과에 급제하는 등의 두각을 나타냈다.

해설 제시문의 공직과 왕순식은 지방의 호족들이다. 호족은 신라 말 신라 중앙정부로부터 벗어나 스스로 반 독립적인 세력을 형성하였다.

14 다음 학습 목표를 토대로 발표 수업을 하였을 때, 발표 내용으로 적합하지 않은 것은? [2점]

> 고려 중기에는 지배층인 문벌 귀족의 특성이 반영된 귀족적이고 보수적인 성격의 문화가 발달하였음을 이해한다.

① 법상종, 화엄종 등 교종 종파가 번성하였다.
② 문헌공도를 비롯한 사학 12도가 융성하였다.
③ 독창적 기법인 상감법을 개발하여 자기를 만들었다.
④ 기전체 역사서인 『삼국사기』가 편찬되었다.
⑤ 고대의 설화나 전래 기록을 수록한 『삼국유사』가 편찬되었다.

해설 『삼국유사』는 원 간섭기에 쓰여진 책으로 고려의 자주성을 회복시키기 위한 목적에서 편찬된 책이다.

15 다음의 밑줄 친 '이 신분층'에 해당하는 신분을 모두 고르면? [3점]

> 이 신분층은 통일신라 시대에는 존재하지 않았던 신분으로 고려 시대에 들어와서 새롭게 등장한 신분층이다. 이들은 통치 체제의 하부 구조를 맡아 중간 역할을 담당하는 집단으로 자리잡게 되었다.

| ⊙ 역리 | ⓒ 잡류 | ⓒ 부곡민 |
| ⓔ 문벌귀족 | ⓜ 백정 | |

① ⊙, ⓒ   ② ⓒ, ⓒ   ③ ⓒ, ⓔ
④ ⓔ, ⓜ   ⑤ ⊙, ⓜ

해설 제시된 신분층은 고려의 중류 계층을 말한다. 고려의 중류층은 지배 기구의 하부 행정조직을 담당하였다. 역리는 역(驛)의 관리, 잡류는 중앙 관청의 하부 행정 처리를 담당하였다.

16 다음의 수취 제도에 대한 설명으로 옳은 것을 모두 고르면? [2점]

> 이것은 녹봉과 국가 재원으로 사용되었으며, 이것의 징수는 지방관의 중요한 임무 가운데 하나였다. 고려는 이것을 개경까지 운반하기 위해 조운로와 조창을 만들었다.

⊙ 중앙 정부는 호적을 작성하여 수취하였다.
ⓒ 중앙 정부는 각 군·현에 할당량을 부과하였다.
ⓒ 민전 소유자는 생산량의 10분의 1을 바쳤다.
ⓔ 토지의 비옥도에 따라 수취하였다.

① ⊙, ⓒ   ② ⓒ, ⓒ   ③ ⓒ, ⓔ
④ ⊙, ⓒ   ⑤ ⓒ, ⓔ

해설 설명하는 수취 제도는 조세에 관한 것이다. 고려는 생산량의 10분의 1을 조세로 수취하였고, 논과 밭은 비옥도에 따라 3등급으로 구분하였다.

17 제시된 그림은 부석사 무량수전이다. 다음 설명 중 옳지 않은 것은? [1점]

① 신라 시대 양식을 계승한 불상이 있다.
② 신라 시대 의상 대사에 의해 창건된 절이다.
③ 현존하는 가장 오래된 벽화가 보존되어 있다.
④ 현존하는 가장 오래된 주심포 양식의 목조건축물이다.
⑤ 기둥의 중간 부분이 굵어지는 배흘림 기둥을 사용하였다.

> **해설** ① 부석사 소조아미타여래 좌상은 신라 시대의 불상을 계승한 것이다.
> ③ 부석사의 조사당 벽화는 현존하는 가장 오래된 벽화이다.
>
> **보충설명** 부석사 무량수전은 주심포 양식의 건축물로 신라 시대 의상 대사에 의해 창건되었다고 전해진다. 현존하는 가장 오래된 목조 건축물은 봉정사 극락전이다.

18 다음 글과 관련된 인물에 대한 설명으로 옳은 것은? [2점]

> 지금의 불교계를 보면, 아침, 저녁으로 행하는 일들이 비록 부처의 법에 의지하였다고 하나, 자신을 내세우고 이익을 구하는데 열중하며, 세속의 일에 골몰한다. 도덕을 닦지 않고 옷과 밥만 허비하니, 비록 출가하였다고 하나 무슨 덕이 있겠는가?

① 국청사를 창건하고 교학을 중심으로 선을 포용하였다.
② 스스로 소성거사라 칭하며 아미타 신앙을 내세워 불교를 대중화 하였다.
③ 송광사를 중심으로 수선사 운동을 전개하였다.
④ 연개소문의 도교 우대 정책에 반발하여 열반종을 개창하였다.
⑤ 고려말 원나라에서 임제종을 들여와 전파시켰다.

> **해설** 제시된 글은 지눌의 권수정혜결사문이다.
> ① 의천의 천태종에 대한 설명이다.
> ② 원효에 대한 설명이다.
> ④ 보덕에 대한 설명이다.
> ⑤ 공민왕의 왕사였던 보우에 대한 설명이다.
>
> **보충설명** 지눌은 불교계의 타락을 비판하면서 불교 본연의 자세로 돌아가자는 수선사 결사운동을 전개하였다.

19 다음과 같은 시기의 유학과 교육 제도에 대한 설명으로 옳은 것은? [3점]

> 김돈중은 김부식의 아들이다. 지공거 한유충 등이 처음에 김돈중을 제2등으로 정하려 하였으나 왕이 아버지를 위로하려고 장원으로 급제시켰다.
> 『고려사』

① 이 시기 유학은 자주적이고 주체적인 특성을 보인다.
② 국자감이 세워지고 유학교육과 기술교육을 담당하였다.
③ 최충의 문헌공도를 비롯한 사학 12도가 세워지고 번성하였다.
④ 인간의 본성과 우주의 원리 문제를 탐구하는 신유학이 수용되었다.
⑤ 인간과 사물의 본성이 같은가 다른가에 관한 문제를 놓고 사상적 대립이 벌어졌다.

> **해설** 김부식 등은 고려 시대 문벌귀족이다. 문벌귀족이 고려사회를 지배했던 시기는 고려 중기이고, 이 시기 최충의 문헌공도를 비롯한 사학 12도가 번성하였다.
> ①, ②는 고려 초기 ④는 원 간섭기 성리학의 수용, ⑤는 조선 호락논쟁이다.

20 밑줄 친 '이 책'에 대한 설명으로 옳지 않은 것은? [3점]

> 대개 지나간 흥망의 자취는 앞날의 교훈이 되기에 이 책을 편찬하여 올리는 바입니다. …(중략)… 이 책을 편찬하면서 범례는 사마천의 『사기』를 따랐고, 대의(大義)는 직접 왕에게 물어서 결정했습니다. 본기라고 하지 않고 세가라고 한 것은 명분의 중요함을 보인 것입니다. 신돈의 자식인 우왕과 창왕을 세가에 넣지 않고 열전으로 내려놓은 것은 왕위를 도적질한 사실을 엄히 밝히려 한 것입니다.

① 국가가 주도하여 편찬하였다.
② 자주적 성격을 나타낸 기전체 사서이다.
③ 유교적 도덕 사관에 입각하여 서술하였다.
④ 고조선에서 고려까지의 역사를 서술하였다.
⑤ 조선 건국을 정당화하려는 의도가 반영되었다.

> **해설** 제시문은 『고려사』의 일부이다. 고려사에는 고조선의 기록은 없으며, 고려 시대에 대한 내용만 담고 있다.

정답 18 ③ 19 ③ 20 ④

21 다음의 두 시조의 인물을 통해 추론할 수 있는 역사적 사실로 옳은 것은? [2점]

> 삭풍은 나무 끝에 불고 명월은 눈 속에 찬데
> 만리변성(萬里邊城)에 일장검 짚고 서서
> 긴 파람 큰 한소리에 거칠 것이 업세라
> —김종서—
>
> 긴 칼을 빼어들고 백두산에 올라 보니
> 환하게 밝은 세상이 전란으로 어지러워라
> 언제나 남북의 병란을 평정해볼까 하노라
> —남 이—

① 철령 이북의 땅을 수복하였다.
② 요동 정벌을 위해 진도를 편찬하였다.
③ 후금과 명 사이에서 중립 외교를 펼쳤다.
④ 어영청, 총융청, 수어청 등을 설치하였다.
⑤ 4군과 6진을 설치하는 등 적극적으로 북방을 개척하였다.

해설 김종서는 세종 때 6진을 개척하였고, 남이는 세조 때 이시애의 난을 진압하고 여진족을 정벌하는 등의 공을 세웠다.

22 다음과 같은 논의가 정책에 반영되어 나타난 사실은? [2점]

> 대비(大妃)께서 하교하시기를, "직전은 사람들이 한결 같이 폐단이 있다고 말한다. …… 의논하여 혁파함이 어떠하겠는가." 도승지가 대답하기를, "전에 과전은 아버지가 사망하여 아들이 이어받은 것을 휼양전이라 하고, 남편이 사망하여 아내가 이어받은 것을 수신전이라 하였습니다. 이를 혁파하여 직전으로 삼았는데, 간혹 지나치게 거두어 원망하는 사람들이 있습니다. 만약 관이 직접 직전세를 거두어 전주(田主)에게 준다면 그 폐단이 없어지게 될 것입니다."라고 하였다.

① 국가의 토지 지배권이 약화되었다.
② 농장이 혁파되어 자작농이 늘어났다.
③ 수조권 분급에 기초한 토지 제도가 폐지되었다.
④ 양반 관료가 농민에게 수조권을 직접 행사할 수 없게 되었다.
⑤ 양반들의 토지 소유 욕구를 자극하여 전주전객제가 등장하게 하였다.

해설 제시문에서 설명하는 토지 제도의 변천은 성종 때 시행된 관수관급제이다. 직전법에서 수조권자의 과도한 수취가 문제가 되자 국가는 정부가 수조권을 대행하는 관수관급제를 통해 문제를 시정하려 하였다.

23 다음은 조선 시대 어느 관리의 상소문이다. 그의 주장으로 가장 적절한 것은? [1점]

> 어제 역관과 의관을 권장하기 위해 능통하고 재주가 있는 자를 동서 양반에 발탁하여 쓰라는 명을 듣고 놀랐습니다. …(중략)… 농부와 장인, 상인, 점술사, 의원은 모두 국가에 없어서는 안 될 존재입니다. 그 가운데 농업은 백성을 살리는 근본이며, 예악은 나라를 다스리는 근본이니 의관이나 역관에 비한다면 만 배나 중요합니다. 이제 의술과 역술을 장려하기 위하여 문무 관직에 등용하려고 하시니, 그렇다면 예악을 장려하기 위해 악공을 발탁하고, 농업을 권장하려 농부를 발탁하시겠습니까.
> 『성종실록』

① 문무 양반의 증가를 막아야 한다.
② 전문적인 기술자를 우대해야 한다.
③ 농민에게 신분 상승 기회를 주어야 한다.
④ 상업 활동에 대한 통제를 강화해야 한다.
⑤ 사농공상의 직업적 평등을 이루어야 한다.

해설 조선 초기 양반들은 자신들의 기득권을 유지하기 위하여 양반 숫자의 증가를 막고자 하였다.

24 밑줄 친 '이 기구'에 대한 설명으로 옳은 것은? [3점]

> 이 기구는 고려 시대 사심관 제도에서 유래된 것으로 고려말~조선 초에는 유향품관 또는 한량관이라 하여 활동하였다. 이후 점차 제도화되어 그 지방의 나이 많고 덕망 있는 사람을 좌수로, 그 다음 사람을 별감으로 선출하여 자율적으로 규약을 만들었다.

① 조광조의 건의로 처음 시행되었다.
② 중앙 집권 체제의 강화가 목적이었다.
③ 지방의 중등 교육기관으로 교육과 제사 기능을 담당하였다.
④ 수령의 자문에 응하고 지방 여론을 수렴하는 등의 기능을 하였다.

정답 21 ⑤ 22 ④ 23 ① 24 ④

⑤ 권력의 부정과 독점을 방지하기 위한 목적으로 관리를 자기고향으로 파견하지 않는 제도이다.

> **해설** 제시문의 기구는 유향소이다. 유향소는 향촌의 자치기구로 지방의 덕망있는 양반들로 구성되었다. 이들은 향리의 비리를 규찰하고 풍속을 교화하며, 수령의 정치적 자문의 역할을 담당하였다.

25 다음 ( ) 안에 들어갈 서적에 대한 설명으로 옳지 않은 것은? [2점]

> 세종은 부왕인 태종의 ( )가 편찬된 뒤에 그 내용이 궁금하였다. 왕이 말하기는 "이제 ( )를 편찬하였으니 내가 한번 보려고 하는데 어떤가?" 하였다. 우의정 맹사성 등이 아뢰기를 "전하께서 이를 보시면 후세의 임금들이 반드시 이를 본받아 고칠 것이며, 사관도 국왕이 볼 것을 의심하여 사실을 다 기록하지 않을 것이니 어떻게 후세에 진실을 전하겠습니까?" 하니 왕이 이를 따랐다.

① 춘추관에서 편찬을 담당하였다.
② 유네스코 세계 기록 문화유산이다.
③ 편년체로 서술된 역사서이다.
④ 태조부터 고종까지 편찬되었다.
⑤ 사초를 바탕으로 왕의 사후에 편찬되었다.

> **해설** 제시문의 책은 『조선왕조실록』이다. 『조선왕조실록』은 태조부터 25대 철종까지를 말한다. 고종과 순종의 경우 일제 시대에 편찬되었으므로 『조선왕조실록』에는 포함시키지 않는다.

26 다음의 제시문의 내용과 관련된 왕대의 사실로 옳은 것은? [2점]

> 이 섬은 본래 우리나라 땅인데 다만 협소하고 누추한 곳이어서 왜구가 거처하는 것을 들어주었던 것 뿐이다. 개처럼 도둑질하고 쥐와 같이 훔치는 흉계 밖에 모르는 그들이 언제부터인가 감히 우리 백성을 살해하거나 포로로 삼고 집을 불태워 고아와 과부들은 울고 헤매게 하였다. … 이제 그들은 우리의 허실을 엿보고 몰래 비인포에 들어와 백성 3백여 명을 죽이고 노략질하고 병선을 불태웠다.
> 『동문선』

① 6조 직계제를 시행하였으며 신문고를 설치하였다.
② 『향약집성방』, 『의방유취』와 같은 의학 서적이 간행되었다.
③ 6조 직계제의 부활, 직전법의 시행, 경국대전의 편찬이 시작되었다.
④ 유향소와 경연을 부활하고 홍문관을 설치하여 왕의 자문에 대비하게 하였다.
⑤ 김종직의 '조의제문'이 문제가 되어 무오사화가 발생하였다.

> **해설** 제시문은 세종 때 이종무로 하여금 쓰시마 섬을 정벌할 당시의 문서이다. ①은 태종, ③은 세조, ④는 성종, ⑤는 연산군 때의 일이다.

> **보충설명** 세종 때는 다양한 책의 간행과 아울러 과학 기술이 발전하였는데 『의방유취』, 『향약집성방』과 같은 의학 서적이 편찬되었다.

27 다음과 같은 임무를 지닌 관직에 대한 설명으로 옳은 것은? [3점]

> 마땅히 몸소 먼 곳을 순시해야 한다. 백성들은 궁벽한 시골이나 먼 고장에 살고 있는데, 영역이 광막하고 멀어 안찰이 드물게 이루어지고, 궁궐은 만 리나 떨어져 있어 하소연을 하려 해도 미치지 못한다. 탐학한 수령을 알아내고, 민생의 억울함을 살펴주기를 고대하고 있으니, 어찌 그 땅이 넓고 멀다고 하여 이르러 살피지 않겠는가.
> 『경제 문감』

① 국왕에 의해 비밀리에 파견되었다.
② 수령을 지위, 감독하고 백성들의 생활을 살폈다.
③ 지방의 덕망 있는 선비들로 구성된 향촌의 자치기구이다.
④ 수령을 보좌하는 세습적 아전으로 관청의 행정 실무를 담당하였다.
⑤ 임기 6개월의 경직(京職)이며, 일정한 거처가 없어 도내를 순찰하였다.

> **해설** 관찰사에 대한 글이다.
> ①은 암행어사, ③은 유향소, ④는 향리, ⑤는 고려의 관찰사에 대한 설명이다.

> **보충설명** 조선 시대 각 도에 파견된 관찰사는 행정, 군사, 사법권은 물론 부·목·군·현에 파견된 수령에 대한 감찰권도 지니고 있었다.

정답 25 ④ 26 ② 27 ②

28. 다음의 '이 비석'의 주인공들에게 대한 옳은 설명을 〈보기〉에서 고른 것은? [3점]

> 임진왜란 당시 왜군 800여 명을 전사시키는 대승을 거두었던 정문부의 승전을 기리기 위해 숙종이 함경북도 길주군에 세운 비석이다. 이 비석은 … 원래 있었던 북한으로 인도되었으며, 경복궁에는 복제비가 건립되어 있다.

〈 보 기 〉
㉠ 왜의 수군을 물리치고 일본의 수륙병진 작전을 좌절시켰다.
㉡ 행주산성에서 왜군을 격파하였다.
㉢ 향토 지리에 맞는 전술로 왜군을 격파하였다.
㉣ 북인 계열의 인사들이 주도하였다.

① ㉠, ㉡ ② ㉠, ㉣ ③ ㉡, ㉢
④ ㉡, ㉣ ⑤ ㉢, ㉣

해설 ㉠ 이순신의 수군에서의 승리는 왜군의 수륙병진 작전을 좌절시켰다.
㉡ 권율은 행주 산성에서 일본군을 크게 무찔렀다.

보충설명 이 비석은 '북관대첩비'로 임진왜란 당시 의병장이었던 정문부와 의병들의 승리를 기록한 비석이다.

29. 다음 자료를 바탕으로 추론한 이앙법에 대한 설명으로 옳은 것은? [2점]

> • 이앙은 본래 그 금령(禁令)이 지극히 엄한데, 근래 소민들이 농사를 게을리 하고, 이익을 탐하여 광작(廣作)을 하며, 그 형세가 매해 늘어나 지금은 여러 도에 두루 퍼져 있으니 모두 금지하기 어렵다.
> • 남방은 모두 이앙을 하는데, 이앙하는 공력(功力)은 파종한 공력에 비하면 5분의 4가 적게 들므로, 부리는 사람이 많은 자는 한 없이 경작할 수 있으며, 전지(田地)가 없는 사람은 경작할 수도 없다.

① 농민들의 적극적인 노력으로 확산되었다.
② 공인이 등장하여 수공업 발달을 확산시켰다.
③ 농민들의 소득 격차를 줄이는 데 기여하였다.
④ 2년 3작의 윤작법을 가능케 하여 농지 이용도를 높였다
⑤ 농민들의 부가 늘어나면서 국가의 재정 적자는 해결되었다.

해설 ② 공인은 대동법의 실시 당시 등장한 어용 상인을 말한다.
③ 광작은 소득 격차를 증대시켰고, 농민층의 계층분화를 가져왔다.
④ 윤작법은 밭농사에 대한 설명으로 조선 전기에 일반화 되었다.
⑤ 조선 후기 정부는 만성적인 재정 적자에 시달렸고 이를 해결하기 위한 정책들을 세웠으나, 근본적 대책이 되지는 못하였다.

보충설명 이앙법은 봄철 가뭄으로 인해 피해가 커서 정부에서는 이앙법의 확산을 막고자 하였으나, 농민들의 노력으로 조선 후기 전국적으로 확산되었다.

30. 다음은 조선 후기 어떤 유학자의 주장이다. 이와 같은 주장이 나오게 된 배경으로 가장 적절한 것은? [2점]

> 안다는 것은 행하는 것이며, 행하는 것은 아는 것이 이루어지는 것이다. 성학(聖學)은 단지 하나의 공부이니, 아는 것과 행하는 것은 두 가지 일로 나눌 수 없는 것이다.

① 가혹한 수탈, 자연 재해 등으로 사회의 불안정이 심화되었다.
② 서민 의식을 반영한 한글 소설 등 서민 문화가 대두되었다.
③ 성리학 일변도의 사상체계로 사회의 보수적인 성향이 심화되었다.
④ 대외적으로 서양의 이양선이 출몰하는 등 사회불안이 가중되고 있었다.
⑤ 상품 화폐 경제가 발달하면서 지식인층을 중심으로 사회개혁 요구가 커지고 있었다.

해설 지행합일(知行合一)은 양명학의 주장이다. 조선 후기 성리학의 절대화 경향이 나타나면서 사회문제를 해결하기 위한 이념으로 성리학의 가치는 떨어지게 된다. 이에 새로운 사상을 모색하던 양반 계층에서 양명학, 실학 등의 새로운 사상적 대안을 제시하였다.

31 다음 그림과 같은 현상이 나타나던 시기의 사회 모습으로 옳은 것은? [1점]

① 탕평책이 실시되면서 정치 기강을 확립하고자 하였다.
② 농민 봉기의 결과 삼정이정청이 설치되어 삼정의 문란은 시정되었다.
③ 정부는 부세제도의 근본적 개혁을 통해 농민들의 불만을 완화시켰다.
④ 신분제가 동요하면서 몰락한 양반이 증가, 평민인 상민의 수가 증가하였다.
⑤ 철종 때 일어난 진주민란은 농민봉기가 전국적으로 확산되는 계기가 되었다.

📝**해설** ① 탕평책은 영조와 정조 때 시행되었다.
② 진주민란 이후 삼정의 문란을 해결하기 위하여 삼정이정청이 설치되지만 실효를 거두지는 못하였다.
③ 세금 제도의 근본적 개혁은 이루어지지 못하였다.
④ 조선 후기에는 신분제가 변동하면서 양반 신분이 증가하고 상민과 천민 신분은 줄어들게 된다.

보충설명 삼정의 문란을 시정하는 농민들의 봉기가 일어났던 시기는 세도정치기(순조-헌종-철종)이다. 철종 때인 임술년에 일어난 진주민란은 농민 봉기의 전국적 확산의 계기가 된다.

32 조선 시대의 문화에 대한 설명으로 옳지 않은 것은? [2점]

① 태종 때에는 서적 간행을 위하여 주자소가 설치되고 금속활자인 계미자가 주조되었다.
② 세조는 불교 진흥책의 일환으로 간경도감을 설치하였다.
③ 조선 초기에는 분청사기가, 16세기 이후에는 선비들의 취향에 부합하는 백자가 유행하였다.
④ 15세기 회화의 대표작으로는 안견의 몽유도원도와 강희안의 고사관수도를 들 수 있다.
⑤ 조선 후기 이제마는 『향약집성방』에서 사상의설을 주장하였다.

📝**해설** 이제마는 『동의수세보원』이라는 책에서 사상의설을 주장하였고, 『향약집성방』은 세종 때 만들어진 의학서적이다.

33 다음 밑줄 친 '이들'에 대한 옳은 설명을 모두 고르면? [1점]

> 이들은 하늘의 도리를 잊고 평소 분노하는 마음을 품고 있다가, 연회를 차려놓고 사람을 칼로 죽인 뒤 변고가 났다고 선언하였으며, 임금을 강박하여 처소를 옮기게 하였습니다. 일본 사람들을 끼고 무력을 뽐내면서 재상들을 모조리 죽여 대궐 뜰에 피를 뿌리게 하였고, 관료들을 좌지우지하여 종묘사직이 위태롭게 되었습니다.

㉠ 동도서기론에 입각하여 개혁을 추진하고자 하였다.
㉡ 김홍집, 김윤식 등이 대표적 인물이다.
㉢ 입헌군주제를 개혁의 모델로 삼았다.
㉣ 지조법의 개혁을 통해 재정을 확충하고자 하였다.

① ㉠, ㉡   ② ㉡, ㉢   ③ ㉢, ㉣
④ ㉠, ㉢   ⑤ ㉡, ㉣

📝**해설** 설제시문의 사건은 갑신정변으로 이들은 김옥균, 박영효 등의 급진개화파이다. 이들은 일본의 메이지 유신을 모델로 근대적 개혁을 추구하였으며, 입헌군주제를 추진하였다.

34 동학농민 운동에 관련된 사실로 적합하지 않은 것은? [2점]

① 양반들과의 계층 간의 갈등 현상을 보이기도 하였다.
② 조선 시대 전통적으로 호남 지방에 대한 수탈이 심했다.
③ 동학은 창시 지역을 본거지로 삼고 농민 운동을 전개하였다.
④ 동학농민 운동은 집권후의 구체적 계획을 수립하지는 못하였다.
⑤ 갑신정변 이후 청과 일본에 맺어진 조약으로 양국이 조선에 출병하였다.

정답 31 ⑤ 32 ⑤ 33 ③ 34 ③

> **해설** 철종 때 몰락한 양반인 최제우에 의해 경주에서 창시된 동학은 교조인 최제우가 혹세무민의 이유로 처형당하였다. 동학농민 운동은 고부 농민봉기가 발단이 되어 전라도 지방을 중심으로 일어났다.

35 다음의 논설이 쓰여진 사건에 대한 설명으로 옳은 것은? [1점]

> 지난날 이등 후작이 한국에 옴에 어리석은 우리 국민이 서로 서로 모여 말하기를 … 중략 … 그러하거늘 저 돼지와 개만도 못한 우리 정부의 소위 대신된 자들은 영리를 바라고 덧없는 위협에 겁을 먹어 놀랍게도 매국의 도적을 … 중략 … 아, 분하도다! 우리 2천 만, 타국인의 노예가 된 동포여! 살았는가! 죽었는가!

① 외교권이 박탈당하고 총독부가 설치되었다.
② 고종이 강제 퇴위되었으며 군대가 강제 해산되었다.
③ 의병이 일어나는 계기가 되었으며 평민 의병장이 등장하였다.
④ 최초의 근대적 조약이며 부산, 인천, 원산의 3개항이 개항되었다.
⑤ 한민족의 저항에 직면한 일제가 통치방식을 바꾸는 계기가 되었다.

> **해설** 제시문은 을사조약 체결 당시 황성신문에 실린 장지연의 '시일야방성대곡'이다. 1905년 체결된 을사조약으로 우리나라는 외교권을 빼앗겼고 통감부가 설치되었다. 이에 을사의병이 일어났으며, 신돌석이라는 평민 의병장이 등장하였다.

36 다음 사진과 같은 운동이 일어났을 당시의 상황으로 가장 옳은 것은? [2점]

① 회사령이 공포되어 회사 설립시 총독부의 허가가 필요하였다.
② 천도교 소년회를 중심으로 소년운동이 전개되고 '어린이 날'이 제정되었다.
③ 사회주의 계열의 주도로 물산 장려 운동이 일어나 국민적 호응을 받았다.
④ 조선어학회는 한글 맞춤법 통일안과 표준어를 제정하고 우리말 큰사전을 편찬하였다.
⑤ 충칭에서는 임시정부 산하의 한국 광복군이 창설되어 일본에 대한 무력 투쟁을 벌였다.

> **해설** 제시된 그림은 1920년대 전개된 물산 장려 운동 당시의 광고이다.
> ① 1910년대 공포된 회사령은 회사 설립 시 총독부의 허가를 받도록 되어 있었으나, 1920년대의 회사령은 신고제로 바뀌었다.
> ② 1921년 천도교 청년회에 소년부가 설치되고 천도교 소년회로 독립한 후 '어린이'라는 호칭과 '어린이 날'을 제정하였다.
> ③ 사회주의 계열은 물산 장려운동이 자본가의 이익만을 대변한다는 이유로 비판적이었다.
> ④ 1931년 조직된 조선어학회는 한글 맞춤법 통일안, 우리말 큰사전 편찬 시도 등의 활동을 전개하였으나 1942년 일제에 의해 조작된 조선어학회 사건으로 강제 해산되었다.
> ⑤ 1940년 충칭에서 임시정부 산하의 군사조직으로 한국 광복군이 창설되었다.

37 다음 글에서 주장하는 역사 연구의 방향으로 적절한 것은? [1점]

> 조선사 연구는 과거 역사적 사회적 발전의 변동과정을 구체적으로, 현실적으로 밝혀내고, 실천적 동향을 이론화하는 것을 임무로 삼아야 한다.
>
> (중략)
>
> 우리 조선 역사 발전의 전 과정은 예를 들어, 지리적인 조건, 인류학적 골상, 문화 형태의 외형적 특징 등에서 다소의 차이를 인정한다 하더라도, 외관적인 이른바 특수성은 다른 문화 민족의 역사적 발전 법칙과 구별될 만큼 독자적인 것은 아니다. 세계적인 일원론적인 역사 법칙에 따라 다른 여러 민족과 거의 같은 발전 과정을 거쳐 왔다. 발전 과정에서 완만한 템포, 문화에서 보이는 특별한 농담은 결코 본질적인 특수성이 아니다.

① 낭가 사상을 강조해야 한다.
② 민족 혼을 중심으로 해야 한다.
③ 민족 고유의 자주 독립사상을 연구하여 널리 알려야 한다.

정답 35 ③ 36 ② 37 ④

④ 세계사적 보편성을 바탕으로 한국사의 발전 과정을 체계화해야 한다.
⑤ 우리 역사와 다른 나라 역사와의 차이점을 연구하여 우리의 특수성을 확립하여야 한다.

해설 제시문은 사회주의 경제학자인 백남운의 글이다. 백남운은 세계사적 보편성을 토대로 한국사의 연구를 주장하여 일제의 식민사관인 정체성론을 비판하였다.

38 다음 그래프는 일제 시대의 소작쟁의와 노동쟁의의 발생 건수이다. 〈보기〉 중 옳은 것은? [3점]

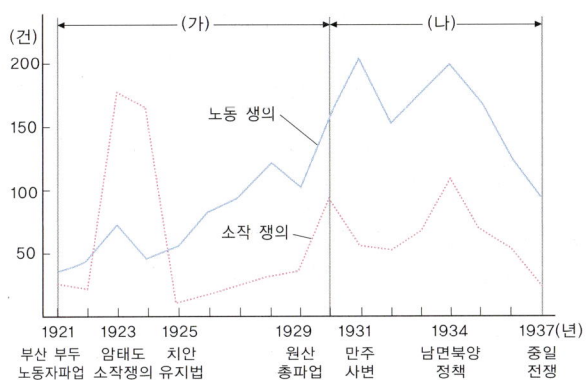

─〈 보 기 〉─
㉠ (가)의 소작 쟁의는 혁명적 농민조합 중심이었다.
㉡ (나)의 노동쟁의 발생은 일제의 대륙침략 정책과 관련이 있다.
㉢ (가)에서 (나)로 가면서 일제를 타도하자는 정치 투쟁적 성격이 강화되었다.
㉣ (가), (나)의 쟁의는 지속적인 생존권 투쟁으로 일관되어 어느 정도 성과를 거두기도 하였다.

① ㉠, ㉡　　② ㉠, ㉢　　③ ㉡, ㉢
④ ㉡, ㉣　　⑤ ㉢, ㉣

해설 ㉠ 혁명적 농민조합은 1930년대이다.
㉡ 1930년대 일제의 대륙침략으로 한반도에 대한 수탈을 강화하자 소작쟁의와 노동쟁의가 급증하였다.
㉢ 1920년대 생존권 투쟁으로 시작된 소작·노동쟁의는 1930년대 접어들면서 일본의 식민지 지배에 저항하는 정치 투쟁적 성격이 강화되었다.

39 다음 글의 밑줄 친 '이 사건' 때 나온 구호로서 가장 적합한 내용은? [3점]

> 11월 3일은 학생의 날이다. 해마다 이 날이 되면 곳곳에서 기념식이 열리고, 학생들이 참여하는 행사가 마련된다. 그런데 '학생의 날'은 왜 11월 3일인가? 바로 이 날은 학생들이 이 사건을 일으킨 날이다. 1953년 정부는 11월 3일을 '학생의 날'로 제정, 공포하였다. 그러나 학생의 날 기념식에는 학생들보다 주로 어른들이 참가하였다. 그러다가 1973년 박정희 정부는 각종 기념일을 통폐합한다는 명분으로 '학생의 날'을 없앴다. 여기에는 '학생의 날'이면 으레 일어나고 했던 학생 시위를 막기 위한 목적도 깔려 있었다. 1984년 부활된 '학생의 날'은 이후 1980년대에는 '학생 시위의 날'로, 민주화 운동의 상징일처럼 여겨져 왔다.

① 기회주의자들을 배격하라!
② 식민지 교육 제도를 철폐하라!
③ 민족의 힘을 길러 독립을 쟁취하자!
④ 조선인 대표를 일본 의회에 진출시키자!
⑤ 일본의 침략전쟁에 학생들을 동원하지 말라!

해설 이 사건은 1929년의 광주 학생 항일 운동이다. 광주 학생 항일 운동은 식민지 교육 제도의 불만이 작용하여 일어났으나 민족운동으로 발전하였다.

40 다음의 '위원회'에 대한 설명으로 옳은 것은? [2점]

> 이 '위원회'는 호주, 캐나다 등 9개국으로 대표로 구성되며, 늦어도 3월 31일까지 남북 인구 비례에 따라 이 '위원회'의 감시 하에 선거를 실시하여 남북 인구 비례에 따른 대표자들로 국회를 구성하고 중앙 정부를 수립하며, 이 정부는 이 '위원회'와 협의하에 국방군을 조직하고, 남북의 점령 당국으로부터 정부 기능을 이양받으며, 가능하다면 90일 이내에 양 점령군이 철퇴하도록 점령 당국과 협정을 맺는다.

① 모스크바 3국 외상 회의의 결과 조직되었다.
② 중도 세력이 중심이 되어 이 위원회를 이끌었다.
③ 소련의 거부로 이 위원회의 활동이 일부 변경되었다.
④ 김구, 김규식이 중심이 되어 평양에서 회의를 개최하였다.
⑤ 일제 시대 반민족행위를 조사하기 위해 만들어진 위원회였다.

정답 38 ③　39 ②　40 ③

해설 제시문의 위원회는 유엔 한국 임시위원단이다. 유엔은 한국 임시위원단의 감시 아래 남북의 인구비례에 따른 총선을 결정하였으나, 소련과 북한측의 입국 거부로 북한에서는 선거를 치루지 못하였다.

41 다음은 어느 위원회가 제시한 7개항의 원칙이다. 이와 관련하여 추론할 수 있는 사실로 적절하지 않은 것은? [2점]

1. 남북을 통한 좌우 합작으로 민주주의 임시 정부를 수립할 것
2. 미·소 공동위원회 속개를 요청하는 공동 성명을 발표할 것
3. 토지를 개혁하여 농민에게 분배하고, 중요 산업을 국유화할 것
4. 민족 반역자를 처리할 조례를 본 위원회가 입법 기구에 제안하여 결정하게 할 것
5. 정치 운동자 석방에 노력하고 남·북, 좌·우의 테러 행동을 중지토록 할 것
6. 입법 기구의 권한과 구성 방법, 운영 등에 관해서는 본 위원회에서 작성 실행할 것
7. 전국적으로 언론·집회·결사·출판·교통·투표 등의 자유를 절대 보장하도록 노력할 것

① 좌우익의 통일정부 수립을 위한 노력이었다.
② 미군정은 이 위원회의 활동을 지원하였다.
③ 친일파 처벌에 관한 국민 여론을 반영하였다.
④ 위원회는 중도적 통일 정부 수립을 지향하였다.
⑤ 이 원칙은 대한민국의 단독 정부가 수립된 현실을 반영하였다.

해설 ⑤ 대한민국은 좌우합작위원회가 해산한 뒤인 1948년 5·10 총선거로 구성된 제헌의회에서 헌법을 제정하고, 이승만을 대통령으로 선출하고 같은 해 8월 15일 정부수립을 선포하였다.

보충설명 제시문은 중도 좌파인 여운형, 중도 우파인 김규식이 합작하여 만든 좌우합작위원회의 좌우 합작 7원칙이다. 초기 미군정은 좌우 합작 활동을 지원하였으나, 이 지원이 철회되고 1947년 여운형이 암살당하면서 조직은 해체되었다.

42 다음 국제 회의 결의안과 관련하여 일어난 국내의 상황을 잘못 설명한 것은? [2점]

1. 조선을 독립시키고 민주주의 국가로 발전시키는 동시에, 가혹한 일본의 조선 통치 잔재를 빨리 청산하기 위해 조선에 임시 민주주의 정부를 수립한다.
2. 조선임시정부 구성을 위해 남조선 미합중국 관할구와 북조선 소련 관할구의 대표자들로 공동 위원회를 설치한다.
3. 공동 위원회는 미·영·중·소 4국 정부가 최고 5년 기간의 4개국 통치 협약을 작성하는 데 공동으로 참작할 수 있는 제안을 조선임시정부와 협의하여 제출해야 한다.

① 우익 진영은 신탁통치 반대 운동을 전개하였다.
② 좌익은 처음부터 회의 결과에 전적으로 찬성하였다.
③ 회의 결과에 따라 미·소 공동위원회가 개최되었다.
④ 미국이 먼저 제안했고 소련이 수락함으로써 합의되었다.
⑤ 회의의 내용 중 신탁통치안 만이 부각되면서 국내 여론이 악화되었다.

해설 모스크바 3상 회의 결정에 좌익은 처음에는 반탁이었으나, 이후 찬탁으로 돌아서게 된다.

43 다음 대중가요의 내용과 직접적으로 관련된 역사적 사실은? [2점]

눈보라가 휘날리는 바람 찬 흥남부두에
목을 놓아 불러봤다 찾아를 봤다.
금순아 어디로 가고 길을 잃고 헤매였더냐
피눈물을 흘리면서 1·4이후 나 홀로 왔다.

① 신의주 반공 의거 발생
② 북한의 천리마 운동 전개
③ 중국군의 6·25전쟁 개입
④ 미·소의 한반도 분할 점령
⑤ 해방 후 좌우익의 대립

해설 압록강까지 진격했던 국군과 UN군은 중공군의 참전으로 후퇴를 거듭하여 다시 서울을 빼앗겼는데 이것이 1·4 후퇴이다.

44. 다음에서 서술하고 있는 사건에 대한 설명으로 옳은 것은? [2점]

> 1947년 3월 1일 경찰의 발포 사건을 기점으로 하여 경찰과 서청(서북 청년회)의 탄압에 대한 저항으로 1948년 4월 3일 남로당 제주도당 무장대가 봉기한 이래 1954년 9월 21일 한라산 금족 지역이 전면 개방될 때까지 제주도에서 발생한 무장대와 토벌대 간의 무력 충돌과 토벌대의 진압 과정에서 수많은 주민들의 희생당하였다.

① 이 사건의 결과 제헌의회는 198명으로 개원하였다.
② 이 사건은 한반도의 분단을 고착화시키는 결과를 낳았다.
③ 한국전쟁 당시 전향한 좌익의 변심을 두려워하여 발생한 사건이다.
④ 이 사건을 조사하기 위하여 반민족 행위 특별 조사위원회가 결성되었다.
⑤ 모스크바 3국 외상회의의 결정인 신탁통치 결정이 사건의 직접적인 원인이 되었다.

🟢**해설** 제시문은 제주도의 4·3 사건에 대해 설명하고 있다.

🔴**보충설명** 4·3 사건의 결과 제헌의회는 300석의 의석 중 남측 몫이었던 200석 중 제주도의 2개 선거구에서 선거를 치루지 못해 198명의 제헌의원으로 개원하였다.

45. 다음은 광복 후 귀속 재산의 처리에 관한 글이다. 이로 인한 영향으로 옳은 것은? [2점]

> 1947년 30여억 원으로 평가되었던 이 공장은 7억 원으로 감정되었고 3억 6천만 원에 불하되었다. 불하 가격은 시가의 10분의 1에 지나지 않았고, 감정 가격의 절반밖에 되지 않았다. 귀속 기업체의 매수 우선순위는 ① 임차인 및 관리인 ② 주주 ③ 관리직 사원 ④ 조합원 및 계속 근무한 종업원 ⑤ 농지 개혁법에 따라 농지를 매수당한 지주 출신으로 한다.

① 미군정은 귀속 재산을 관리하기 위해 농광회사를 설립하였다.
② 농지개혁으로 인해 토지자본이 산업자본으로 대거 이동하였다.
③ 매수 우선 순위에 따라 소외당했던 사람들에게 대거 매수 기회가 제공, 부의 재분배가 이루어졌다.
④ 미국의 경제 원조에 힘입은 생산 시설의 재편과정에서 일제 시대 중화학 공장들이 주로 매각되었다.
⑤ 귀속 재산의 불하과정에서 특권층에 대한 특혜 융자 등이 나타났으며, 이후 이들은 재벌로 성장하였다.

🟢**해설** ① 농광회사는 일본의 황무지 개간권 요구를 저지시킨 후 우리 힘으로 황무지를 개간하겠다는 목적으로 세워졌다.
② 정부는 농지개혁을 통해 토지 자본을 산업자본으로 전환시키려 하였으나 거의 이루어지지 못하였다.

🔴**보충설명** 해방 이후 일본인들이 남기고 간 귀속 재산을 처리하기 위해 시행된 귀속 재산 처리법은 주로 친일, 친미 기업가들에게 헐값으로 귀속 재산이 넘어가는 배경이 되었고, 이들은 정치권력과 유착하여 재벌로 성장하였다.

46. 다음은 우리나라 민주주의 발전과정을 나타낸 것이다. 이에 관한 설명으로 옳은 것을 〈보기〉에서 고르면? [3점]

| 이승만 정부 (가) | ⇒ | 장면 정부 (나) | ⇒ | 박정희 정부 (다) | ⇒ | 전두환 정부 (라) |

〈 보 기 〉
㉠ (가)에서 (나)로의 이행에는 학생들의 역할이 매우 컸다.
㉡ (나)의 부정부패를 배경으로 (다)가 등장하였다.
㉢ (다)의 경제 정책으로 빈부 격차가 심화되었다.
㉣ (라)의 정치 형태는 미국식 대통령제와 유사하였다.

① ㉠, ㉢　② ㉠, ㉣　③ ㉡, ㉢
④ ㉡, ㉣　⑤ ㉢, ㉣

🟢**해설** (가) 이승만 정부는 4·19 혁명을 계기로 붕괴되었는 데, 여기에는 학생들의 역할이 매우 컸다.
(나) 장면 정부는 사회의 무질서와 혼란 속에서 정치력을 발휘하지 못하고 5·16 군사 정변에 의해 붕괴되었다.
(다) 박정희 정부는 경제 개발 5개년 계획을 추진하여 고도의 경제 성장을 이루었으나, 정부 주도의 경제 체제와 빈부 격차의 심화 등의 문제점을 남겼다.
(라) 전두환 정부는 7년 단임의 대통령을 통일주체국민 회의에서 간접 선거하는 방식으로 선출한 것으로, 미국의 대통령 선거와 다르다.

정답 44 ① 45 ⑤ 46 ①

47 다음에서 설명하는 정부에 대한 설명으로 옳은 것은? [1점]

- 여야 평화적 정권교체
- 금강산 관광 시작
- 6·15 남북 공동선언
- 외환 위기 극복

① 간선제 선출방식으로 대통령이 선출되었다.
② 처음으로 민간인 출신 대통령이 선출되었다.
③ 여소야대 국회가 만들어져 제5공화국 청문회가 개최되었다.
④ 재임 기간 중 최초로 남북의 이산가족이 상봉하였다.
⑤ 남북 정상회담의 결과 북한과 동해선 남북 철도가 연결되었다.

해설 제시된 내용은 김대중 정부에 대한 설명이다.
① 대통령은 직선제로 선출되었다.
② 최초의 민간 출신 대통령은 김영삼 대통령이다.
③ 노태우 정부 당시의 일이다.
④ 최초의 남북 이산가족 상봉은 전두환 정부 시절이었다.

보충설명 2000년 남북 정상회담의 결과 동해선 철도가 연결되었다.

48 다음의 사회 변화와 같은 맥락에서 이해할 수 있는 상황으로 적절한 것은? [2점]

광복 이후 헌법에 남녀평등이 선언되고 여성들의 법적 지위가 향상되어 여성도 남성에 비해 차별받지 않고 일할 기회가 마련되었다. 오늘날 우리 사회는 여성의 인력 없이는 경제 발전이나 국가 발전의 효과를 기대하기 어려운 시대를 맞이하였으며 헌정사상 최초의 여성 대통령이 탄생하는 것도 지켜보았다.

① 맞벌이 부부가 증가하고 있다.
② 전통적 여성상이 강조되고 있다.
③ 대가족 제도가 일반화 되고 있다.
④ 전통적인 남아 선호 사상이 심화되고 있다.
⑤ 가족내 남성과 여성의 지위가 수직적으로 변화하고 있다.

해설 제시문은 현대 사회에서 여성의 역할 증대를 설명하고 있다. 여성의 사회 참여가 증가하면서 맞벌이 부부와 핵가족, 독신가구가 증가하고 있다.

49 다음 글을 읽고 당시 북한에 대한 설명으로 옳은 것을 고르면? [2점]

김일성은 남로당을 비롯한 국내파 공산주의자들에게 패전의 책임을 물어 대거 숙청하였으며, 8월 종파 사건을 빌미로 연안파와 소련파를 제거하였다.

① 김정일의 후계 체계가 구축되었다.
② 김일성 유일 지배 체계가 구축되었다.
③ 주체 사상이 유일 사상으로 채택되었다.
④ 중국과 소련의 정치적 영향력이 더욱 강화되었다.
⑤ 고립주의를 탈피하고 대외개방 정책을 선택하게 되었다.

해설 정권 수립 초기 다수의 분파가 혼재했던 북한은 김일성을 중심으로 한 갑산파가 권력 투쟁에서 승리함으로서 김일성 유일 지배 체제가 완성되었다.

50 박정희 정부에서 제안한 통일 정책 내용을 〈보기〉에서 모두 고른 것은? [3점]

〈 보 기 〉
㉠ 남북한 유엔 동시 가입을 제안하는 내용의 6·23 선언을 발표하였다.
㉡ 화해·협력, 남북연합, 통일 국가 완성의 민족 공동체 통일 방안을 발표하였다.
㉢ 평화 정착, 남북 교류, 총선거 등을 내용으로 하는 8·15선언을 제안하였다.
㉣ 상호 무력 불사용 선언, 상호 내정 불간섭, 휴전 협정의 존속을 내용으로 하는 남북한 상호 불가침 협정 체결을 제의하였다.
㉤ 남북한이 동등하게 참여하는 통일 정부를 수립하고 그 밑에 남북한의 지역 정부를 설치하는 고려 연방제 통일 방안을 제시하였다.

① ㉠, ㉡, ㉢　　② ㉠, ㉢, ㉣
③ ㉠, ㉡, ㉣　　④ ㉠, ㉣, ㉤
⑤ ㉡, ㉣, ㉤

해설 ㉡ 1994년 김영삼 정부가 제시하였다.
㉤ 1980년 북한이 제시한 통일 방안이다.

보충설명 박정희 정부는 8·15 평화 통일 구상(1970년), 6·23 선언(1973년), 상호 불가침 협정 체결(1974년) 등을 제안하였다.

정답 47 ⑤ 48 ① 49 ② 50 ②

실전모의고사 5회

01 다음에서 설명하는 시기에 살았던 사람들의 생활 모습으로 가장 적절한 것을 모두 고르면? [2점]

이 시기의 인류는 자연 상태의 돌맹이나 그것을 깨뜨려서 도구로 쓰거나 동물의 뼈를 사용하기도 하였으며 또한, 예술활동을 하였는데, 특히 크로마뇽인은 쇼베, 알타미라, 라스코 동굴 벽화와 풍만한 여인상을 남겼다. 이와 같은 예술품은 사냥의 성공과 자손의 번성을 기원하는 것으로 보인다.

〈알타미라 동굴 벽화〉　〈빌렌도르프 비너스〉

─〈 보 기 〉─
㉠ 소, 개, 돼지, 양 등을 가축으로 기르기 시작하였다.
㉡ 취사와 난방을 위한 화덕까지 갖춘 움집을 짓고 살았다.
㉢ 대략 10명 이내의 사람들이 무리를 지어 공동체 생활을 하였다.
㉣ 힘이 센 부족은 스스로를 하늘의 자손이라고 믿으며 주변지역을 정복하여 갔다.
㉤ 한 곳에 정착하여 살지 못하고 여기 저기 옮겨 다니며 나무 열매를 따먹거나 짐승을 사냥하면서 살았다.

① ㉠, ㉣　② ㉢, ㉤　③ ㉠, ㉢, ㉣
④ ㉠, ㉡, ㉤　⑤ ㉡, ㉣, ㉤

해설 ㉠, ㉡ 농경과 목축의 시작으로 움집을 짓고 정착을 하였던 것은 신석기 시대의 일이다.
㉣ 스스로를 하늘의 자손이라고 믿는 천손사상은 청동기 시대에 등장하였다.
보충설명 구석기 시대에는 무리를 지어 이동하며 생활하였으며, 경제적으로는 수렵, 채집, 어로의 활동을 하였다.

02 다음은 박물관에 전시된 선사 시대 사람들의 생활 모습들이다. 이를 견학하고 작성한 보고서의 내용으로 바른 것을 〈보기〉에서 고르면? [1점]

• 뼈바늘로 의복을 만드는 사람
• 돌괭이로 농경지를 일구는 사람
• 도토리 모양의 토기를 만드는 사람
• 움집 중앙의 화덕에 불을 지피는 사람

─〈 보 기 〉─
㉠ 고인돌을 축조하던 사람들의 생활 모습이 잘 나타나 있었다.
㉡ 혈연을 바탕으로 한 부족 사회의 생활 모습을 엿볼 수 있었다.
㉢ 농사를 지어 식량을 생산하고 저장하게 되었음을 알 수 있다.
㉣ 노역에 종사하는 피지배층의 삶의 모습이 잘 드러나 있었다.
㉤ 당시에 직업이 전문적으로 분화되어 있었음을 알 수 있었다.

① ㉠, ㉡　② ㉡, ㉢　③ ㉢, ㉣
④ ㉣, ㉤　⑤ ㉠, ㉤

해설 제시문은 신석기 시대에 대한 설명이다.
㉠ 고인돌은 청동기 시대의 무덤 양식이다.
㉣ 신석기 시대는 계급이 출현하지 않은 평등 사회이다.
㉤ 신석기 시대는 공동 노동과 공동 분배의 평등 사회였으므로 직업적 분화는 나타나지 않는다.

03 (가), (나) 유물에 관한 설명으로 옳은 것은? [2점]

(가)

(나)

① (가)는 한국식 동검이라고도 불린다.
② 시간이 지나면서 점차 (나)에서 (가)의 형태로 변해갔다.
③ (가)가 제작된 시기에는 한반도에 철기가 널리 보급되었다.
④ (나)는 한반도에 독자적인 청동기 문화가 발전했음을 보여준다.
⑤ (나)가 쓰이던 시기에 만들어진 대표적인 토기는 빗살무늬 토기이다.

해설 (가)는 비파형동검, (나)는 세형동검이다.
보충설명 세형동검은 한국식 동검이라고도 불리며 거푸집, 잔무늬 거울과 함께 한반도에 독자적인 청동기 문화가 있었음을 보여주는 유물이다.

04 다음에서 설명하는 무덤이 만들어진 시대와 관계 있는 것을 고르면? [3점]

> 보통 4개의 굄돌을 세워 돌방을 만들고 그 위에 거대하고 평평한 돌을 얹어 놓는 것이 전형적이다. 그러나 남쪽으로 내려가면서, 또 시대가 내려오면서 무덤의 구조가 지하로 들어가고 여러 개의 받침돌이나 돌무지로 덮개돌을 받친 형태도 나타났다.

① 생산력의 증가와 사유 재산의 발생으로 빈부 격차가 발생하였다.
② 고구려의 이 무덤 양식은 백제에 영향을 미쳤다.
③ 중국의 영향을 받은 무덤 양식으로 무덤의 주인을 알 수 있다.
④ 삼국 시대 후기에 등장한 양식으로 벽화가 남아있다.
⑤ 불교의 유행과 관련 있는 무덤 양식으로 통일신라 시대에 유행하였다.

해설 제시문은 고인돌에 대한 설명이다.
고인돌은 청동기 시대의 대표 무덤 형태로 청동기 시대에는 계급이 출현하고 사유재산의 등장으로 빈부격차가 발생하였다.

05 다음 나라에 대한 설명으로 옳은 것은? [2점]

> 철이 생산되어 한(韓), 예(濊), 왜(倭)가 모두 와서 가져간다. 시장에서 물건을 거래할 때는 철을 사용하는데 마치 중국에서 화폐를 사용하듯 한다. 또 생산된 철을 낙랑과 대방의 두 군에 공급해 준다.
> 『삼국지』

① 왕은 없었으며 읍군, 삼로라 불리는 군장이 지배자였다.
② 국가의 중대사가 있을 경우 소를 죽여 그 발굽으로 점을 치는 풍습이 있었다.
③ 벼농사가 널리 행하여졌으며 5월과 10월에 제천행사가 행해졌다.
④ 산악지역에 위치하여 다른 나라를 약탈하는 약탈 경제 구조를 가지고 있었다.
⑤ 방직 기술이 발달하였고, 다른 부족의 영역을 침범하면 소나 말로 배상하는 풍습이 있었다.

해설 ① 옥저와 동예에 대한 설명이다.
② 우제점법의 풍속은 부여와 고구려에 있었다.
④ 고구려에 대한 설명이다.
⑤ 책화는 동예의 풍속이다.
보충설명 철의 생산이 많았고 한사군과 중계 무역을 통해 번성한 나라는 삼한이다 삼한은 한반도 남부에 위치하여 벼농사가 발달하였고 5월에 계절제, 10월의 수릿날이라는 제천 행사를 가지고 있었다.

06 다음 글은 고조선의 8조법에 대한 중국 측 기록이다. 이를 통하여 짐작할 수 있는 고조선의 사회상으로 옳지 않은 것은? [1점]

> ……(고조선에서는) 백성들에게 금지하여 법 8조를 만들었다. 그것은 대개 사람을 죽인 자는 즉시 죽이고, 남에게 상처를 입힌 자는 곡식으로 갚는다. 도둑질을 한 자는 노비를 삼는다. 용서받고자 하는 자는 한 사람마다 50만 전을 내야 한다. 비록 용서를 받아 보통 백성이 되어도 풍속에 역시 그들을 부끄러움을 씻지 못해 결혼을 하고자 해도 짝을 구할 수 없다. 이러해서 백성들은 도둑질을 하지 않아 대문을 닫고 사는 일이 없었다. 여자들은 모두 정조를 지키고 신용이 있어 음란하고 편벽된 짓을 하지 않는다.
> 『한서 지리지』

① 가부장제 사회였음을 짐작할 수 있다.
② 사유 재산 제도가 존재하였다.
③ 고조선의 옛 땅에 부여와 고구려가 건국되었다.
④ 노동력을 중시하는 사회였다.
⑤ 계급이 출현한 사회였다.

해설 고조선의 8조법을 통해 부여와 고구려가 고조선의 옛 땅에 건국되었다는 것을 알 수는 없다.

07 백제의 세력이 지도와 같았던 왕시대의 일로 보기 어려운 것은? [2점]

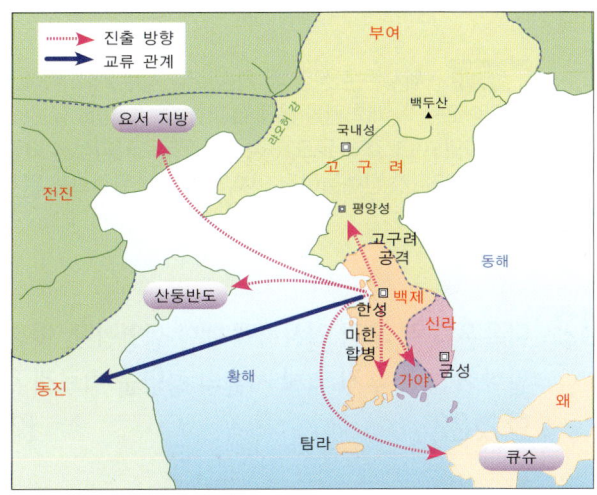

① 고구려를 공격하여 평양성에서 고구려왕을 전사시켰다.
② 16관등제를 확립하고 공복 제도를 정비하였다.
③ 왕위 계승을 형제 상속에서 부자 상속으로 바꾸었다.
④ 고흥으로 하여금 『서기』를 편찬하게 하였다.
⑤ 왜에 칠지도를 하사하였다.

해설 다음 지도는 4C 근초고왕 때의 일을 묻는 문제이다.
② 관등제를 정비하고 관리들의 공복 제도를 정비한 것은 3C 고이왕 때의 일이다.

08 다음과 같은 설화가 나타난 시기의 역사적 사실로 옳지 않은 것은? [2점]

> 왕이 배를 타고 산으로 들어가니 용이 검은 옥띠를 바쳤다. 왕이 같이 앉아 물었다. "이 산과 대나무가 어떤 때는 갈라지고 어떤 때는 맞붙고 하니 무슨 까닭인가?"하니, 용이 답하기를 "한 손으로 치면 소리가 나지 않고 두 손으로 쳐야 소리가 나는 것과 같습니다. 폐하께서 소리로써 천하를 다스릴 좋은 징조입니다. 이 대나무로 피리를 만들어 불면 천하가 화평해질 것입니다. 지금 아버님께서 바다 가운데 큰 용이 되시고 김유신도 천신이 되셨습니다. 두 분께서 마음을 합하여 큰 보물을 만들어 저를 시켜 바치는 것입니다."
>
> 『삼국유사』

① 관료전이 지급되고 녹읍이 폐지되었다.
② 교종의 번성과 함께 조형 미술이 발달하였다.
③ 상대등의 세력은 약화되었고 시중의 권한이 강화되었다.
④ 6두품 세력이 왕권과 결탁하여 전제왕권 강화에 도움을 주었다.
⑤ 불교를 깊숙이 받아들여 불교식 왕명을 사용하였고 황룡사 9층 목탑이 건축되었다.

해설 제시문은 신라 중대 신문왕 때 강력한 왕권을 보여주는 만파식적의 고사이다.
⑤ 황룡사 9층 목탑은 선덕여왕에 의해 건축되었다. 신라가 불교식 왕명을 사용한 시기는 법흥왕부터 진덕여왕 때 까지의 신라 상대시기이고, 신라 중대가 시작되는 무열왕부터는 유교식 시호를 사용하였다.

09 다음 글의 내용과 관련하여 이 당시 새로이 수용된 밑줄 친 종교의 역할을 바르게 설명한 것은? [2점]

> 삼국 시대에 들어와서도 민간에서는 천신, 일월신, 산신, 해신 등의 여러 신을 모시는 샤머니즘과 점술이 널리 퍼져 있었다. 왕실이나 지배 부족들은 조상의 영혼이 자신들과 밀접한 관계를 가지고 있는 것으로 믿었다. 그리하여 왕이나 족장은 시조에 대한 제사를 담당하면서 그 후계자의 지위를 누렸다. 그러나 사회는 이미 초부족적인 상태로 변하였으므로, 샤머니즘 등의 원시 종교를 가지고서는 확대된 사회를 이끌어갈 수 없게 되었다. 이에 부족과 부족을 통합할 수 있는 이념을 가진 <u>새로운 종교가</u> 이를 대신하여 큰 세력을 얻게 되었다.

① 국민정신의 통일을 이루어 중앙 집권화에 기여하였다.
② 하층민을 중심으로 수용되어 신분제의 갈등을 해소하는데 기여하였다.
③ 국토의 재편성을 주장하여 중앙 정부의 권위를 약화시키는 구실을 하였다.
④ 도관이 건립되고 국가의 안녕과 왕실의 번영을 기원하는 초제가 거행되었다.
⑤ 명분론에 입각한 사회질서의 확립을 주장하고 사회개혁적 이념으로 수용되었다.

해설 밑줄 친 새로운 종교는 불교이다.
② 불교는 지배층을 중심으로 수용되었다.
③ 풍수지리설에 대한 설명이다.
④ 도교에 대한 설명이다.
⑤ 고려말 성리학에 대한 설명이다.

보충설명 불교는 수용과정에서 백성들의 사상적 통일과 왕권강화에 기여하였다.

10 다음 글의 (가)와 (나)의 왕에 대한 설명으로 옳지 않은 것을 고르면? [2점]

> 발해의 (가)은(는) 장문휴로 하여금 당의 산둥 반도를 공격하게 하였으나, 뒤를 이어 즉위한 (나)은(는) 당과 친선 관계를 맺고 당의 문물을 적극적으로 수용하면서 여러 제도를 정비하였다.

① (가) - 당을 선제공격 하였다.
② (가) - 북만주 일대를 장악하였다.
③ (나) - 해동성국이라 불릴 만큼 전성기를 누렸다.
④ (나) - 신라와 상설 교통로를 개설하고 교류하였다.
⑤ (가),(나) 독자적인 연호를 사용하였다.

해설 ③ 해동성국은 발해의 전성기였던 선왕 때 불리던 명칭이다.

보충설명 (가)의 왕은 무왕, (나)는 문왕이다.
발해 무왕 때는 당과 적대적 관계를 맺고 있어 장문휴로 하여금 당의 산둥반도를 선제공격하기도 하였고, 북만주 일대를 장악하였다. 문왕은 당과 친선관계를 맺고 교류가 시작되었으며, 신라와도 신라도라는 상설 교통로를 개설하였다.

11 다음은 어느 신하가 왕에게 올린 글이다. 다음과 같은 주장이 반영된 결과로 옳은 것은? [1점]

> 불교를 행하는 것은 수신(修身)의 근본이요, 유교를 행하는 것은 치국(治國)의 근원입니다. 수신은 내생의 복을 구하는 것이며, 치국은 오늘의 급한 임무입니다. 금일은 지극히 가깝고 내생은 지극히 머니 가까움을 버리고 먼 것을 구함은 또한 그릇된 것이 아니겠습니까?
> 『고려사』

① 호족세력의 숙청
② 과거제도의 시행
③ 북진정책의 추진
④ 유교의 정치이념화
⑤ 연등회와 팔관회의 개최

해설 제시문은 성종 때 최승로의 '시무 28조'이다.
④ 최승로는 이 개혁안을 통해 유교를 정치이념화 할 것을 주장하였고 그 결과 유교가 정치이념으로 자리잡게 되었다.
⑤ 시무 28조가 받여들여진 이후 연등회와 팔관회는 일시 중단되었다.

12 다음은 고려 후기 역사서에 대한 설명이다. 이를 종합하여 고려 후기 역사 서술의 경향을 바르게 추론한 것은? [2점]

> • 『동명왕편』은 동명왕의 업적을 칭송한 일종의 영웅 서사시이다.
> • 『제왕운기』는 단군으로부터 서술하면서 우리 역사를 중국사와 대등하게 보았다.
> • 『삼국유사』는 고대의 설화나 야사를 수록하였으며, 단군을 우리 민족의 시조로 보았다.

① 불교적 관점만 아니라 유교적 합리주의 사관에 기초하였다.
② 고구려 계승 의식보다 신라 계승의식이 공통적으로 드러난다.
③ 민족적 자주 의식을 바탕으로 전통 문화를 이해하였다.
④ 백성에 대한 평등사상을 담고 있다.
⑤ 단군을 민족의 시조로 생각하여 단군의 건국 신화가 공통적으로 담겨있다.

해설 몽고와의 전쟁 시기, 원 간섭기에 고려는 자주정신을 나타내는 역사책들을 편찬하였다. 그 대표적인 것이 『동명왕편』, 『제왕운기』, 『삼국유사』이다.

13 다음 지도는 고려의 지방 행정 구역을 표시한 것이다. 옳은 것만을 고른 것은? [2점]

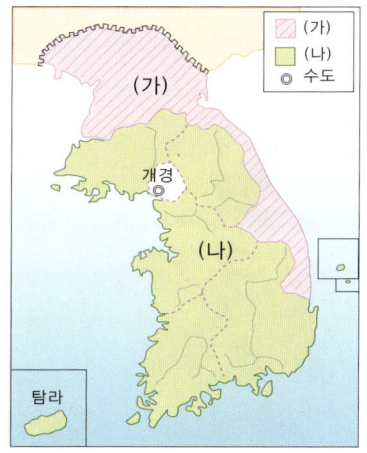

〈 보기 〉
㉠ (가)는 감영에 거주하는 관찰사가 파견되었다.
㉡ (나)는 중앙에서 병마사를 파견하였다.
㉢ (가)의 모든 군현에는 지방관이 파견되었다.
㉣ (나)에는 상비군인 주진군이 배치되어 있었다.

① ㉠, ㉡   ② ㉠, ㉢   ③ ㉡, ㉢
④ ㉡, ㉣   ⑤ ㉢, ㉣

해설 ㉠ 5도에는 안찰사가 파견되었고, 감영에 거주하는 관찰사는 조선 시대의 도에 파견되었다.
㉢ 각 도에는 지방관이 파견되는 주현과 파견되지 않는 속현이 있었으며, 고려는 속현이 주현보다 많아 중앙집권이 완벽히 이루어지지는 못하였다.

보충설명 고려는 전국을 5도와 양계로 구분하였는데 (가)는 5도, (나)는 양계이다.

14 고려의 대외관계에서 다음과 같은 영향을 미친 국가에 대한 설명으로 옳은 것은? [2점]

> 중서문하성과 상서성의 2성은 첨의부로 하고, 6부는 4사로 개칭한다. 또 중추원은 밀직사로 하고 응방이라는 특수기관을 설치한다.

① 정종 때 이들의 침입을 막고자 광군을 편성하였다.
② 고려는 강동의 역으로 이 국가와 처음으로 접촉하였다.
③ 윤관은 별무반을 조직하여 이들을 몰아내고 동북 9성을 쌓았다.
④ 최무선은 화통도감을 설치하고 진포해전에서 이들을 섬멸하였다.
⑤ 이자겸은 자신의 정권유지를 위해 이들의 사대요구를 수용하였다.

해설 제시문은 원 간섭기의 관제 격하를 설명하고 있다. ①은 거란, ③은 여진, ④는 왜구, ⑤는 금(여진)에 대한 설명이다.

15 다음은 고려 시대 전시과 제도와 더불어 토지 제도의 근간이 되었던 민전과 관련된 자료이다. 이 자료를 통해 추론해 본 사실로 옳지 않은 것은? [2점]

> • 양반들이 가난한 백성에게 곡물을 빌려 주었다가 이를 갚지 못하면 예부터 내려오는 민전을 빼앗으므로 백성들은 생업을 잃고 더욱 가난해졌다.
> • 당시의 겁령구와 응방 사람들은 농민을 유인해서 머슴으로 만들고, 또 민전으로서 그 부근에 있는 것은 모두 조세로 받아들였으므로 주현에서는 세금이 들어오지 않았다.

① 왕토사상에 의거하여 민전은 매매가 금지되었다.
② 민전은 국가에서 조세를 수취하는 대상이 되는 토지이다.
③ 백성이 소유한 민전은 관리의 과전이 되기도 하였다.
④ 권세가와 친원 세력들의 민전 수탈은 농장 확대의 한 방편이었다.
⑤ 민전은 농민은 물론 귀족 등 다양한 계층에 의해 광범하게 소유되었다.

해설 민전은 개인들이 소유권을 가진 토지를 말하는 것으로 조세의 수취 대상이 되었다. 민전은 개인이 소유권을 가지고 있으므로 자유로이 매매가 가능하였다.

16 다음 중 ㉠에 대한 설명으로 옳은 것은? [2점]

> 고려 전기의 지배층인 문벌 귀족은 서로 중첩된 혼인 관계를 통해 권력 유지를 도모하였다. 한편 무신정권이 붕괴된 후 등장한 고려 후기의 지배세력인 ㉠은(는) 정계의 요직을 장악하고 강과 하천을 경계로 삼을 만큼 대규모의 농장을 소유하였다.

① 이들은 주로 친명적 성향을 가지고 있었다.

정답 13 ④ 14 ② 15 ① 16 ⑤

② 주로 자신의 실력을 바탕으로 관직에 진출하였다.
③ 고려의 개혁방향을 놓고 온건파와 급진파로 대립하였다.
④ 과전법은 이들의 경제적 기반을 마련하기 위한 목적이었다.
⑤ 불교를 숭상하고 친원적 성향을 보이며 중앙에 대농장을 소유하였다.

해설 제시된 글은 권문세족에 대한 설명이다. 권문세족은 고려 후기 친원적 성향을 가지고 있었으며 불교를 숭상하였다. 이들은 음서를 통해 관직에 진출하고 중앙에 대농장을 소유하였다.

보충설명 신진사대부는 친명적 성향을 가지고 성리학을 사회 개혁의 이념으로 받아들였다. 이들은 고려의 개혁방향을 놓고 급진파와 온건파로 나누어졌으며, 급진파는 이성계의 신흥무인 세력과 손을 잡고 조선을 건국한다.

17 다음의 승려의 사상과 관련된 설명으로 옳은 것은? [3점]

> • 선(禪)은 부처의 마음이고, 교(敎)는 부처의 말씀이다.
> • 깨닫는 것(悟), 수련하는 것(修)은 분리될 수 없으며, 정(定)과 혜(慧) 또한 같이 닦아야 한다.

① 해동 천태종을 창시하였으며, 속장경을 간행하였다.
② 유불일치설을 주장하여 심성의 도야를 강조하였다.
③ 불교 본연의 자세로 돌아가자는 백련결사 운동을 주도하였다.
④ 불교사를 중심으로 고대 민간설화와 전래 기록을 수록한 역사책을 저술하였다.
⑤ 선종을 중심으로 교종을 포용하려 하였고, 결사를 통해 불교 개혁을 주장하였다.

해설 제시문은 지눌의 정혜쌍수에 관한 내용이다.
① 의천에 대한 설명이다.
② 혜심에 대한 설명으로 혜심은 유불일치설을 주장하여 성리학 수용의 토대를 마련하였다.
③ 지눌은 수선사 결사를 주도하였고, 백련결사는 요세가 주도하였다.
④ 『삼국유사』를 저술한 일연에 대한 설명이다.

보충설명 지눌은 선종의 입장에서 교종을 통합하여 조계종을 개창하였다.

18 다음 중 지배 세력의 의견이 그림과 같이 대립하였던 시기의 문화 동향에 대한 설명으로 옳은 것은? [2점]

① 도자기에서는 분청사기가 유행하였다.
② 최초의 금속활자인 『직지심체요절』이 간행되었다.
③ 유교적 합리주의에 입각한 기전체 사서가 쓰여졌다.
④ 문화의 침체현상이 나타났으며, 패관문학이 유행하였다.
⑤ 대외 항쟁 과정에서 자주성 회복을 위한 역사서들이 쓰여졌다.

해설 ① 원 간섭기에 제작된 분청사기는 15세기까지 유행하게 된다.
② 『직지심체요절』은 고려 후기 1377년 청주 흥덕사에서 간행되었다.
④ 무신집권기에 대한 설명이다.
⑤ 몽고와의 전쟁과 원 간섭기 과정에서 자주성에 손상을 입자 자주성 회복을 위하여 『해동고승전』, 『삼국유사』, 『제왕운기』 등의 역사책이 저술되었다.

보충설명 그림에 나타난 서경 천도운동은 고려 중기 문벌귀족 사회에서 등장하였다. 이 시기 김부식은 유교적 합리주의에 입각한 사서인 『삼국사기』를 저술하였다.

19 다음은 고려의 무역활동을 나타낸 지도이다. 이에 대한 설명으로 옳지 않은 것은? [2점]

① 우리나라의 대송 수출품은 나전 칠기, 화문석, 인삼, 먹 등이 있다.
② 무역로가 (가)에서 (나)로 바뀐 것은 금(여진)의 침입 때문이었다.
③ 대송 무역이 중심이었고, 강화도가 국제 무역항으로 번성하였다.
④ 거란과 여진은 은을 가지고 와서 농기구, 식량 등과 바꾸어 갔다.
⑤ 고려의 최대 무역국은 송나라였으며, 아라비아 상인들도 다녀갔다.

🔖해설 고려의 무역은 대송 무역이 중심이었고, 국제 무역항으로는 벽란도가 번성하였다.

20 다음 사료를 근거로 고려 시대 생활모습을 바르게 진술한 것은? [2점]

> 어머니가 일찍이 재산을 나누어 줄 때 나익희에게는 따로 노비 40명을 물려주었다. 나익희는 "제가 6남매 가운데 외아들이라 해서 어찌 사소한 것을 더 차지하여 여러 자녀들로 하여금 화목하게 살려 하려 한 어머니의 거룩한 뜻을 더럽히겠습니까?" 라고 하면서 사양하자 어머니가 옳게 여기고 그 말을 따랐다.
> - 『고려사』, 나익희 열전 -

㉠ 부모와 자녀의 관계는 권위적인 지배와 복종 관계로 이루어졌다.
㉡ 개인보다는 가족 집단을 존중하였다.
㉢ 일반적으로 적장자 단독 상속이 이루어졌다.
㉣ 재산 분배권을 아내가 가지기도 하였다.

① ㉠, ㉡   ② ㉠, ㉢   ③ ㉡, ㉢
④ ㉡, ㉣   ⑤ ㉢, ㉣

🔖해설 고려 시대 가정 내 여성의 지위는 조선 시대와는 달리 상당히 높은 지위에 있었다. 또한 재산의 분배에 있어서도 남녀의 차별 없이 균등 분배를 원칙으로 하였다.

21 다음과 같은 학문을 본격적으로 수용한 사람들에 대한 설명으로 옳은 것은? [2점]

> 이 학문은 종래 자구의 해석에 주력하던 훈고학풍에서 벗어나 인간의 심성과 우주의 원리 문제를 철학적으로 규명하려는 신유학이다. 그 주된 학문적 범주는 이기(理氣)의 개념을 중심으로 우주나 인간의 생성과 구조를 해명하는 본체론과 이를 근거로 하여 인간의 본성과 인간으로서 지켜야 할 참된 도리를 밝히려는 인성론으로 나눌 수 있다.

① 학문적인 교양과 행정 실무에도 능한 학자적 관료 출신들이다.
② 권력을 배경으로 막대한 농장을 소유한 대지주 출신이다.
③ 공음전과 음서를 배경으로 사회적 지위를 유지하였다.
④ 유교와 불교의 조화를 통해 사회 운영을 꾀하였다.
⑤ 정변을 통해 집권하였으며 권력쟁탈전을 전개하였다.

🔖해설 제시문은 성리학에 대한 설명이다.
② 권문세족에 대한 설명이다. 신진사대부들은 지방의 중소지주 출신이다.
③ 신진사대부들은 주로 과거를 통해 중앙정계에 진출하였다.
④ 신진사대부들은 고려 말 반원적 입장을 취하였으며, 권문세족과 불교의 폐단에 대해 비판적이었다.
⑤ 무신들은 정변을 통하여 집권하였으며, 연이은 권력쟁탈전을 벌였다.

보충설명 성리학은 충렬왕 때 안향에 의해 소개되었고, 신진사대부들에 의해 사회개혁적 이념으로 수용되었다.

정답 20 ④ 21 ①

22 다음 사건들을 순서대로 옳게 나열한 것은? [2점]

㉠ 신진사대부의 경제적 기반 마련을 위하여 경기 일대의 토지의 수조권을 분급하였다.
㉡ 신문고 제도와 호패제도가 만들어져 시행되었다.
㉢ 재상 중심의 정치를 주장하는 인물이 정치를 주도하였다.
㉣ 6조 직계제가 부활하였으며, 경국대전의 편찬이 시작되었다.
㉤ 인사와 군사에 관한 일을 제외한 모든 정책 사항을 의정부에서 논의하고 합의한 후 국왕에게 결재 받도록 하였다.

① ㉠ → ㉡ → ㉢ → ㉣ → ㉤
② ㉠ → ㉢ → ㉡ → ㉤ → ㉣
③ ㉡ → ㉢ → ㉠ → ㉣ → ㉤
④ ㉢ → ㉠ → ㉡ → ㉤ → ㉣
⑤ ㉣ → ㉠ → ㉤ → ㉢ → ㉡

해설 ㉠ 과전법 실시(고려 공양왕) → ㉢ 조선 태조(정도전) → ㉡ 조선 태종 → ㉤ 조선 세종(의정부서사제) → ㉣ 조선 세조

23 다음 자료에 나타난 통치방식에 대한 설명으로 옳지 않은 것은? [2점]

> 의정부의 사무를 나누어 6조에 귀속시켰다. … 처음에 임금께서는 의정부 권한이 막중함을 염려하여 이를 없앨 생각이 있었고 신중히 급작스럽지 않게 이에 이르러 행하였다. 의정부가 관장한 것은 사대 문서와 중죄수의 심의뿐이었다.

① 태조 때 처음 시작하였다.
② 왕권 강화 정책의 일환으로 볼 수 있다.
③ 계유정난으로 집권한 왕에 의해 다시 부활되었다.
④ 6조가 의정부를 통하지 않고 왕에게 직접 보고하는 방식이었다.
⑤ 왕권과 신권의 조화를 추구한 유교적 이념에 부합하는 통치방식이다.

해설 태조 때 시행된 6조 직계제는 왕권을 강화시키기 위한 목적으로 시행된 것이다. 태조 때 처음 시작된 이후 세종 때 중단되었다가 다시 세조 때 부활하였다. 6조 직계제는 왕권을 강화시키는 것으로 신권과의 조화를 강조하는 유교적 통치 이념에는 부합하지 않았다.

24 다음 자료 (가)에 들어갈 내용으로 옳지 않은 것은? [2점]

세계문화유산
조선 왕릉 답사 : 헌릉편

○ 사적 제194호(2009년 세계 문화 유산으로 지정)
○ 서울시 서초구 내곡동 소재

이곳에 묻힌 왕은 두 차례에 걸친 왕자의 난을 통하여 공신 세력을 몰아내고 왕위에 올랐으며, 집권 이후에는 왕권을 강화하고 국왕 중심의 통치 체제를 정비하기 위해 노력하였다. 예를 들면 ㅤㅤ(가)ㅤㅤ

① 사간원을 독립시켜 왕권을 강화시켰다.
② 전국의 토지를 측량하고 양안을 정비하였다.
③ 사병을 혁파하여 병권을 장악하고 공신세력을 숙청하였다.
④ 호패법을 시행하여 16세 이상의 남자에게 호패를 착용하게 하였다.
⑤ 홍문관을 설치하여 경연을 주관하게 하였고 왕의 정치적 자문 역할을 맡겼다.

해설 제시된 릉은 조선 제3대 왕 태종의 릉이다.
⑤ 홍문관은 성종 때 만들어진 기구이다.

보충설명 태종은 6조 직계제 등을 시행하여 왕권을 강화시킨 왕으로 언론기관인 사간원을 독립시켜 대신과 공신을 견제하게 하고 양안을 작성하였으며, 정도전 같은 공신 세력을 숙청하였다. 또 호패법을 시행하여 16세 이상의 남자에게 호패를 착용시켰다.

25 다음 내용과 관련이 깊은 것을 모두 고르면? [2점]

> 임금의 자질에는 어리석은 자질도 있고 현명한 자질도 있으며, 강력한 자질도 있고 유약한 자질도 있어서 한결 같지 않으니, 임금의 아름다운 점은 순종하고, 나쁜 점은 바로 잡으며, 옳은 일은 받들고, 옳지 않은 것은 막아서 임금으로 하여금 가장 올바른 경지에 들게 하여야 한다.
> — 정도전, 『조선경국전』 —

㉠ 홍문관의 설치 ㉡ 경연 제도의 시행
㉢ 세습 군주의 타파 ㉣ 탕평책의 실시

① ㉠, ㉡ ② ㉡, ㉢ ③ ㉢, ㉣
④ ㉣, ㉤ ⑤ ㉠, ㉣

정답 22 ② 23 ⑤ 24 ⑤ 25 ①

해설 정도전은 재상 중심의 정치를 주장하였고, 따라서 신하에 의해 왕권을 견제하고 왕을 올바른 방향으로 이끌 수 있는 제도를 모색하였다. 정도전의 생각과 일치하는 기구로 홍문관은 경연을 주관하여 사헌부, 사간원과 함께 삼사를 구성하여 왕권을 견제하는 기구로 역할을 하였다. 경연은 임금과 신하가 함께 학문과 정책에 대해 논의하는 자리였다.

26 다음은 고려와 조선의 지방 행정 제도이다. (가)에서 (나)로 바뀌면서 나타난 변화로 옳지 않은 것은? [1점]

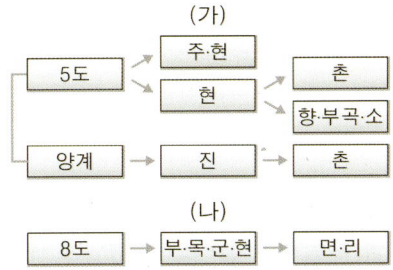

① 5도와 8도에 파견되는 관리의 지위가 변화하였다.
② 군사 행정구역이 사라지고 일반 행정구역만 남게 되었다.
③ 모든 군·현에 지방관이 파견되어 중앙 집권 체제가 확립되었다.
④ 향리를 국가 행정 조직의 일부로 편입하여 그 지위를 강화시켰다.
⑤ 향·부곡·소와 같은 특수 행정구역이 일반 행정구역으로 바뀌었다.

해설 (가)는 고려의 지방 행정조직, (나)는 조선의 지방 행정조직이다.

보충설명 고려 시대 지방의 실질적 지배자의 역할을 하였던 향리는 조선으로 들어오면서 세습적 아전으로 그 지위가 격하되었다.

27 다음 글에서 보이는 문화인식과 같은 맥락에서 만들어진 것으로 옳은 것은? [2점]

> 우리나라의 글은 송이나 원의 글도 아니고, 한이나 당의 글도 아니며, 바로 우리나라의 글인 것입니다. 마땅히 중국 역대의 글과 나란히 천지 사이에 행하게 해야 할 것입니다. 어찌 사라져 전함이 없게 하겠습니까?
>
> 『동문선』

① 농상집요의 소개
② 서원의 건축
③ 칠정산의 제작
④ 분청사기의 제작
⑤ 혼일강리역대국도 지도의 편찬

해설 ① 고려말 이암이 소개한 중국의 농서이다.
② 사림파들에 의해 세워진 지방의 중등 교육기관이다.
④ 고려말 원에서 도입된 백자를 제작할 기술의 부족으로 청자에 백토의 분을 칠해 만든 자기이다.
⑤ 태종 때 만들어진 세계지도로 중국 중심의 세계관을 보이고 있다.

보충설명 서거정의 『동문선』은 자주적 문화를 강조하고 있다. 세종 때 만들어진 칠정산은 한양을 기준으로 천체의 운행을 계산한 자주적 성격의 역법서이다.

28 임진왜란 당시 활약했던 (가), (나)에 대한 설명으로 옳은 것을 고르면? [3점]

> (가) 옥포, 사천, 당포, 한산도 등에서 활약
> (나) 곽재우, 조헌, 고경명 등의 활약

〈보기〉

㉠ (가) 진관체제의 지역 방어를 바탕으로 승리를 거둔 지역이다.
㉡ (가) 이 지역에서의 승리로 일본의 수륙병진 작전을 좌절시켰다.
㉢ (나) 포수, 사수, 살수의 직업적 상비군으로 구성된 부대였다.
㉣ (나) 농민들을 주축으로 익숙한 향토지리를 바탕으로 일본군을 격퇴하였다.

① ㉠, ㉡   ② ㉠, ㉢   ③ ㉡, ㉢
④ ㉡, ㉣   ⑤ ㉢, ㉣

해설 ㉠ 진관체제는 조선 초기의 지역방위 체제로 16세기 이후 제승방략으로 바뀌었다가 임진왜란 이후 진관체제로 복구하였다.
㉢ 임진왜란 중간에 만들어진 훈련도감에 대한 설명이다.

보충설명 (가)는 이순신 장군의 수군의 승리지역으로 수군의 승리는 남해의 제해권을 장악하여 일본의 수륙병진 작전을 좌절시켰다. (나)는 임진왜란 당시의 의병장으로 익숙한 향토지리를 바탕으로 일본군을 격퇴하였다.

정답 26 ④ 27 ③ 28 ④

29. 다음의 역사적 사실 이후 동아시아 3국에 미친 영향으로 옳지 않은 것은? [1점]

> 16세기 말에 일본에서는 도요토미 히데요시가 장기간에 걸친 전국 시대의 혼란을 수습하였다. 도요토미는 자신에게 반대하는 다이묘들의 군사력을 약화시키고, 해외 무역의 이득을 얻기 위해 20만 대군으로 조선을 침략해 왔다. 준비가 부족한 조선은 계속 패배하였고, 선조는 의주로 피난하여 명에 원군을 요청하였다.

① 조선의 불국사, 경복궁 등 많은 문화재들이 소실되었다.
② 임진왜란 당시 납치된 강항에 의해 이이의 성리학이 일본에 전파되었다.
③ 중국에서는 한족의 명나라가 쇠퇴하고 여진족의 후금이 성장하게 되었다.
④ 토요토미 히데요시 사후 도쿠가와 이에야스의 에도막부가 성립되었다.
⑤ 조선은 전란 이후 재정 적자 문제를 해결하기 위하여 납속책이나 공명첩을 발행하여 신분제가 동요하였다.

해설 강항은 퇴계 이황의 제자로 임진왜란 당시 일본으로 끌려가 일본에 이황의 성리학을 전파시켰다.

30. 밑줄 친 '이들'에 해당되는 민족에 대한 조선의 대외 정책으로 옳지 못한 것은? [2점]

> 자기의 힘을 헤아리지 못하고 경망하게 큰 소리를 쳐서 오랑캐들의 노여움을 도발, 마침내는 백성이 도탄에 빠지고 종묘와 사직에 제사 지내지 못하게 된다면 그 허물이 이보다 클 수 있겠습니까. … 늘 생각해 보아도 우리의 국력은 현재 바닥나 있고 '이들'의 병력은 강성합니다. … 군량을 저축하여 방어를 더욱 튼튼하게 하되 군사를 집합시켜 일사불란하게 하여 적의 허점을 노리는 것이 우리로서는 최상의 계책일 것입니다.
> — 최명길 —

① 조선은 건국 초부터 이들에 대해 사대정책을 사용하였다.
② 두 차례에 걸친 전쟁에서 조선은 이들에게 패배하였다.
③ 세종 때 이들의 근거지를 공격하여 4군과 6진을 개척하였다.
④ 효종은 서인들과 함께 이들에 대한 복수를 위해 북벌을 추진하였다.
⑤ 숙종 때 윤휴 등의 남인계열 인사들은 이들에 대한 북벌을 주장하였다.

해설 밑줄 친 이들은 여진족이다. 인조와 서인 정권은 후금에 대한 강경한 외교정책을 사용하였고, 이것이 빌미가 되어 정묘, 병자호란이 일어나게 된다.

31. 다음 그림에서 말하는 공명첩에 대한 설명으로 옳은 것을 〈보기〉에서 고르면? [1점]

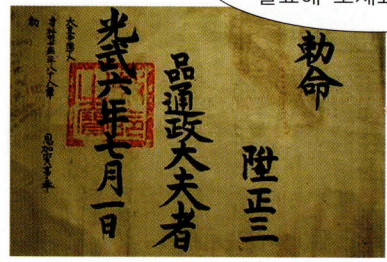 

이것이 정부가 발급한 공명첩입니다. 이것에 대해 발표해 보세요.

〈 보 기 〉

갑 : 임진왜란 이후 인구의 숫자를 파악하기 위하여 작성되었다.
을 : 국가의 부족한 재정을 보충하기 위한 목적으로 발급되었다.
병 : 공명첩의 판매로 인하여 조선 사회에서는 신분제의 동요가 나타났다.
정 : 임진왜란 이후 피폐해진 백성들의 세금 부담을 줄여 주기 위한 조치였다.

① 갑, 을   ② 갑, 병   ③ 을, 병
④ 을, 정   ⑤ 병, 정

해설 임진왜란 이후 조선 정부는 재정적 어려움을 겪었고 이를 해결하기 위해 부유층에서 돈이나 곡식을 받고 명예직 임명장을 판매하였는데 이를 공명첩이라고 한다. 공명첩의 발행은 조선사회에서 양반의 숫자를 늘려 신분제의 동요를 가져왔다.

32 다음 그림에 나타난 농법이 일반화 되었을 당시의 사회 모습으로 옳지 않은 것은? [2점]

① 노동력의 절감과 광작이 나타났다.
② 농민층의 계층 분화가 나타났다.
③ 양반 중 몰락하는 양반도 나타났다.
④ 시대가 도조법에서 정액지대인 타조법으로 변모하여 갔다.
⑤ 지주와 전호의 관계는 신분적 예속에서 경제적 관계로 변모하여 갔다.

해설 제시된 그림은 모내기법(이앙법)이다.
④ 조선 후기에는 생산량의 1/2을 걷는 타조법에서 일정액을 납부하는 도조법으로 바뀌어 갔다.

보충설명 고려 시대 일부 남부지방에서 등장한 이앙법은 조선 후기에 일반화되어 갔다. 이앙법의 확대는 노동력의 절감을 가져와 광작이 가능해졌고 농민층과 양반층의 계층이 분화되어 갔다.

33 다음 제시문과 같은 시기의 사회 모습으로 옳은 것을 〈보기〉에서 고르면? [3점]

> 여름·가을 이래로 이양선이 경상·전라·황해·강원·함경 다섯 도의 큰 바다에 출몰하는데, 널리 퍼져서 추적할 수 없었다. 물에 내려 물을 긷기도 하고 고래를 잡아 양식으로 삼기도 하는데, 거의 그 수를 셀 수 없이 많았다.
> 『헌종실록』

〈 보 기 〉
㉠ 붕당 정치가 활성화되어 왕권이 약화되었다.
㉡ 비변사가 약화되어 의정부의 권한이 강화되었다.
㉢ 삼정의 문란으로 인해 백성들의 생활이 피폐해졌다.
㉣ 고위직만 정치적 기능을 발휘하고 하위관리의 정치 기능은 상실되었다.

① ㉠, ㉡   ② ㉠, ㉢   ③ ㉡, ㉢
④ ㉡, ㉣   ⑤ ㉢, ㉣

해설 ㉠ 세도정치는 특정가문의 권력을 장악하여 붕당의 기능을 상실하였다.
㉡ 세도정치기 비변사의 권한은 강화되고 의정부와 왕권은 약화되었다.

보충설명 세도정치기는 특정가문의 권력을 독점하는 비정상적인 정치형태를 말한다. 이 시기 삼정의 문란으로 백성들은 고통을 받았으며, 고위직의 정치적 독점으로 하위직의 정치적 기능은 상실되었다.

34 다음은 흥선 대원군이 어느 회의석상에서 한 말이다. 흥선 대원군의 말과 부합하는 정책을 〈보기〉에서 모두 고르면? [2점]

> 대원군이 집권한 후 어느 회의석상에서 여러 재신을 향해 말하기를 "나는 천리를 끌어다 지척을 삼겠으며 태산을 깎아내려 평지를 만들고 또한 남대문을 3층으로 높이려 하는데 경들은 어떻게 생각하오?"하고 물었다.
> – 황현, 『매천야록』 –

〈 보 기 〉
㉠ 종친과 남인의 등용   ㉡ 비변사의 폐지
㉢ 세도가문의 축출   ㉣ 대전통편 편찬
㉤ 간도 관리사 파견

① ㉠, ㉡   ② ㉠, ㉡, ㉢
③ ㉡, ㉢, ㉣   ④ ㉡, ㉣, ㉤
⑤ ㉢, ㉣, ㉤

해설 흥선 대원군은 세도정치하에서 소외되었던 종친과 남인을 등용하고, 세도가문을 축출하여 왕권을 강화시키겠다는 뜻을 보이고 있다.

35 다음의 나라에 대한 설명으로 옳은 것만을 묶은 것은? [2점]

> • 신부 9명을 비롯한 천주교 신자 처형을 문제 삼아 강화도를 공격하였다.
> • 조선은 이 나라와 통상 조약을 맺었고, 이후 천주교 신앙 및 포교의 자유가 허용되었다.

정답 32 ④ 33 ⑤ 34 ② 35 ⑤

- ㉠ 독일인 오페르트의 도굴을 지원하였다.
- ㉡ 제너럴셔먼호 사건을 빌미로 조선을 공격하였다.
- ㉢ 서양 국가로는 처음으로 우리나라와 근대적 조약을 맺었다.
- ㉣ 문수산성의 한성근, 정족산성에서 양헌수 부대의 분전으로 이들을 막아냈다.
- ㉤ 조선을 공격하고 철수하던 이들은 외규장각 의궤를 비롯한 보물을 약탈하였다.

① ㉠, ㉡ ② ㉠, ㉣ ③ ㉡, ㉢
④ ㉢, ㉤ ⑤ ㉣, ㉤

해설 ㉠ 오페르트의 도굴은 미국인 자본가의 지원을 받아 행해졌다.
㉡ 미국은 제너럴셔먼호 사건을 구실로 강화도를 공격하여 신미양요를 일으켰다.
㉢ 우리나라의 최초의 근대적 조약은 1876년 일본과 맺은 강화도조약이고, 서양과 맺은 최초의 근대적 조약은 1882년 미국과 체결한 조미수호통상조약이다.

보충설명 프랑스는 조선내 프랑스 신부와 천주교 신자가 처형된 병인박해를 문제삼아 병인양요를 일으켰다. 이후 1866년 조·프 수호 통상조약으로 조선과 통상조약을 체결하였다.

36 다음 그림을 통해 유추할 수 있는 사건의 결과로 옳지 않은 것은?

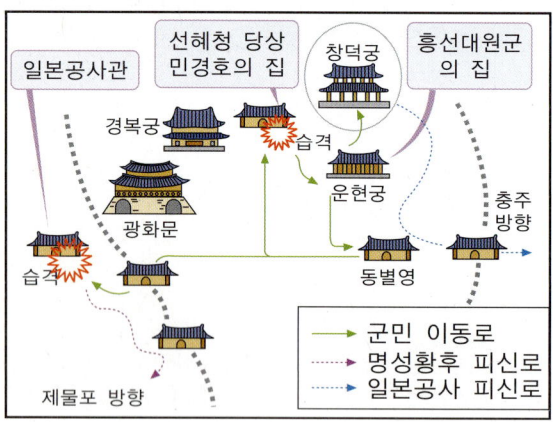

① 이 사건을 진압한 청의 내정간섭이 강화되었다.
② 청과 일본사이에 텐진조약이 체결되었다.
③ 민씨 정권의 재집권 이후 개화정책은 후퇴하였다.
④ 3차 수신사로 파견된 박영효는 태극기를 사용하였다.
⑤ 청나라 상인의 특권을 허용하는 조청상민수륙무역장정이 체결되었다.

해설 ② 텐진 조약은 갑신정변 이후 청과 일본 사이에 체결된 조약으로 이 조약으로 청과 일본 양국 군대는 조선에서 철수하였다.

37 다음 정강이 발표된 근대 개혁 운동의 역사적 의의로 옳은 것은? [3점]

- 청에 잡혀간 흥선 대원군을 빨리 귀국시키고 청에 대하여 행하던 조공의 허례를 폐지한다.
- 문벌을 폐지하여 인민 평등의 권리를 세우며 능력에 따라 관리를 임명한다.
- 모든 재정은 호조에서 관할하고 그 밖의 재무 관청은 폐지한다.
- 대신과 참찬은 의정부에 모여서 정령을 의결, 반포한다.

① 청의 선진 문물을 받아들여 부국강병을 꾀하였다.
② 반봉건, 반외세를 추구한 농민 중심의 개혁 운동이었다.
③ 전제 왕권을 확립하여 나라의 자주성을 지키려 하였다.
④ 근대 국민 국가 건설을 목표로 한 최초의 정치 개혁 운동이었다.
⑤ 민중의 지지를 바탕으로 전개된 최초의 근대적 정치 개혁 운동이다.

해설 제시문은 갑신정변 당시 발표된 14개조 개혁 정강이다.
① 동도서기론을 주장했던 온건 개화파의 입장이다.
② 동학 농민운동에 대한 설명이다.
③ 흥선 대원군과 위정척사에 대한 설명이다.
⑤ 갑신정변은 백성들의 지지를 획득하지 못한 위로부터의 개혁운동이다.

보충설명 갑신정변은 우리나라 최초의 근대화 운동으로 근대화 운동의 선구자적 역할을 하였다.

38 다음 개혁안을 내세운 근대적 민족 운동의 특징에 해당하는 것을 <보기>에서 모두 고르면? [2점]

- 노비문서를 소각한다.
- 7종의 천인 차별을 개선하고 백정이 쓰는 평량갓을 없앤다.
- 왜와 통하는 자는 엄징한다.
- 토지는 평균하여 분작한다.

─〈 보 기 〉─
㉠ 신분제의 폐지를 주장한 반봉건적 운동이었다.
㉡ 반외세적 성격으로 양반 유생들의 지지를 받았다.
㉢ 입헌군주제를 목표로 하였다.
㉣ 위로부터의 개혁운동이라고 할 수 있다.
㉤ 이 운동은 안으로는 갑오개혁, 밖으로는 청일 전쟁에 영향을 미쳤다.

① ㉠, ㉢ ② ㉡, ㉣ ③ ㉠, ㉤
④ ㉡, ㉤ ⑤ ㉢, ㉣

해설 제시된 글은 동학 농민 운동의 폐정개혁안의 일부이다.
㉡ 신분제의 폐지와 같은 반봉건적 성격으로 양반들의 지지를 받지 못한다.
㉢ 동학은 입헌군주제와 같은 구체적인 정치적 실천 방안이 없으며 집권 후의 구체적 계획이 결여되어 있다는 한계를 지니고 있다.
㉣ 농민들이 중심이 된 아래로부터의 개혁 운동이다.

39 다음에 제시된 종교와 관련된 인물의 내용으로 옳은 것은? [3점]

> 단군을 교조(敎祖)로 삼신일체(三神一體)인 '한얼님'(하느님)을 신앙의 대상으로 받든다. 교리는 우리 민족의 정통 사상과 철학을 담았고, 구현 목표이기도 한 '홍익인간이화세계(弘益人間理化世界)' 이다. 홍익 이념은 결국 모든 종교를 포용할 수 있는 조화의 원리를 바탕으로 범 세계 종교성을 띤 후천세계(後天世界)의 종교인 것이다.

① 중광단을 조직하였고 북로군정서로 이어진다.
② 만주의 하얼빈역에서 이토히로부미를 사살하였다.
③ 을사오적의 한 명인 이완용을 칼로 찔러 중상을 입혔다.
④ 마지막 의병장으로 1913년 황해도의 일본 헌병 파견소를 공격하였다.
⑤ 중국 국민당 정부가 독립운동을 지원하는 계기가 되는 의거를 일으켰다.

해설 ②는 안중근, ③은 이재명, ④는 채응언, ⑤는 윤봉길의 상하이 홍커우 공원 의거이다.

보충설명 나철과 오기호는 단군 신앙을 토대로 만주에서 대종교를 창시하였다. 대종교는 항일 무장 투쟁에 적극적으로 나서 중광단을 조직하였고, 이후 북로군정서로 이어지게 된다.

40 다음 그래프를 통해 알 수 있는 시기의 사회 모습으로 옳은 것은? [3점]

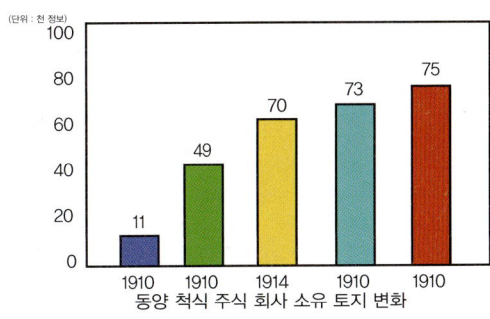
동양 척식 주식 회사 소유 토지 변화

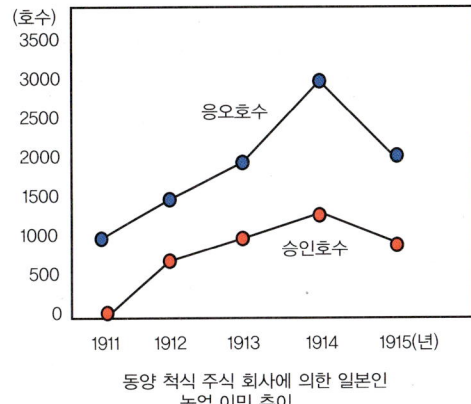
동양 척식 주식 회사에 의한 일본인 농업 이민 추이

① 교원이 제복을 입고 칼을 차고 수업을 하였다.
② 을사조약의 체결을 강요하여 통감부를 설치하였다.
③ 문관 출신 총독도 임명될 수 있도록 규정을 바꾸었다.
④ 회사 설립 시 총독부에 신고를 하여야만 설립이 가능하였다.
⑤ 산미 증식계획을 통해 한반도에서 곡식의 수탈을 강화하였다.

해설 제시된 그래프는 1910년대 일제의 토지조사 사업을 보여주고 있다.
② 을사조약은 1905년에 체결되었고, 이때 통감부가 설치되었다. 1910년 일제는 한일 병합 조약을 체결하여 한반도를 완전히 식민지화 하였다.
③ 3·1운동으로 민족의 저항에 부딪히게 되자 일제는 소위 문화통치를 표방하면서 문관 출신 총독이 임명될 수 있도록 하였다.
④ 1910년에 반포된 회사령은 회사 설립 시 총독부의 허가를 받도록 하였고 1920년 신고제로 개정하였다.
⑤ 일본의 쌀 부족 현상을 해결하기 위하여 일제는 1920년대 한반도에서 산미 증식계획을 실시하였다.

보충설명 1910년대 교원도 제복과 칼을 차고 수업 하는 등 무단통치를 내세워 한반도를 강압적으로 지배하였다.

정답 39 ① 40 ①

41 다음의 결과가 나온 선거에 대한 설명으로 옳은 것은? [3점]

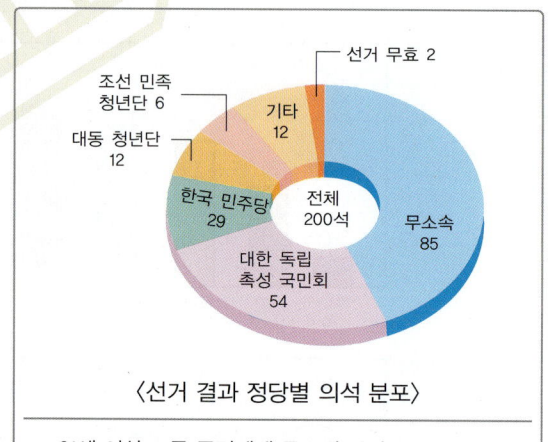

〈선거 결과 정당별 의석 분포〉

○ 21세 이상 모든 국민에게 투표권 부여
○ 평등, 직접, 비밀, 자유의 원칙에 따른 민주주의 선거
○ 국회의원 임시 2년

① 남북 협상파가 출마 해서 대거 당선되었다.
② 의회에서 초대 대통령을 선출하였다.
③ 6·25 전쟁 중 선거가 치러졌다.
④ 헌정 사상 최초로 의원내각제를 채택하였다.
⑤ 민의원, 참의원의 양원제 국회로 구성되었다.

해설 제시된 선거는 5·10 총선거로 이 선거의 결과 제헌의회가 구성되었다. 제헌의회는 헌법을 제정하고 의회에서 이승만을 대통령으로 선출하였다.

42 다음 선언문과 관계 깊은 역사적 사실로 옳은 것은? [2점]

> 1. 마산, 서울, 기타 각지의 학생 데모는 주권을 빼앗긴 국민의 울분을 대신하여 궐기한 학생들의 순진한 정의감의 발로이며, 부정과 불의에 항거하는 민족 정기의 표현이다.
> …
> 4. 누적된 부정부패와 횡포로써 민권을 유린하고 민족의 참극과 국제적 수치를 초래하게 한 현 정부의 집권당은 그 책임을 지고 물러가라.

① 굴욕적인 한·일 국교 정상화에 반대한 시위가 전개되었다.
② 대학 교수단이 이승만과 자유당의 퇴진을 요구하면서 시위를 벌였다.
③ 남한만의 단독 선거를 반대하는 제주도의 사회주의자들과 일부 주민들이 봉기를 일으켰다.
④ 부산과 마산, 창원 등에서 유신 체제에 반대하는 학생과 시민들의 대규모 시위가 일어났다.
⑤ 호헌 철폐와 대통령 직선제 수용을 주장하는 시민과 학생들의 시위가 전국으로 확산되었다.

해설 제시문은 4·19 혁명 당시 교수단의 시국 선언문이다. 3·15 부정선거와 이승만의 독재에 반발하여 일어난 4·19 혁명은 이승만 대통령의 하야를 이끌어냈다.

43 다음 자료와 관련 있는 사건 이후의 상황으로 가장 옳은 것은? [3점]

> 친애하는 애국 동포 여러분! 은인 자중하던 군부는 드디어 오늘 아침 새벽을 기해서 일제히 행동을 개시하여 국가의 행정, 입법, 사법의 3권을 완전히 장악하고 이어 군사혁명위원회를 조직하였습니다.

① 교직원 노동조합이 결성되었다.
② 내각 책임제를 골자로 하는 개헌이 이루어졌다.
③ 대학생이 고문을 받다 사망하는 사건이 발생하였다.
④ 폭력배의 활동을 억제하는 조치가 이루어졌다.
⑤ 국가 보위 비상 대책위원회를 결성하고 정권을 장악하였다.

해설 제시문은 5·16 군사정변 이후 발표된 혁명 공약의 일부이다.
① 전국 교직원 노동조합은 1989년 결성되었다.
② 1960년 4·19 혁명이후 허정의 과도내각에서 이루어진 3차 개헌이다.
③ 박종철 고문 치사 사건으로 6월 민주항쟁의 발단이 되었다.
⑤ 국가 보위 비상 대책위원회는 12·12로 권력을 장악한 신군부가 1980년 설치하였다.

44 다음의 조치가 취해진 시기의 정부에 대한 설명으로 옳은 것은? [1점]

```
1. 다음 각호의 행위를 금한다.
가. 유언비어를 날조, 유포하거나 사실을 왜곡하여
   전파하는 행위
나. 집회, 시위 또는 신문, 방송, 통신 등 공중 전파
   수단이나 문서, 도서, 음반 등의 표현물에 의하
   여 대한민국 헌법을 부정, 반대, 왜곡 또는 비방
   하거나 그 개정 또는 폐지를 주장, 청원, 선동 또
   는 선전하는 행위
다. 이 조치를 공연히 비방하는 행위
```

① 발췌개헌, 사사오입 개헌이 이루어졌다.
② 북방 외교를 통해 공산주의 국가들과 수교하였다.
③ 3개년 경제발전 계획 시안이 입안되어 시행되었다.
④ 사회질서 유지를 명분으로 삼청교육대를 설치하였다.
⑤ 통일 주체 국민회의에서 대통령을 간선제로 선출하였다.

[해설] 제시문은 긴급조치에 관한 설명이다.
①은 이승만, ②는 노태우, ③은 제2공화국, ④는 전두환 정부 시기의 일이다.

[보충설명] 유신헌법의 통과 이후 통일 주체 국민회의에서 간선제로 대통령을 선출하였다.

45 다음 자료와 같은 일이 벌어진 배경으로 옳은 것은? [2점]

학생들은 '황소식 민족적 민주주의의 장례식'을 거행하고 거세게 항의하였다. 이것은 당시 박정희 정부의 공화당이 황소를 상징물로 삼았고, 민족적 민주주의를 내걸었기 때문이었다. 시위가 확산되자 박정희 정부는 6월 3일 계엄령을 선포하고 시위 학생들을 연행하였다.

① 3·15 부정선거에 대한 항의였다.
② 5·16 군사 정변에 대한 항의였다.
③ 한·일 국교 정상화에 대한 항의였다.
④ 유신헌법의 공포에 대한 항의였다.
⑤ 4·13 호헌 조치에 대한 항의였다.

[해설] 미국의 국교 수교 요구와 경제 개발을 위한 재원을 마련하기 위하여 박정희 정부는 한·일 국교 정상화를 추진하였고 학생들을 중심으로 굴욕적 한·일 회담 반대 시위가 벌어졌다.

46 우리나라 경제에 대한 다음의 평가와 가장 관련 깊은 사실은? [1점]

세계 무역 기구의 출범과 경제 협력 개발 기구에 가입함으로써 우리 경제는 구조 조정 등 사전 준비가 부족한 상태에서 개방화와 국제화로 나아가게 되고, 무역 경쟁국에 비하여 상대적으로 가파른 임금 상승, 기술 부족 등으로 무역 적자가 계속되었다. 더욱이 재벌의 중복 투자에 따른 대기업의 부도 사태, 금융권의 부실, 국경선을 넘나드는 대규모 외국 자본 등에 많은 영향을 받게 되었다.

① 미국의 원조 경제로 삼백 산업이 발달하였다.
② 경제 개발 5개년 계획의 시행으로 경제 발전과 함께 부작용도 나타났다.
③ 급속한 산업화에 따른 농촌의 불만을 해결하기 위해 새마을 운동이 추진되었다.
④ 외환위기로 인하여 IMF 구제 금융을 받고 경제의 구조조정이 단행되었다.
⑤ 우루과이 라운드 협상으로 인해 농산물 시장이 개방되면서 농촌 경제의 위기가 닥쳤다.

[해설] 김영삼 정부 시절 사전 준비가 미흡한 상태에서 급속한 개방화, 국제화에 나서게 되었고, 이러한 이유로 금융 위기로 IMF로부터 구제 금융을 받게 되었다.

47 다음 내용의 합의와 관련된 설명으로 옳지 않은 것은? [2점]

제1조 대한민국 국군의 현대화 계획을 위하여 앞으로 수년 동안 상당량의 장비를 제공한다.
제3조 베트남 주둔 한국군을 위한 물자와 용역은 가급적 한국에서 조달한다.
제4조 베트남에서 실시되는 각종 건설·구호 등 제반 사업에 한국인 업자가 참여한다.

① 베트남 파병으로 한국군의 무기는 현대화되었다.
② 베트남 건설 사업의 참여로 경제가 호황을 맞게 되었다.
③ 베트남 파병은 2차 석유 파동을 극복할 수 있는 발판이 되었다.
④ 베트남 파병은 경제 개발에 필요한 자금 조달을 위한 목적이었다.
⑤ 베트남 파병으로 들어온 자본은 국내 경제 발전에 크게 기여하였다.

해설 베트남 파병은 1964년 의무 부대의 파병을 시작으로 1965년 전투병력이 파병되어 1973년까지 총 5만명의 한국 군인들이 베트남전에 참전하였다. 2차 석유파동은 1979년의 일이다.

48 다음 자료와 관련 깊은 사건에 대한 설명으로 옳지 않은 것은? [1점]

> 우리는 왜 총을 들 수밖에 없었는가? 그 대답은 너무 간단합니다. 너무나 무자비한 만행을 더 이상 보고 있을 수만 없어서 너도나도 총을 들고 나섰던 것입니다. … 그러나 정부 당국에서는 17일 야간에 계엄령을 확대 선포하고 일부 학생과 민주 인사, 정치인을 도저히 믿을 수 없는 구실로 불법 연행했습니다.

① 반미 운동이 촉발되는 계기가 되었다.
② 신군부의 권력 장악 의도를 좌절시켰다.
③ 우리나라 민주화 운동의 정신적 토대가 되었다.
④ 비상 계엄령의 확대 조치에 반발하면서 일어났다.
⑤ 계엄군의 진압과정에서 무고한 시민의 희생이 있었다.

해설 신군부의 군사 독재 연장에 대한 저항으로 일어난 5·18 광주 민주화 운동은 계엄군의 진압과정에서 많은 희생자를 발생시켰다. 이후 민주화 운동의 상징으로 민주화 운동의 토대가 되었으나, 신군부의 권력 장악 의도를 좌절시키지는 못하였다.

49 다음 사실을 순서대로 바르게 나열한 것은? [3점]

> ㉠ 김정일이 국방 위원장으로 선출되었다.
> ㉡ 6·25 전쟁을 일으켜 남한을 침공하였다.
> ㉢ 천리마 운동과 3대 혁명 운동을 전개하였다.
> ㉣ 중·소 분쟁이 일어나자 중립을 표방하면서 친중적 입장을 취하였다.
> ㉤ 남한에서 유신 체제가 성립될 무렵, 새로운 사회주의 헌법을 제정하였다.

① ㉠ → ㉡ → ㉢ → ㉣ → ㉤
② ㉡ → ㉢ → ㉣ → ㉤ → ㉠
③ ㉠ → ㉣ → ㉢ → ㉢ → ㉡
④ ㉡ → ㉤ → ㉣ → ㉠ → ㉢
⑤ ㉢ → ㉡ → ㉣ → ㉣ → ㉤

해설 ㉡ 1950년 → ㉢ 1957~1967년 → ㉣ 1960년대 → ㉤ 1972년 → ㉠ 1993년

50 다음 설명 중 남북 관계에 대한 설명으로 옳은 것은? [2점]

① 1972년 7월 4일 발표된 남북공동성명에서 자주, 민주, 민족대단결 등 통일의 3원칙이 천명되었다.
② 1970년대 초반 남북대화에서 남한은 정치·군사적 문제의 우선적 해결을 주장했고, 북한은 남북교류 및 이산가족상봉 문제의 우선적 해결을 주장했다.
③ 남북 기본합의서의 채택으로 남북한은 유엔에 동시 가입하였다.
④ 노태우 정부는 북한의 연방제 통일안에 대해 '민족화합 민주통일방안'을 주장했다.
⑤ 남북 기본합의서에는 남북관계에 대한 통일을 지향하는 과정에서 잠정적으로 형성되는 '특수관계'라고 규정했다.

해설 ① 자주, 평화, 민족대단결의 통일의 3원칙이 천명되었다.
② 우리나라는 이산가족 문제와 남북교류를, 북한은 정치·군사적 문제의 우선적 해결을 주장하였다.
③ 1991년 9월 7일 남북한은 유엔에 동시 가입하였고, 남북 기본합의서는 1991년 12월에 합의하였다.
④ '민족화합 민주통일방안'은 1982년 1월 전두환 정부 때 제시된 것이다.

실전모의고사 6회

01 다음 그림에 제시된 유물과 관련된 시대에 대한 설명으로 옳은 것은? [2점]

① 먹잇감을 찾아 이동하며 생활하였다.
② 일부 저습지에서 벼농사를 시작하였다.
③ 배산 임수의 취락 구조를 가지고 있었다.
④ 고인돌이나 돌널무덤이 대표적인 무덤 양식이다.
⑤ 자연 현상이나 모든 사물에 정령이 있다고 믿었다.

해설 ②, ③, ④ 벼농사가 시작되고 배산임수의 지형에 움집을 짓고 살며 고인돌과 돌널무덤을 축조한 것은 청동기 시대에 대한 설명이다.
⑤ 애니미즘은 신석기 시대에 등장하였다.

보충설명 뚜르개, 주먹도끼, 긁개는 모두 구석기 시대의 유물이다. 구석기 시대에는 정착생활이 이루어지지 못하고 사냥감이나 먹을 것을 찾아 무리지어 이동하는 생활을 하였다.

02 다음 (가), (나)와 같은 유물이 사용되었던 시대에 대한 설명으로 옳은 것은? [1점]

(가) (나)

① 남녀 간의 역할 분화가 나타났다.
② 민무늬 토기외에 다양한 토기가 제작되었다.
③ 당시 지배 세력은 정치와 제사를 함께 주관하였다.
④ 시체 매장을 위해 독무덤과 널무덤이 만들어졌다.
⑤ 이른민무늬 토기, 덧무늬 토기, 눌러찍기문 토기 등이 제작되었다.

해설 (가)는 치레걸이와 조개껍데기 가면, (나)는 갈돌과 갈판으로 신석기 시대의 유물이다. 신석기 시대의 대표 토기는 빗살무늬 토기지만 이외에도 이른민무늬 토기, 덧무늬 토기, 눌러찍기문 토기 등도 제작되었다.

03 다음 (가)에 들어갈 내용으로 옳은 것은? [2점]

① 뗀석기를 도구로 사용하였으며 무리를 지어 이동생활을 하였다.
② 농경과 목축이 처음 시작되어 정착생활이 나타나기 시작하였다.
③ 글자가 처음으로 사용되었으며 다호리에서 발견된 붓을 통해 이를 알 수 있다.
④ 잉여생산물이 생기면서 계급이 처음으로 출현하였고 이 시기 최초의 국가가 형성되었다.
⑤ 야산이나 구릉지대에 모가 둥근 방형의 움집을 지었고 한 가족이 생활하기에 적당한 크기였다.

해설 ③ 철기 시대 유적지인 경남 다호리에서 발견된 붓을 통해 우리나라에서 처음으로 글자를 사용한 흔적과 중국과의 교류를 엿볼 수 있다.
⑤ 청동기 시대의 움집은 야산이나 구릉에 장방형(직사각형)의 움집을 지었고 취락을 이루기도 하였다.

보충설명 청동기 시대에는 사유재산과, 계급이 출현하고 남녀의 역할분화, 벼농사의 시작과 같은 특징들이 나타난다.

정답 01 ① 02 ⑤ 03 ④

04 다음과 같은 특징을 가진 국가에 대한 설명으로 옳은 것은? [2점]

> 이 국가는 신지, 견지, 읍차, 부례로 불리는 정치적 지배자와 제사장으로서 신성 구역인 소도를 주관하는 천군이 있어 원시 신앙의 변화와 제정분리를 엿볼 수 있다.

① 가축 이름을 딴 군장이 사출도를 다스렸다.
② 중대한 범죄자는 제가회의에서 사형에 처하였다.
③ 두레 조직을 통하여 공동 작업을 하였다.
④ 가족 공동의 무덤을 만들었다.
⑤ 단궁, 과하마, 반어피 등의 특산물이 생산되었다.

해설 삼한은 군장이 다스리는 지역과 제사장인 천군이 다스리는 지역인 소도로 분리되어 있는 제정분리 사회였고, 반움집, 귀틀집에 거주하며 공동노동을 위한 두레의 풍습을 가지고 있었다.

05 다음 왕의 업적과 가장 관계 깊은 사실은? [2점]

> (왕) 15년(472), 평양으로 도읍을 옮겼다. 63년 (475), 왕이 군사 3만을 거느리고 백제를 침공하여 백제 도읍인 한성을 점령하였다.
> 『삼국사기』

① 불교를 수용하고 율령을 반포하는 등 국가 통치체제를 정비하였다.
② 왕위 계승을 형제 상속에서 부자 상속으로 바꾸고 중앙 집권을 강화하였다.
③ 남쪽으로 진출하여 낙랑군을 몰아내고 대동강 유역을 점령하였다.
④ 지두우를 분할 점령하여 흥안령 일대의 초원 지대를 장악하였다.
⑤ 이문진을 시켜『신집5권』의 역사서를 간행하게 하였다.

해설 ①은 소수림왕, ②는 고국천왕, ③은 미천왕, ⑤는 영양왕이다.
보충설명 수도를 평양으로 천도하고 백제의 도읍인 한성을 점령한 왕은 고구려의 장수왕이다. 장수왕은 흥안령 일대의 초원지대를 장악하였다.

06 다음 자료와 관련된 시기 백제의 상황으로 옳은 것은? [3점]

> 백제는 본래 고구려와 함께 요동의 동쪽 1,000여 리에 있었다. 그 후 고구려가 요동을 차지하니 백제는 요서를 차지하였다. 백제가 통치한 곳을 진평군(진평현)이라 한다.

① 마한을 정복하고 호남지역의 곡창 지대를 확보하였다.
② 수도를 사비로 천도하고 국호를 남부여로 고쳤다.
③ 한강 유역을 완전히 장악하고 관등제를 정비하였다.
④ 고구려에 빼앗긴 한강 유역을 일시적으로 회복하였다.
⑤ 지방의 22개의 담로를 설치하고 왕족을 파견하여 지방 통제를 강화하였다.

해설 백제 전성기인 근초고왕 시기에 대한 설명이다. ②는 성왕, ③은 고이왕, ④는 성왕, ⑤는 무령왕에 대한 설명이다.
보충설명 근초고왕은 마한을 정복하여 전라도 남해안까지 진출하였다.

07 다음 지도의 (가)~(라)에 대한 설명으로 옳은 것은? [3점]

① (가) - 당은 한반도에 대한 지배권을 확보하기 위해 도호부를 설치하였다.
② (나) - 검모잠이 백제 부흥 운동을 전개한 지역이다.
③ (다) - 백제 부흥 운동 세력이 나·당 연합군과 싸워 패배한 지역이다.

④ (라) – 안승이 신라와 대립하면서 고구려 부흥 운동의 거점을 마련하였다.
⑤ 신라는 삼국 통일을 이룩한 후 당을 한반도에서 축출하기 위해 (가), (다)에서 싸웠다.

해설 ① 나·당전쟁 당시 매소성에서 신라의 육군은 당군을 격퇴하였다.
② 검모잠은 한성을 중심으로 백제의 부흥운동을 전개하였고 임존성은 흑치상지가 중심이 되어 백제 부흥운동을 일으켰다.
④ 금마저 지역은 안승이 신라의 보호국인 보덕국을 세운 지역으로 이후 신라에 편입되었다.
⑤ 나·당 전쟁을 통하여 한반도에서 당의 세력을 몰아낸 신라는 삼국 통일을 완성하였다.

보충설명 금강 하구의 기벌포에서는 신라가 설인귀가 이끄는 당·수군을 격파하였다.

08 다음은 통일신라 시대의 민정문서의 내용이다. 이를 통해 알 수 있는 사실로 잘못된 것은? [2점]

> 토지는 논·밭·촌주위답·내시령답 등 토지의 종류와 면적을 기록하였고 사람들은 인구·가호·노비의 수와 3년 동안의 사망·이동 등 변동 내용을 기록하였다. 그 밖에 소와 말의 수, 뽕나무·잣나무·호두나무의 수까지 기록하였다. ……(중략)……
> 4개 촌은 호구 43개에 총 인구는 노비 25명을 포함하여 442명(남 194, 여 248)이며, 소 53마리, 말 61마리, 뽕나무 2,429그루 등의 재산을 소유하고 있었다.

① 서원경 주변의 자연촌락에 대한 문서이다.
② 국가는 촌주를 통해 촌락을 간접 지배한 사실을 알 수 있다.
③ 통일 신라 때의 문서로 당시 촌락의 경제 상황을 알 수 있다.
④ 국가가 농민에게 조세, 공물, 역을 부과하는 근거로 삼았음을 알 수 있다.
⑤ 국가에서 파견된 지방관이 매년 변동 사항을 조사하여 3년마다 다시 작성하였음을 알 수 있다.

해설 민정문서는 촌주가 3년마다 변동 사항을 조사하여 보고하고 국가는 이를 조세 수취의 자료로 활용하였다. 그러나 지방의 촌주는 국가가 파견한 지방관이 아니다.

09 다음은 원효의 업적이다. 잘못 이해한 것은 어느 것인가? [1점]

- 대승기신론소
- 금강삼매경론
- 십문화쟁론
- 아미타 신앙

① 불교의 사상적 이해 기준을 세웠다.
② 화엄사상을 정립하였다.
③ 종파 간 융합을 시도하였다.
④ 모든 것이 한마음에서 나온다는 일심사상을 주장하였다.
⑤ 귀족들 중심이었던 불교를 대중화하였다.

해설 화엄사상은 의상의 사상이다. 원효는 불교의 대중화를 주창하며 아미타 신앙(정토종)을 주창하였다.

10 다음의 표는 남북국 시대의 정치 조직이다. (가)~(라)에 대한 설명으로 옳은 것을 〈보기〉에서 고르면? [2점]

구분	중앙 정치 조직		지방 행정 조직		군사 조직	
	중앙 관제	귀족 합의체	특수 구역	지방 구역	중앙	지방
신라	집사부 등 14 관청	(나)	(다)	9주	(라)	10정
발해	(가)	정당성	5경	15부	10위	-

〈 보 기 〉
㉠ (가) 송의 제도를 모방하였다.
㉡ (나) 왕과 귀족 간의 권력을 조절하기도 하였다.
㉢ (다) 한성, 원주, 명주, 충주, 남원 5곳에 설치되었다.
㉣ (라) 민족 융합 정책의 일환으로 볼 수 있다.

① ㉠, ㉢ ② ㉡, ㉢ ③ ㉡, ㉣
④ ㉢, ㉣ ⑤ ㉠, ㉡

해설 (가) 3성 6부, (나) 화백회의, (다) 5소경, (라) 9서당이다.

보충설명 귀족회의는 왕과 귀족 간의 권력을 조절하는 역할을 담당하였으며, 신라 중앙군인 9서당은 백제, 고구려계 유민들도 받아들여 민족 융합정책을 도모하였다.

11 다음 유물이 유행하던 시기의 모습으로 옳은 것을 〈보기〉에서 고르면? [2점]

〈 보 기 〉
㉠ 각 지방에서 농민들의 봉기가 빈번하게 일어났다.
㉡ 중앙 정부의 통제로부터 벗어난 반 독자적인 세력이 성장하였다.
㉢ 김흠돌 모반 사건 등 진골 귀족 간 왕위쟁탈전이 격화되었다.
㉣ 진골 출신의 무열왕계 후손들이 왕위를 독점하였다.

① ㉠, ㉡
② ㉡, ㉢
③ ㉢, ㉣
④ ㉠, ㉢
⑤ ㉡, ㉣

해설 ㉢ 신라 중대 신문왕 때의 일이다.
㉣ 신라 하대에는 내물왕계의 후손들이 왕위를 계승하였다.

보충설명 승탑, 부도, 탑비가 유행한 시기는 신라 하대의 일이다. 신라 하대에는 농민들의 봉기가 잇따랐고 호족들은 스스로를 성주, 장군으로 칭하면서 신라중앙 정부로부터 반 독립적인 세력을 형성하였다.

12 다음과 같은 가상 대화가 이루어진 시기에 추진된 사업으로 옳은 것은? [1점]

힘 있는 호족이 멀쩡한 사람을 자신의 노비로 삼아 위세를 부리고 있으니 문제야.

그래서 이번에 억울하게 노비가 된 자들을 심사하여 원래의 신분으로 복귀시켜 준다고 하지 않나.

① 평양을 서경으로 삼고 북진정책을 추진하였다.
② 왕규의 난이 일어나는 등 왕권이 미약했다.
③ 거란의 침략에 대비하여 광군을 조직하였다.
④ 관리의 공복을 제정하고 광덕, 준풍 등의 연호를 사용하였다.
⑤ 최승로의 시무 28조를 받아들여 유교를 정치 이념으로 채택하였다.

해설 제시된 그림은 광종의 노비안검법에 대한 설명이다. ①은 고려 태조, ②는 혜종, ③은 정종, ⑤는 성종이다.

보충설명 광종은 관리의 공복을 제정하고 스스로를 황제라 칭하고 연호를 사용하였다.

13 (가)~(다)의 정책을 처음 시행한 순서대로 바르게 나열한 것은? [3점]

(가) 지방을 5도 양계, 4도호부, 8목으로 정비하였다.
(나) 물가 조절 기관으로 상평창을 설치하고 건원중보를 제작하였다.
(다) 광평성을 비롯한 9관등제를 마련하고 골품제를 대신할 새로운 신분제를 모색하였다.

① (가) → (나) → (다)
② (가) → (다) → (나)
③ (나) → (가) → (다)
④ (나) → (다) → (가)
⑤ (다) → (나) → (가)

해설 (다) 후고구려 궁예 → (나) 고려 성종 → (가) 고려 현종

14 다음은 고려 시대 지배 세력의 변천을 정리한 흐름도이다. (가)에 해당하는 세력에 대해 옳게 설명한 것은? [1점]

호족 → 문벌귀족 → (가) → 권문세족 → 신진사대부

① 사병을 길러 권력 쟁탈전을 전개하였다.
② 친원 세력으로 대규모의 농장을 소유하였다.
③ 향리 출신으로 과거를 통해 중앙 정계에 진출하였다.

④ 여러 대에 걸쳐 고위 관직자를 배출하면서 형성되었다.
⑤ 성리학을 받아들였으며 불교를 비판하고 고려의 개혁을 주도하였다.

해설 ②는 권문세족, ③, ⑤는 신진사대부, ④는 문벌귀족이다.

보충설명 (가)의 세력은 무신이다. 무신들은 집권 초기 권력 쟁탈전을 전개하였으나 최충헌 이후 최씨 무신 정권으로 어느 정도 안정되는 모습을 보인다.

15 다음은 고려 시대의 경제에 대한 몇 가지 사실을 열거한 것이다. 이를 통해 유추할 수 있는 당시의 상황으로 바른 것을 〈보기〉에서 고르면? [2점]

- 민간 수공업은 가내 수공업이 중심이 되었는데, 주로 생활 필수품이나 관청에 납부하기 위한 포목류를 생산하였다.
- 철전, 동전, 활구 등의 화폐가 주조되었으나 널리 유통되지는 않았고, 상거래에서는 여전히 곡식과 포가 주된 교환 수단으로 이용되었다.
- 대외 무역에서 가장 큰 비중을 차지한 것은 대송 무역이었는데, 고려는 송으로부터 비단, 약재, 책, 의기 등을 주로 수입하였다.

〈 보 기 〉
㉠ 장식물, 도자기 등 우수한 수공업 제품은 대개 민간 수공업을 통하여 조달되었다.
㉡ 농업 중심의 자급자족적인 경제로 말미암아 상업은 그리 발달하지 못하였다.
㉢ 대외 무역에서 큰 비중을 차지했던 것은 국가나 귀족의 수요품과 관련된 것이었다.
㉣ 상업과 수공업을 통하여 부를 축적한 계층이 정치적으로 성장하였다.

① ㉠, ㉡ ② ㉠, ㉢ ③ ㉡, ㉢
④ ㉡, ㉣ ⑤ ㉢, ㉣

해설 고려는 자급자족적인 경제구조로 인하여 화폐의 유통이 활발하지 못하였고 무역 역시 왕실이나 귀족의 수용품과 관련된 것이었다.

16 다음 시대의 생활 모습에 대한 설명으로 거리가 먼 것은? [2점]

박유가 왕에게 글을 올려 말하기를 "우리나라는 남자가 적고 여자가 많은데 지금 신분의 높고 낮음을 막론하고 처를 하나 두는 데 그치고 있으며 아들이 없는 자들까지도 감히 첩을 두려고 생각하지 않습니다. … 청컨대, 여러 신하, 관료들로 하여금 여러 처를 두게 하되 품위에 따라 그 수를 점차 줄이도록 하여 보통 사람에 이르러서는 1처 1첩을 둘 수 있도록 하며 여러 처에서 낳은 아들들도 역시 본처가 낳은 아들처럼 벼슬을 할 수 있게 하기를 원합니다.

① 사위와 외손자에게도 음서의 혜택이 주어졌다.
② 부모의 유산은 자식들에게 골고루 나누어졌다.
③ 아들이 없는 경우는 양자를 들여 제사를 지냈다.
④ 남녀의 구분 없이 출생순으로 호적에 기재하였다.
⑤ 여성의 재가는 비교적 자유로웠으며 재가 후 낳은 자식들도 사회적 차별을 받지 않았다.

해설 ③ 조선 후기 가부장적 질서가 확립되면서 장자 중심의 가족 제도하에서 나타나는 현상이다.

보충설명 ②는 권문세족, ③, ⑤는 신진사대부, ④는 문벌귀족이다. 고려 시대에는 자녀의 균분 상속, 딸이 제사 봉양, 비교적 자유로운 여성의 재가 등 사회적으로 남성과 큰 차별을 겪지 않았다.

17 (가)~(다)에 대한 설명으로 가장 바르지 못한 것을 고르시오. [3점]

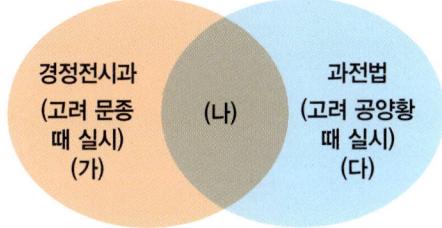

※ (나)는 (가)와 (다)의 공통점

① (가)는 전지와 시지를, (다)는 전지만 지급하였다.
② (나) 현직 관리에게만 과전이 지급되었다.
③ (다) 과전을 경기 지방의 토지로 제한하였다.

④ (나) 관직 복무에 대한 대가였다.
⑤ (다) 신진사대부의 경제적 기반이 마련되었다.

해설 경정전시과는 현직 관리에게만 과전이 지급되었으나 과전법에서는 전·현직 관리에게 과전이 지급되었다.

18 다음 연표의 (가)~(마) 시기에 있었던 사실로 옳지 않은 것은? [2점]

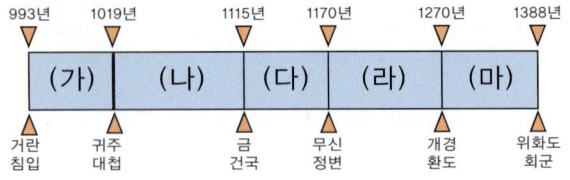

① (가) - 고려의 국경선이 압록강까지 진출하였다.
② (나) - 개경에 나성, 국경 지역에 천리장성을 축조하였다.
③ (다) - 묘청의 서경 천도 운동이 일어났다.
④ (라) - 몽고의 침입을 막기 위해 초조대장경이 조판되었다.
⑤ (마) - 공민왕의 반원자주 정책이 추진되었다.

해설 초조대장경은 거란의 침입을 막기 위해 조판한 것이고 부처의 힘으로 몽고의 침략을 막기 위해 조판한 것은 재조대장경(팔만대장경)이다.

19 다음 지도에 표시된 영토를 수복한 왕대의 일로 옳은 것은? [2점]

① 만적의 난과 같은 신분해방 운동이 일어났다.
② 윤관은 여진족을 정벌하고 동북 9성을 축조하였다.
③ 최충헌이 권력을 장악하고 교정별감에 올랐다.
④ 안향에 의해 신유학인 성리학이 도입되었다.
⑤ 기철로 대표되는 부원배를 제거하고 몽고풍을 금지시켰다.

해설 공민왕은 쌍성총관부를 무력으로 빼앗고 철령 이북의 영토를 수복하였다. 또 부원배를 제거하고 몽고풍을 금지시키는 등 반원 자주 정책을 폈다.

20 고려 시대에 다음과 같은 문학 작품이 유행하게 된 배경을 바르게 추론한 것은? [2점]

- 이인로의 『파한집』   · 최자의 『보한집』
- 이제현의 『역옹패설』 · 임춘의 『국순전』
- 이규보의 『국선생전』 · 이곡의 『죽부인전』

① 불교가 크게 융성하여 상대적으로 유학은 위축되었다.
② 무신 정권의 억압으로 문신들의 표현의 자유가 제한되었다.
③ 민중들의 생활과 감정을 솔직하게 표현하는 서민 문학이 대두하였다.
④ 성리학을 받아들인 신진사대부 세력이 새로운 정치 세력으로 대두하였다.
⑤ 과거 시험 가운데 제술과의 합격자를 가장 우대하여 한문학이 발달하였다.

해설 무신집권기 유학은 위축될 수밖에 없었으며, 문신들은 표현의 자유가 제한되었다.

21 다음 밑줄 친 '이들'에 대한 설명으로 옳은 것은? [2점]

이들은 15세기 말부터 중앙의 정치 무대에 등장하면서 하나의 정치 세력으로 성장하였다. 네 차례의 사화로 큰 피해를 입었지만, 향촌에서 꾸준히 세력을 확대해 갔다.

① 고려말 급진파 신진사대부의 학풍을 계승하였다.

② 자주적 성격이 강하였으며 단군을 중시하였다.
③ 성종 때 주로 3사의 언관직으로 등용되어 훈구세력과 대립하였다.
④ 중종 때 기묘사화로 김종직이 처형당하면서 위기에 빠지기도 하였다.
⑤ 사장학을 중시하였으며 성리학 이외의 학문에 대해서도 개방적 태도를 취하였다.

해설 밑줄 친 '이들'은 사림파이다.
① 사림파는 온건파, 신진사대부의 학풍을 계승하였다.
② 사림파는 존화주의적 성격이 강하였으며, 역사 계승의식으로는 기자를 중시하였다.
④ 기묘사화로 숙청된 인물은 조광조이고, 김종직과 관련된 사화는 연산군 때의 무오사화이다.
⑤ 사림파는 경학을 중시하였고, 성리학 이외의 학문에 대해서는 배타적이었다.

보충설명 사림파는 성종 때 김종직을 필두로 3사의 언관직으로 등용되어 훈구세력과 대립하였다.

22 다음 (가), (나), (다)의 제도에 대한 설명으로 옳지 않은 것은? [2점]

> (가) - 관리 임용 시 시행된 상피제
> (나) - 관리 등용 시 행해진 서경제
> (다) - 지방관에게 적용된 임기제

① (가) - 자신의 출신지 지방관으로 보내지 않았다.
② (가) - 권력의 독점과 부정을 막기 위한 제도이다.
③ (나) - 임용되는 모든 관리가 거쳐야 하는 절차이다.
④ (다) - 일반적으로 수령 5년, 관찰사 1년의 임기가 적용되었다.
⑤ (가), (나), (다)의 제도는 권력의 부정과 독점을 막기 위한 제도였다.

해설 서경제는 관리 임용 시 사헌부, 사간원의 양사에 동의를 묻는 제도이다. 이 제도는 상호견제와 인사의 공정성을 확보하기 위한 제도로 5품 이하의 관리를 대상으로 하였다.

23 다음은 조선 시대의 두 세력의 입장을 반영한 글이다. (가), (나) 두 세력의 학풍을 바르게 설명한 것은? [3점]

> (가) 김종직은 나쁜 마음을 품고 몰래 그 무리들을 모아 음흉한 계획을 시행하려고 한 지 오래 되었다. 항우가 의제를 죽인 일에 거짓 핑계를 하고 글로 표현하여 세조를 나무라고 헐뜯었으니 하늘에 닿을 만큼 악독한 죄이므로 용서할 수 없다.
> 『연려실기술』
>
> (나) 바라옵건대 참된 선비인 김굉필, 정여창, 조광조, 이언적을 높이 받들어 문묘에 모셔 선비를 장려함을 밝히고 원기(元氣)를 기르는 터전으로 삼으소서
> 『선조실록』

① (가)는 부국강병을, (나)는 의리와 도덕을 강조하였다.
② (가)는 왕도 정치를, (나)는 패도 정치를 옹호하였다.
③ (가)는 경학을, (나)는 사장을 중시하였다.
④ (가)는 향촌 자치를, (나)는 중앙 집권을 주장하였다.
⑤ (가) 기자를 중시, (나)는 단군을 중시하였다.

해설 (가)는 훈구세력 (나)는 사림파이다. 훈구세력은 중앙집권과 부국강병을 추진하였고, 사림파는 향촌 자치와 의리와 도덕을 바탕으로 한 왕도정치를 추구하였다.

24 조선 시대 전기의 왕의 업적으로 옳게 연결된 것은? [1점]

> ㉠ 태종 - 사병을 없애고 호패법을 실시하여 왕권을 강화하였다.
> ㉡ 세종 - 의정부 서사제를 실시하였지만, 인사와 군사에 관한 일은 왕이 직접 처리하였다.
> ㉢ 세조 - 집현전과 유향소를 없애고, 『경국대전』을 반포하였다.
> ㉣ 성종 - 성리학을 통치 이념으로 확립하였고, 정도전 등이 재상 중심의 정치 체제를 마련하였다.

① ㉠, ㉡　　② ㉠, ㉢　　③ ㉡, ㉢
④ ㉡, ㉣　　⑤ ㉢, ㉣

해설 ㉢ 『경국대전』은 세조 때 편찬을 시작하여 성종 때 완성되었다.
㉣ 정도전은 태조를 도와 조선을 건국하였고, 재상 중심의 정치를 주장하였으나 태종에 의해 제거되었다.

정답 22 ③　23 ①　24 ①

25 다음 제시문의 설명에 부합하는 내용으로 올바른 것을 고르면? [2점]

> 조선은 지방 세력가의 사적인 지배를 막고 백성을 효율적으로 다스리기 위해 중앙 집권을 강화하는 방향으로 지방 행정 조직을 정비하였다.

① 전국을 5도와 양계로 구분하였다.
② 수령의 정치적 자문 역할을 담당하는 유향소를 설치하였다.
③ 지방관이 파견되는 주현과 파견되지 않는 속현으로 구분하였다.
④ 중앙에 경재소를 설치하여 유향소와의 연락을 담당하게 하였다.
⑤ 고려 시대의 군사 행정구역인 양계를 폐지하고 각 도에 안찰사를 파견하였다.

해설 ① 고려의 지방행정 구역은 5도 양계이고 조선은 전국을 8도로 구분하였다.
② 유향소는 향촌의 자치기구로 대표격인 좌수와 별감이 있었다.
③ 주현과 속현의 구분은 고려 시대이며, 조선에서는 모든 군현에 지방관이 파견되었다.
⑤ 안찰사는 고려 시대 각 도에 파견되었고, 조선에서는 관찰사가 파견되었다.

보충설명 조선은 중앙집권을 위하여 향촌의 자치기구인 유향소와 연락을 담당하고 통제하는 기구로 중앙에 경재소를 설치하였다.

26 다음의 (가)~(라)시기의 역사적 사실로 옳지 않은 것은? [2점]

(가)	(나)	(다)	(라)
조선 건국	성종 집권	연산군 집권	중종 반정

① (가) – 세종은 최윤덕과 김종서를 보내 4군과 6진을 개척하였다.
② (가) – 세조는 과전의 부족현상 해결하기 위하여 직전법을 시행하였다.
③ (나) – 훈구세력을 견제하기 위하여 사림파들이 등용되었다.
④ (나) – 조광조의 급진적인 개혁정책에 반발한 훈구세력은 기묘사화를 일으켰다.
⑤ (다) – 소격서가 폐지되고 현량과가 실시되었다.

해설 조광조는 중종 때 활약했던 사림파이다. 소격서를 폐지하고 위훈의 삭제를 주장하였다. 또한 방납의 폐단을 방지하고자 수미법을 주장하였고, 일종의 관리 추천제인 현량과의 실시를 주장하였다. 그러나 이러한 조광조의 개혁은 급진적이라는 비판을 받고 훈구세력의 탄압을 받아 기묘사화로 실각하게 된다.

27 다음 가상의 역사신문의 내용과 관련 있는 전쟁에 대한 설명으로 옳은 것은? [1점]

> **역 사 신 문**
> 제 0000 호   0000년 0월 0일
>
> 아리타 마을에서는 이삼평을 '도조'로 추촌하여 아리타 도자기 창업 300주년이었던 1916년에 기념비를 세우고 그를 기리고 있다. 이삼평 등 조선 도공들의 지도로 아리타의 도자기는 발전을 거듭하여 유럽까지 수출되는 등 일본 자기의 명성을 드높이고 있다.
> – ○○○ 기자 –

① 세종 때 이종무가 쓰시마 섬을 정벌하였다.
② 인조반정 이후 실시된 친명배금 정책이 원인이 되었다.
③ 전쟁 발발 후 왕은 남한산성에서 항전했으나 결국 항복하였다.
④ 이 전쟁을 계기로 효종은 전쟁 패배의 치욕을 씻고자 북벌을 준비하였다.
⑤ 전쟁과정 중 포수, 사수, 살수로 편성된 중앙 군대가 만들어졌다.

해설 임진왜란 당시 조선 정부는 포수, 사수, 살수의 삼수병으로 구성된 훈련도감을 만들었다.

보충설명 임진왜란 당시 많은 기술자들이 일본으로 끌려갔으며, 이들은 일본 문화의 발전에 크게 공헌하였다.

28 조선 초기 (가)와 (나) 같은 외교정책에 대한 설명으로 옳지 않은 것은? [2점]

> (가) 조선은 명에 해마다 여러 차례 사절을 파견하여 조공을 바치고 답례품을 받아왔는데 이는 일종의 공무역 성격을 띠었다.
> (나) 여진을 쫓아낸 뒤, 압록강 쪽의 방비를 위해 4군을 설치하였고, 두만강 쪽에는 6진을 설치하였다.

정답 25 ④ 26 ④ 27 ⑤ 28 ②

① (가) - 조공과 책봉의 관계였으나 자주적이고 실리적인 목적이었다.
② (가) - 사대 배금 정책으로 조선은 건국 초기부터 명과 우호적 관계를 유지하였다.
③ (나) - 4군과 6진을 개척하여 현재의 한반도 국경선이 완성되었다.
④ (나) - 국경지대에 무역소 등을 열어 교역을 허가하는 등 회유책도 사용하였다.
⑤ (가)와는 사대 정책, (나)와는 교린 정책을 추진하였다.

해설 조선과 명과의 관계는 초기에는 긴장관계에 있어 정도전이 요동 정벌을 준비하기도 하였다. 그러나 태종 이후 경제적이고 실리적인 목적으로 친선관계가 형성되었다.

29 다음 지도는 임진왜란 이후 일본에 파견된 사신단의 이동경로이다. 이에 대한 설명으로 옳지 않은 것은? [1점]

① 일본의 도쿠가와 막부의 요청으로 파견되었다.
② 일본은 막부의 국제적 권위를 높이려는 의도에서 파견을 요청하였다.
③ 기유약조 체결 이후 본격적으로 파견되었다.
④ 이 사신단은 조선의 선진문물을 전파해주는 역할도 하였다.
⑤ 울릉도와 독도를 둘러싼 영유권 분쟁을 해결하기 위해 파견되었다.

해설 지도의 사신단은 조선통신사이다.
⑤ 숙종 때 어부였던 안용복은 일본으로 건너가 울릉도와 독도가 우리 영토임을 인정받고 돌아왔다.

보충설명 토쿠가와 막부는 자신들의 국제적 권위를 높이기 위해 조선정부에 사신단의 파견을 요청하였고, 이때 파견된 통신사는 발달된 조선의 문물을 일본에 전파하였다.

30 다음과 같은 정책을 실시한 왕때의 일로 옳은 것은? [2점]

- 규장각의 육성
- 수령의 권한 강화
- 금난전권의 폐지
- 소론과 남인 계열 중용

① 완론탕평으로 붕당의 문제를 해결하려 하였다.
② 왕의 군사적 기반으로 훈련도감을 편성하였다.
③ 왕이 신하를 재교육하는 초계문신제가 시행하였다.
④ 속대전을 편찬하여 통치체제를 재정비하였다.
⑤ 임진왜란 때 소실된 경복궁을 중건하였고, 거중기가 사용되었다.

해설 제시된 정책을 시행한 왕은 정조이다.
① 완론탕평은 영조의 탕평책이고, 정조는 준론탕평을 시행하였다.
② 정조의 개혁정치를 학술적으로 뒷받침하는 기구는 규장각이고 군사적으로 뒷받침했던 기구는 장용영이다.
④ 속대전은 영조 때 편찬되었고, 정조 때는 대전통편이 편찬되었다.
⑤ 정조는 수원의 화성을 건축하였고, 이때 정약용이 설계한 거중기가 사용된다. 경복궁은 흥선대원군 때 중건된다.

보충설명 정조는 초계문신제를 실시하여 하급 관료를 스승의 입장에서 재교육하였다.

31 다음과 같은 주장을 한 사람과 관련되어 옳은 것을 〈보기〉에서 고르면? [3점]

> 하늘과 대지가 어떻게 생겼는지 알고자 한다면 마음으로 탐구해서도 이치로 찾아서도 안 된다. 오로지 기기를 만들어서 측정하고 수학으로 계산하여 추론해야 한다. 기기와 추론 방법은 다양하다.
> 『담헌서』

〈 보 기 〉
㉠ 성인 남자에게 2결의 토지를 나누어 주는 균전제를 주장하였다.
㉡ 지전설을 주장하여 중국 중심의 세계관을 비판하였다.
㉢ 나라가 피폐해지는 이유로 여섯가지 좀을 들었다.
㉣ 사농공상의 직업적 평등을 주장하였다.

① ㄱ, ㄴ ② ㄱ, ㄹ ③ ㄴ, ㄷ
④ ㄴ, ㄹ ⑤ ㄷ, ㄹ

해설 제시문은 홍대용의 『담헌서』이다.
ⓒ 중농학파 실학자인 이익의 주장이다.
ⓔ 중상학파 실학자인 유수원의 주장이다.

보충설명 홍대용은 중상학파 실학자로 기술 문화의 장려, 신분제도의 철폐 등을 주장하였다. 홍대용은 『임하경륜』에서 성인 남자에게 2결의 토지를 나누어 주는 균전제를 주장하였고 『의산문답』에서 지전설을 주장하여 중국 중심의 세계관을 탈피하였다.

32 다음과 같은 그림이 유행했던 시기의 사회 모습으로 옳은 것은? [2점]

〈 보 기 〉
㉠ 공명첩과 납속책 등의 실시로 양반의 수가 증가하였다.
㉡ 노비종모법과 공노비 해방 등으로 노비제도가 점차 해체되어 갔다.
㉢ 지방 사족들은 여전히 향촌 사회를 완전히 장악하고 백성들을 통제하였다.
㉣ 양반 중심의 차별적 신분 질서가 강화되어 수령과 향리의 농민 수탈이 극심해졌다.

① ㄱ, ㄴ ② ㄱ, ㄷ ③ ㄴ, ㄷ
④ ㄴ, ㄹ ⑤ ㄷ, ㄹ

해설 제시된 그림은 조선 후기 많이 그려진 민화이다. 조선 후기에는 공명첩과 납속책으로 양반의 숫자가 증가하였고 영조 때의 노비종모법, 순조 때의 공노비 해방 등으로 노비제도가 해체되어 갔다.

33 다음 밑줄 친 (가) 사건 이후의 상황에 대한 설명으로 옳은 것은? [2점]

> 너희 나라와 우리나라 사이에는 원래 왕래도 없었고 은혜를 입거나 원수를 진 일도 없다. 이번 (가) 덕산 묘지에서 저지른 사건은 사람으로서 차마 할 수 없는 일이다. … 따라서 우리나라 신하와 백성들은 있는 힘을 다하여 한마음으로 네놈들과 같은 하늘을 이고 살 수 없다는 것을 다짐할 뿐이다.
> 『고종실록』

① 미국의 상선인 제너럴셔먼호가 통상을 요구하다 평양에서 불에 탔다.
② 프랑스 선교사를 비롯한 천주교 신자들이 처형을 당하였다.
③ 한성근 부대가 문수산성에서 프랑스 군을 격퇴하였다.
④ 미국이 통상을 요구하다 거절당하자 광성보를 점령하였다.
⑤ 대원군이 임진왜란 때 불탄 경복궁 중건 공사를 완성하였다.

해설 밑줄 친 (가) 사건은 1868년 독일 상인인 오페르트가 흥선 대원군의 아버지인 남연군의 묘를 도굴하려다 실패로 끝난 오페르트 도굴 사건이다.
①은 제너럴셔먼호 사건(1866. 7), ②는 병인박해(1866. 1), ③은 병인양요(1866. 9), ④는 신미양요(1871), ⑤는 경복궁 중건(1867)

34 다음은 일본과 체결한 조약의 일부이다. (가)~(다)에 대한 설명으로 옳은 것은? [2점]

> (가) 경기, 충청, 전라, 경상, 함경 5도 연해 가운데 통상에 편리한 항구 2개를 개항한다.
> (나) 일본국 인민은 본국에서 통용되는 여러 화폐로 조선국 인민이 보유하고 있는 물자와 교환할 수 있다.
> (다) 일본국 정부에 소속된 선박은 항세(港稅)를 납부하지 않는다. 수출입 상품에도 관세를 부과하지 않는다.

① (가) - 이 조약에 따라 부산과 원산을 개항하였다.

정답 32 ① 33 ④ 34 ②

② (나) - 이 조약 이후 일본의 경제적 침투가 용이하게 되었다.
③ (다) - 강화도 조약에 규정되어 있는 조항이다.
④ (가) - 일본에 대한 최혜국 대우를 규정하고 있다.
⑤ (나), (다) - 조·일수호조규부록에 수록되어 있다.

해설 ① 강화도 조약에 따라 인천과 원산이 개항되었다.
③ (다)의 내용은 조·일수호조규부록에 규정되어 있다.
④ 강화도 조약과 그 부속조약에는 최혜국 대우에 대한 조항이 없고 일본에 대한 최혜국 대우는 1883년 개정 조·일통상장정에 들어가 있다.
⑤ (다)는 무역규칙(통상장정)에 규정되어 있다.

보충설명 (가) 강화도조약, (나) 조·일수호조규부록, (다) 조·일통상장정(무역규칙)이다.

35 다음의 가상 일기가 쓰인 시기 다음에 일어나는 모습으로 가장 적절한 것은?

> 오늘은 경복궁으로 구경을 나왔다. 새로운 등이 밝혀진다는 날이다. 많은 사람들이 이 광경을 보기 위하여 경복궁으로 모여들었다. 그중에는 서양인들도 많았는데 내가 처음 서양인을 만난 것은 2년전 광혜원의 개원식장에서였다.

① 부산, 인천, 원산의 3개 항구의 개항
② 급료에 불만을 가진 구식 군대의 일본 공사관 습격
③ 최초로 발행된 신문을 읽고 있는 사람
④ 고부군수 조병갑의 학정에 반발한 농민들
⑤ 통상을 요구하는 미국 상선을 불태우는 평양 군민

해설 새로운 등은 전등을 뜻한다. 전기는 1887년 8월 6일 경복궁 건청궁에서 전등이 밝혀졌다. 광혜원은 1885년에 건립된 서양식 병원이다.
① 강화도 조약(1876) ② 임오군란(1882)
③ 한성순보(1883) ④ 고부농민봉기(1894)
⑤ 제너럴셔먼호 사건(1866)

36 다음 도표 시기의 경제상황에 대한 옳은 설명만을 골라 묶은 것은?

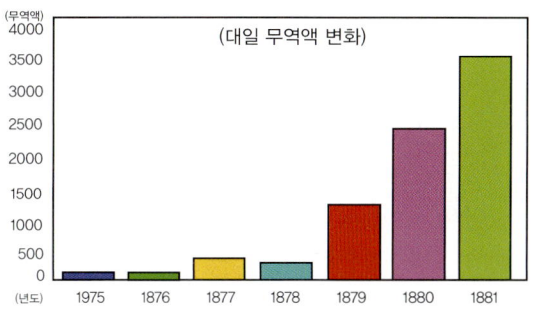

〈 보기 〉
㉠ 일본은 중개무역을 통해 조선으로부터 부를 획득하였다.
㉡ 수입품에 대해 조선 정부는 낮은 수준의 관세를 부과하였다.
㉢ 일본으로부터 많은 양의 은이 들어와 물가가 상승하는 계기가 되었다.
㉣ 객주, 여각 등의 중개업자들은 무역과정에서 부를 축적하기도 하였다.

① ㉠, ㉡ ② ㉠, ㉣ ③ ㉡, ㉢
④ ㉡, ㉣ ⑤ ㉢, ㉣

해설 개항 초기 일본은 영국산 면제품을 조선에 수출하고 조선으로부터 곡식을 사가는 중개무역을 통하여 부를 축적하였다. 내륙 진출이 불가능했던 당시 상황에서 객주나 여각은 일본의 거류지와 내륙을 연결하는 중개무역을 통하여 부를 축적하기도 하였다.

37 다음 표는 우리나라 의병의 활동을 정리한 것이다. 이 표에 대한 설명으로 적절하지 않은 것은? [2점]

발생 시기	계기	의병장
1895년	을미사변과 단발령	(가)
1905~1906년	(나)	(다)
1907년	(라)	이인영, 허위

① (가)에 들어갈 대표적 인물로는 유인석, 이소응 등이 있다.
② (나)의 의병이 일어난 계기는 을사조약의 체결이다.
③ (다)시기 의병장에는 평민 의병장도 등장하였다.
④ (라)에는 고종의 강제퇴위, 군대 해산이 들어갈 수 있다.
⑤ 의병은 시간이 갈수록 국지전적이고 전문화된 전술로 일본과 맞섰다.

정답 35 ④ 36 ② 37 ⑤

해설 항일의병 운동은 을미사변과 단발령을 계기로 처음으로 시작되었으며, 이 단계에서는 주로 위정척사 사상을 갖고 있던 양반유생들이 중심이 되었다. 그러나 점차 의병에 참여하는 계층의 폭이 확대되다가 1905년 을사조약 이후에는 신돌석과 같은 평민 의병장이 등장하기에 이르렀다. 1907년 정미 7조약(한일신협약) 이후에는 김수민, 홍범도 등의 평민 의병장이 더욱 많아졌고, 의병운동의 양상도 보다 조직적인 연합활동에까지 발전하였다. 또한 1907년에는 해산된 군대가 의병에 가담함으로써 의병운동이 전쟁의 양상으로까지 발전하였다. 결국 의병은 시간이 갈수록 전 계층이 참여한 전면적인 성격을 띠었다고 할 수 있다.

38 다음 자료의 경제적 구국운동에 관한 설명으로 옳은 것은? [2점]

(가) 곡물이 일본등지로 유출되어 가격이 오르고 백성들의 원성이 높아지자 지방관이 이 명령을 내렸다.
(나) 서울의 시전상인들은 상점을 철시하고 외국 상점들의 퇴거를 요구하였다.
(다) 일제가 요구한 황무지 개간권을 취소시키고자 하였다.
(라) 일제에게 빌려온 차관을 갚자는 운동으로 대구에서 시작되었다.

① (가) - 전라도와 경상도 지역에서 가장 크게 일어났다.
② (나) - 황국중앙 총상회를 조직하여 상권을 지키고자 하였다.
③ (다) - 동양척식 주식회사를 세워 우리 손으로 개간하자고 하였다.
④ (다) - 대한자강회가 중심이 되어 일제의 요구를 철회시켰다.
⑤ (라) - 이 운동으로 일제에 빌린 차관을 다 갚을 수 있었다.

해설 ① 방곡령은 함경도와 황해도가 대표적이다.
③ 동양 척식 주식회사는 일제 시대 토지조사 사업을 벌여 토지를 약탈한 회사이다.
④ 일본의 황무지 개간권 요구에 반대해 이를 철회시킨 단체는 보안회이다.
⑤ 국채보상 운동은 전 국민적인 모금운동이 벌어졌으나, 통감부의 방해로 실패하였다.

39 다음은 일제 시기 총독부의 통치 정책이다. 이에 대한 설명으로 옳은 것은? [1점]

(가) 우리 민족의 신문 발행을 허가하고, 동시에 교육의 기회를 확대해 준다고 내세웠으나, 실상은 소수의 친일 분자를 키워 우리 민족을 이간·분열시키고, 민족의 근대 의식의 성장을 오도하여 일제의 식민지 지배에 도움이 될 인간을 양성하기 위한 것이었다.
(나) 내선 일체, 일선 동조론, 황국 신민회와 같은 허황된 구호 아래 우리말과 우리 역사를 배우지 못하게 하였고, 황국 신민의 서사 암송, 궁성 요배, 정오 묵도로 절대 복종을 강요하였으며, 심지어 우리의 성명마저도 일본식으로 고치도록 강요하였다.

① (가)의 통치에 항거하여 우리 손으로 민립 대학을 설립, 운영하였다.
② (가)와 같은 통치의 실현을 위해 일제는 헌병 경찰을 곳곳에 파견하였다.
③ (가)의 통치에 항거하여 전개된 민족 유일당 운동의 결과 신간회가 결성되었다.
④ (나)의 통치에 맞서 봉오동전투, 청산리대첩의 무장 독립 운동이 전개되었다.
⑤ (나)와 같은 통치 시기 중국에서 임시정부가 결성되었다.

해설 (가)는 1920년대 일제의 문화통치, (나)는 1930년대 민족 말살 정책이다.
① 민립 대학 설립 운동이 일어났으나, 총독부의 방해로 무산되었다.
② 헌병 경찰은 1910년대 통치 방식이고, 1920년대는 보통 경찰 통치이다.
④ 봉오동, 청산리 전투 등은 모두 1920년에 벌어진 독립군의 활동이다.
⑤ 임시정부는 3·1 운동의 영향으로 1919년 상하이에서 결성된다.

40 다음과 같은 선전 포고를 한 단체의 산하 독립군 부대에 대한 설명으로 옳은 것은? [3점]

정답 38 ② 39 ③ 40 ③

> 오인은 삼천만 한국 인민과 정부를 대표하여 삼가 중(中), 영(英), 미(美), 가(加), 호(濠), 화(和), 오(奧), 기타 제국의 대일 선전이 일본을 격패케 하고 동서를 재건하는 가장 유효한 수단이 됨을 축복하여 이에 특히 다음과 같이 성명한다.
> 1. 한국 인민은 현재 이미 반침략 전선에 참가하였으니 한 개의 전투 단위로서 추축국에 선전한다.
>   ⋮
> 3. 한국, 중국 및 서태평양으로부터 왜구를 완전히 구축하기 위하여 최후의 승리를 얻을 때까지 혈전한다.

① 양세주가 이끄는 조선의용대의 일부를 흡수하였다.
② 상하이에서 김구와 지청천의 주도로 창설되었다.
③ 중국 군사위원회의 지휘를 받기도 하였다.
④ 국내 진공작전으로 보천보에서 승리를 거두었다.
⑤ 중국 관내에서 결성된 최초의 무장 조직이다.

해설 제시된 자료는 임시정부의 대일 선전포고문이고, 그 산하 독립군 부대는 한국 광복군이다.
① 김원봉의 조선의용대 일부를 흡수하였다.
② 광복군은 1940년 충칭에서 창설되었다.
④ 미군과 함께 국내 진입 작전을 세웠으나 일제의 패망으로 실행에 옮겨지지 못하였다. 보천보 전투는 동북 항일 연군의 전투이다.
⑤ 중국 관내에서 결성된 최초의 무장 투쟁 조직은 1938년 조직된 조선의용대이다.

보충설명 임시정부는 장개석의 국민당 정부와 '원조 한국 광복군판법'이라는 것을 체결하고 그 조약에 한국 광복군 행동준승 9개항을 맺게 하였다. 이 행동준승 9개항에 광복군은 중국 군사위원회의 지휘를 받는 내용이 들어 있었다. 이후 임정은 끊임없는 노력으로 1945년 4월 광복군의 지휘권을 찾아왔다.

41 다음 주장을 한 인물과 그의 사상에 대해 바르게 설명한 것은? [2점]

> 여기에 감히 외람됨을 무릅쓰고 3대 문제를 들어서 개량 구신의 의견을 바치노라. 이른바 3대 문제는 무엇인고, 첫째는 유교파의 정신이 전적으로 제왕이 편에 있고 인민 사회에 보급할 정신이 부족한 것이다. 둘째는 여러 나라를 돌아다니면서 천하의 주의를 바꾸려는 생각을 강구하지 않고, 내가 어진 이를 구하는 것이 아니고 어진 이가 나를 구한다는 주의만을 지키는 것이다.

> 셋째는 우리 대한 유가에서 간이 적절한 법문(양명학)을 구하지 아니하고, 질질 끌고 가는 대로 내버려 두는 공부(주자학)을 전적으로 숭상함이라

① 학문의 실천성을 강조하는 양명학의 영향을 받았다.
② 애국 계몽 운동을 통한 독립운동에 대해서는 비판적이었다.
③ 허례허식의 폐지, 미신 타파 등 새 생활 운동을 전개하였다.
④ 실증적이고 객관적인 역사연구를 주장하며 진단학회를 결성하였다.
⑤ 화이론적 시각에서 외세를 배격하는 위정척사 운동과 같은 입장이다.

해설 제시문은 박은식의 '유교구신론'이다. 박은식은 주자학을 비판하고 학문의 실천을 강조하는 양명학을 바탕으로 유교를 개량할 것을 주장하였다.

42 다음은 한반도의 처리를 문제를 다뤘던 국제회의이다. 이에 대한 설명으로 옳지 않은 것은? [2점]

> • 카이로 회담   • 얄타 회담
> • 포츠담 회담   • 모스크바 3국 외상회의
> • 미·소 공동위원회

① 카이로 회담은 한반도의 독립이 최초로 약속된 회의이다.
② 얄타 회담은 3·8도선을 경계로 미·소의 분할 점령이 결정되었다.
③ 포츠담 회담은 카이로 회담의 내용을 재확인하였다.
④ 모스크바 3국 외상회의는 미·소의 신탁통치가 결정되어 우리 민족의 반발을 불러 일으켰다.
⑤ 1차 미·소공동위원회가 참여단체의 문제로 결렬되고 미국은 한반도 문제를 유엔에 상정하였다.

해설 1차 미·소공동위원회는 참여 단체의 문제를 놓고 미국과 소련의 의견이 대립하여 무기한 휴회에 들어갔고, 이후 재개된 2차 미·소공동위원회마저 결렬되자 미국은 한반도 문제를 UN으로 이관하였다.

정답 41 ① 42 ⑤

43 다음 자료와 관련된 단체에 대한 설명으로 옳지 않은 것은? [2점]

> 그러므로 본 준비위원회는 우리 민족을 진정한 민주주의적 정권으로 재조직하기 위한 새 국가 건설의 준비 기관인 동시에 모든 진보적 민주주의적 제 세력을 집결하기 위하여 각계 각층에 완전히 개방되는 통일 기관이요 결코 혼잡한 협동 기관은 아니다.
>
> 〈 강령 〉
> 1. 우리는 완전한 독립 국가의 건설을 기함
> 2. 우리는 전 민족의 정치적·사회적 기본 요구를 실현할 수 있는 민주주의 정권의 수립을 기함
> 3. 우리는 일시적 과도기에 있어서 국내 질서를 자주적으로 유지하여 대중 생활의 확보를 기함

① 광복 후 결성된 최초의 정치단체이다.
② 여운형의 건국동맹이 중심이 되어 만들어졌다.
③ 총독부로부터 치안권을 이양받고 치안유지를 담당하였다.
④ 한반도에 주둔한 미군으로부터 유일한 정부 조직으로 인정받았다.
⑤ 미군의 한반도 주둔에 맞춰 조선인민공화국을 선포, 정부조직을 발표하였다.

해설 제시문의 위원회는 조선 건국 준비위원회이다. 건준은 좌익과 우익이 망라된 해방 이후 최대의 정치조직이었으나 미군정은 건준을 비롯한 어떤 단체도 정부 조직으로 인정하지 않았다.

44 다음 (가)와 (나) 시기에 들어갈 사실로 옳은 것은? [3점]

> (가)
> 이 조직의 위원장은 김상덕, 부위원장은 김상돈이 선임되었다. 친일파 검거와 재판을 위한 특별 기구로, 특별 재판부·특별검찰부·중앙 사무국 등이 설치되었다.
>
> (나)
> 1. 마산, 서울, 기타 전국 각지의 데모는 주권을 빼앗긴 국민의 울분을 대신하여 궐기한 학생들의 순수한 정의감의 발로이며, 불의에는 언제나 항거하는 민족 정기의 표현이다.
> 2. 이 데모를 공산당의 조종이나 야당의 사주로 보는 것은 고의의 왜곡이며 학생들의 정의감의 모독이다.

① 신한공사의 토지를 분배받고 기뻐하는 농민
② 경부 고속도로를 설계하는 건축가
③ 중화학공업 중심으로 경제 계획을 세우는 관료
④ 귀속 재산을 불하받고 사업을 확장하는 기업인
⑤ 한일 국교 정상화에 반대하는 시위에 참가한 학생

해설 (가)는 반민특위, (나)는 4·19 혁명 당시 교수단의 시국 선언문이다.

보충설명 제시된 자료에 들어갈 사실로는 이승만 정부 시절 있었던 귀속 재산의 불하이다. 일제가 남긴 귀속재산을 불하하는 과정에서 특정 기업이 특혜를 입었고 이들 기업은 재벌로 성장하게 된다.

45 다음 지도와 관련 있는 사건이 미친 영향으로 옳은 것은? [1점]

① 한·일 국교 정상화에 영향을 미쳤다.
② 전쟁을 치루면서 서구문화가 무분별하게 수용되었다.
③ 공업 발전의 최우선 과제가 중공업 중심이 되었다.
④ 소련의 참전으로 냉전이 심화되었다.
⑤ 휴전협정을 체결하기 직전 한·미 상호 방위 조약이 체결되었다.

정답 43 ④ 44 ④ 45 ②

해설 한국전쟁을 치루면서 서구의 문화가 급속히 들어왔고 이러한 서구 문화의 수용과정에서 무분별한 서구 문화의 수용이 이루어졌다.

46 다음의 밑줄 친 '정치상 파동'에 대한 설명으로 옳은 것은? [3점]

> 이번에 소위 정치상 파동이 일대 위기라고 세계에 전파된 것이 실상은 솥 안의 풍파였던 것입니다. 사실을 말하자면, 몇몇 외국 친우들과 외국 신문 기자들이 나의 정치적 원수들의 말을 듣고 내가 병력을 이용해서 국회를 해산하고 민주 정체를 없애려 한다는 괴이한 언론을 곧이들었던 것입니다. 그러나 나의 평생 역사와 나의 주장하는 목적을 아는 친우들은 이런 낭설을 듣고 웃었으며 혹은 분개히 여긴 것입니다.
> — 제2대 대통령 취임 연설 —

① 반민특위의 활동을 적극적으로 지원하지 않았다.
② 야당의 당수를 간첩 혐의로 사형에 처했다.
③ 임시수도인 부산에서 발췌개헌을 통과시켰다.
④ 야당 성향이 강한 경향 신문을 폐간하였다.
⑤ 영구집권을 목적으로 사사오입 개헌을 통과시켰다.

해설 2대 국회의원 선거에서 이승만에 반대하는 무소속 의원들이 대거 당선되자 재선이 어렵다고 판단한 이승만은 직선제 개헌을 위하여 경찰과 군인들이 회의장을 포위한 가운데 대통령 직선제와 양원제를 골자로 하는 발췌개헌을 통과시켰다.

47 다음의 선언이 나왔던 시대에 대한 설명으로 옳은 것은? [2점]

> **3·1 민주 구국 선언**
> 민주주의는 대한민국의 국시이다. 따라서 대한민국의 정통성은 민주주의에 있다. 그러므로 어떤 구실로도 민주주의가 위축되어서는 안 된다. … 국민은 복종을 원하지 않고 주체적인 참여를 주장한다. 국민은 정부를 감시하고 비판할 기본권을 포기할 수 없다.

① 미국의 원조경제에 힘입어 삼백산업이 발달하였다.
② 이승만의 독재 정권에 항거하는 전 국민적 시위가 일어났다.
③ 경제 성장의 그늘에서 Y·H 무역사건이 발생하기도 하였다.
④ 신군부의 권력 장악에 반대하여 광주에서 민주화 운동이 일어났다.
⑤ 대통령의 호헌조치에 대해 국민들의 저항이 일어났다.

해설 제시문은 유신체제에 대한 반발로 발표된 3·1구국 선언이다.
① 1950년대 미국의 원조하에서 삼백산업이 발달하였다.
② 1960년 4·19 혁명
③ 1979년 YH 사건
④ 1980년 5·18 광주 민주화 운동
⑤ 1987년 4·13 호헌조치에 대한 반발로 6월 민주항쟁이라는 전 국민적 저항이 일어났다.

48 다음 자료와 같은 내용이 발표된 이후 추진된 정책의 결과로 옳은 것은? [1점]

> 첫째는, 포항과 같은 제2의 종합 제철 공장 건설을 앞으로 추진해야 하겠고, 또 대단위 기계 종합 공업 단지도 만들어야 되겠습니다. 지금 울산에 있는 석유·화학 공업 단지와 같은 제2의 종합 화학 공업 단지를 또 만들어야 되겠습니다. 또 100만톤 급의 대규모 조선소를 하나 내지 두 개 더 만들어야겠고, 대단위 전자 부속품 생산 단지도 지금 추진하고 있으며, 마산에 있는 수출 자유 지역과 같은 단지를 앞으로 더 만들어야 되겠습니다.
> — 1973. 1. 12. —

① 지역 간의 경제 불균형이 완화되었다.
② 자본과 기술의 대외 의존도가 약화되었다.
③ 산업 시설의 확충이 환경 문제를 발생시켰다.
④ 내수 시장이 활성화되고 농·수산업이 발달하였다.
⑤ 중동 건설사업의 침체로 오일 달러 효과가 약화되었다.

해설 1970년대 우리나라는 중화학 공업 중심으로 경제를 성장시켰고 산업의 발달과 함께 환경 문제가 발생하기 시작하였다.

정답 46 ③ 47 ③ 48 ③

49 다음에서 설명하는 정부하의 경제 상황에 대한 설명으로 옳지 않은 것은? [2점]

> - 깨끗한 정부, 건강한 사회, 통일된 조국 건설 등을 국정 지표로 삼았다.
> - 금융실명제를 전격적으로 실시하여 경제 개혁을 추진하였다.
> - 역사 바로 세우기의 일환으로 조선 총독부 건물을 헐었고 4·19 묘지를 국립묘지로 승격시켰다.

① 3저 현상으로 경제호황이 나타났다.
② 금융실명제가 실시되었다.
③ OECD에 가입하였다.
④ IMF 구제 금융 신청이 있었다.
⑤ 1995년 지방자치제가 전면 실시되었다.

해설 제시문의 정부는 김영삼 정부에 대한 설명이다. 3저 현상으로 인한 경제 호황이 나타난 것은 전두환 정부 때의 일이다.

50 다음 발표문의 배경에 대한 설명으로 옳은 것은? [3점]

> 민주정의당과 통일민주당 그리고 신민주공화당은 여야의 다른 위치에서 그동안 이 나라를 위해 나름대로 최선의 노력을 기울여 왔습니다. 그러나 오늘 우리의 현실은 보다 더 굳건한 정치 주도 세력과 국민적 역량의 결집을 요구하고 있습니다. 우리 사회 모든 민족 민주 세력은 이제 뭉쳐야 합니다. 이 같은 시대적 요청에 부응하기 위해 우리는 중도 민주 세력의 대단합으로 큰 국민 정당을 탄생시켜 정치적 안정 위에서 새로운 정치 질서를 확립해 나가기로 했습니다.

① 부정선거 책임자 처벌에 대한 요구가 거셌다.
② 한일국교 정상화 논의로 정국이 혼란하였다.
③ 신군부의 정권 장악 이후 정치적 혼란이 계속되었다.
④ 유신헌법에 반대하는 야당과 재야 인사들의 민주주의적 요구가 커졌다.
⑤ 야당이 다수당이 되는 여소야대 정국으로 여당이 정국 주도권을 잃어 버렸다.

해설 1988년 4월 총선에서 야당이 다수 의석을 차지하게 되고 여당인 민주정의당은 정국의 주도권을 상실하였다. 이러한 상황을 돌파하기 위하여 합당을 추진하였고, 그 결과 민주자유당이 창당되었다.

정답 49 ① 50 ⑤

실전모의고사 7회

01 지도에 나타난 유적지들과 관련된 사실로 옳은 것을 모두 고르면? [2점]

① 채집, 수렵, 어로 생활을 주로 하였으며, 이동 생활을 하였다.
② 동굴, 강가의 막집에서 거주하였고 주먹도끼로 동물을 사냥하였다.
③ 주로 돌을 깨뜨려 만든 긁개, 밀개와 반달돌칼 등의 석기를 사용하였다.
④ 이 시대의 정치는 제정일치 형태가 일반적인 모습을 이루고 있었다.
⑤ 한민족의 기틀이 만들어진 시기로 서울의 암사동 유적에서 흔적을 엿볼 수 있다.

해설 지도의 유적지들은 주로 큰강이나 바닷가 근처에 있는 것으로 신석기 시대의 유적지 임을 알 수 있다. 우리민족은 신석기부터 청동기 시대까지 민족의 기틀이 마련되었고, 서울 암사동에는 신석기 시대의 유적지가 남아있다.

02 다음 선사 시대의 주거를 비교한 표를 보고 (가), (나)에 대한 설명으로 바르지 못한 것은? [2점]

구분	(가)	(나)
집자리 형태	원형, 모가 둥근 네모꼴	직사각형
화덕의 위치	중앙	한쪽 벽
집터의 수	단일 형태	밀집 형태

① (가)는 대부분 바닷가나 강가에 위치하고 있다.
② (나)의 사회는 계급이 출현한 계급사회였다.
③ 사회는 (가)에서 (나)로 변화하였으며, 이는 생활 규모의 확대와 관련 있다.
④ (나)의 주거형태를 보이는 시대는 농기구로 대부분 석기나 나무가 사용되었다.
⑤ (나)의 주거는 풍수지리 사상의 영향을 받아 배산임수의 취락 형태를 가지고 있다.

해설 (가)는 신석기 시대의 움집을, (나)는 청동기 시대의 움집을 말한다.

보충설명 청동기 시대의 움집은 야산이나 구릉으로 올라와 배산임수의 지형을 갖고 있으나, 이것은 풍수지리 사상과는 관계없다.

03 다음과 같은 형태의 무덤이 만들어진 시기에 대한 설명으로 거리가 먼 것은? [2점]

① 연장자나 경험이 많은 사람이 자기 부족을 이끌었다.
② 지배와 피지배의 관계가 형성되었다.
③ 선돌을 세워 다산과 풍요를 기원하였다.

정답 01 ⑤ 02 ⑤ 03 ①

④ 권력과 경제력을 갖춘 군장 계급이 출현하였다.
⑤ 금속제 무기를 가지고 주변 지역을 정복하였다.

해설 고인돌은 청동기 시대의 계급 발생을 보여주는 유물이다. 연장자가 부족을 이끌던 시기는 구석기와 신석기로 계급이 출현하지 않은 평등사회이다.

04 고조선의 역사와 관련된 다음 사료의 사실들이 고조선 사회에 미친 영향을 바르게 추론한 것은?
[2점]

> • 천하가 어지러워지자 백성들이 괴로워하다가 차츰 도망하여 준(準)에게로 갔다.
> • 연인(燕人) 위만이 망명하여 호복 차림으로 동쪽으로 취수를 건너 준왕에게 가서 항복하고, 서쪽 국경에서 살 것을 청하였다.
> • 준왕은 만과 싸웠으나 이기지 못하고, 그 좌우의 궁인을 거느리고 달아나 바다를 건너 한(韓)땅에 살면서 스스로 한왕(韓王)이라 하였다.

① 사유 재산과 계급이 발생하였다.
② 철기 문화가 한반도 남부 지역에까지 확산되었다.
③ 발달된 문물의 수용과 더불어 상, 대부, 장군 등의 관직이 설치되었다.
④ 고조선 사회와 중국 세력 간의 조공과 책봉의 관계가 형성되기 시작하였다.
⑤ 조, 피, 수수 등의 밭농사 중심에서 벼농사가 시작되어 농경중심 사회가 되었다.

해설 위만 조선은 한반도에 철기 문화를 가져왔으며, 준왕을 몰아내고 왕위를 차지하게 한다. 그 후 고조선은 중국과 한반도 남부의 국가들 사이에서 중계무역으로 번성하다. 한 나라 무제의 공격으로 수도인 왕검성이 함락되면서 멸망하게 된다.

05 다음에 제시된 자료와 관련된 설명으로 가장 적절한 것은?
[2점]

① 백제 무령왕릉에서 발견된 유물이다.
② 신라의 불교 수용 과정을 보여주는 자료이다.
③ 가야 문화는 일본 고대 문화 발전에 크게 이바지하였다.
④ 고구려가 신라에 내정을 간섭했음을 보여주는 유물이다.
⑤ 발해가 신라와 상설 교통로를 개설하여 교류했음을 알려준다.

해설 호우명 그릇은 신라 경주의 호우총에서 발견된 것으로 밑면에 광개토 대왕을 뜻하는 글이 쓰여 있어 당시 고구려가 신라의 내정에 간섭했음을 보여주는 증거이다.

06 다음 <보기>의 (가)국가와 관련된 설명으로 옳은 것은?
[2점]

> 천리장성은 고구려가 (가)의 침략에 대비하여 쌓은 성으로 북쪽의 부여성에서 남쪽의 비사성에 이른다. 연개소문은 이 성곽 축조를 감독하면서 요동 지방의 군사력을 장악하여 정권을 잡을 수 있었다.

① 별동대가 을지문덕에 의해 격파되었다.
② 6세기 이후 낭항성을 통해 백제와 교류를 하였다.
③ 태종이 고구려를 침략하였으나 안시성에서 패하였다.
④ 국력이 약화된 상황에서 거란의 침입으로 멸망하였다.
⑤ 백제와 연합한 후 고구려를 공격하여 한강을 차지하였다.

해설 (가)의 국가는 당나라이다.
① 을지문덕의 살수대첩은 양제가 이끄는 수나라 군대와 싸운 것이다.
② 당항성은 신라의 국제무역항이다.
④ 황소의 난을 거쳐 주전충에게 멸망하였다.
⑤ 신라 진흥왕과 백제의 성왕은 고구려를 공격하여 한강 유역을 되찾았다.

보충설명 당 태종은 고구려를 침략하였으나 안시성 싸움에서 양만춘에게 패배하였다.

정답 04 ② 05 ④ 06 ③

07 다음 지도와 같은 시기의 고구려 활동으로 옳은 것은? [2점]

① 개루부 출신의 고씨가 왕위를 독점하였다.
② 부족적 성격의 5부를 행정적 성격의 5부로 개편하였다.
③ 낙랑과 대방군을 축출하고 남쪽 진출의 교두보를 확보하였다.
④ 대규모의 정복 전쟁으로 후연을 축출하고 요동지방을 장악하였다.
⑤ 백제를 공격하여 백제의 왕을 전사시키고 중원고구려비를 건립하였다.

해설 ①은 태조왕, ②는 고국천왕, ③은 미천왕, ④는 광개토대왕 때의 일이다.

보충설명 지도는 고구려의 전성기인 5세기 장수왕 때의 지도이다. 장수왕은 백제를 공격하여 아차산성에서 개로왕을 전사시키고 한강 유역을 장악하였다. 또 중원(충주) 지방에 중원고구려비를 건립하였다.

08 다음 자료를 통해 알 수 있는 사실을 〈보기〉에서 모두 고르면? [1점]

- 신문왕 7년(687) 문무 관료전을 지급하되 차등을 두었다.
- 신문왕 9년(689) 내외관의 녹읍을 혁파하고 매년 조(租)를 내리되 차등이 있게 하여 이로써 영원한 법식을 삼았다.
- 성덕왕 21년(722) 처음으로 백성에게 정전을 지급하였다.
- 경덕왕 16년(757) 여러 내외관의 월봉을 없애고 다시 녹읍을 나누어 주었다.
- 소성왕 원년(799) 3월에 청주 거노현으로 국학생의 녹읍을 삼았다.

『삼국사기』

〈보기〉
㉠ 삼국 통일 후 왕권 전제화가 이루어졌을 것이다.
㉡ 정전의 지급으로 귀족들의 농민 지배는 강화되었을 것이다.
㉢ 8세기 중반에 이르러서 왕권이 약화되었을 것이다.
㉣ 문무 관료전의 지급으로 국왕은 귀족들의 지지를 받았을 것이다.

① ㉠, ㉡ ② ㉠, ㉢ ③ ㉡, ㉢
④ ㉡, ㉣ ⑤ ㉢, ㉣

해설 8세기 신라 중대 왕권은 강화되었으며, 관료전의 지급과 녹읍의 폐지는 귀족들의 반발을 불러 일으켰을 것이다.

09 다음은 불교의 교종과 선종과의 관계를 비교한 것이다. 옳지 않은 것은? [3점]

구분	교종	선종
① 교리	경전의 이해를 통하여 깨달음 추구	구체적인 실천수행을 통하여 깨달음 추구
② 유행시기	중대	하대
③ 지지세력	왕실, 진골귀족	호족
④ 영향	국토를 재편성하려는 주장으로 발전	고려 건국의 사상적 기반 마련
⑤ 특징	조형미술 발달	승탑, 부도 유행

해설 교종 불교는 신라 중대 왕권을 강화시키는 데 기여하였고, 선종은 신라 하대 호족들의 지원을 받으며, 고려 건국의 사상적 기반으로 작용하였다. 국토의 재편성을 주장하였던 사상은 신라말 풍수지리설이다.

정답 07 ⑤ 08 ② 09 ④

10. 다음 중 발해의 대외 관계에 대한 옳은 설명을 〈보기〉에서 모두 고른 것은? [2점]

〈 보 기 〉

㉠ 고구려를 멸망시킨 신라를 적대시하여 교류가 이루어지지 않았다.
㉡ 신라를 견제할 목적으로 일본과 적극적으로 교류를 하였다.
㉢ 산둥반도와 양쯔강 하류에 발해인 마을을 조성하였다.
㉣ 연호를 사용함으로써 황제국으로서의 위상을 높이려 하였다.

① ㉠, ㉡ ② ㉠, ㉢ ③ ㉡, ㉢
④ ㉡, ㉣ ⑤ ㉢, ㉣

해설 ㉠ 신라와는 신라도라는 상설 교통로를 통하여 교류가 이루어졌다.
㉢ 산둥반도와 양쯔강 하구에는 신라방이라는 신라인 마을이 조성되었다.

보충설명 발해는 일본과의 교류를 통하여 신라를 견제하려 하였고 독자적 연호를 사용해 스스로 국가의 위상을 높였다.

11. 다음과 같은 업적을 남긴 왕에 대한 설명으로 옳은 것을 〈보기〉에서 고르면? [2점]

천수라는 독자적인 연호를 사용하였고, 고구려의 계승의지를 담아 북진정책을 표방하면서 청천강에서 영흥에 이르는 국경선을 확보하였다.

〈 보 기 〉

㉠ 삼국통일 과정에서 불법적으로 노비가 된 자들을 조사하여 양인으로 해방시켰다.
㉡ 정계와 계료백서를 통해 신하들의 규범을 제시하였다.
㉢ 신라의 상수리 제도를 계승한 기인제도를 실시하여 호족 세력을 견제하였다.
㉣ 거란에 대한 강경책으로 재위 기간 중 만부교 사건이 벌어졌다.

① ㉠, ㉡ ② ㉡, ㉢ ③ ㉢, ㉣
④ ㉠, ㉡, ㉢ ⑤ ㉡, ㉢, ㉣

해설 제시문의 왕은 고려 태조 왕건이다.
㉠ 광종의 노비안검법에 대한 설명이다.

12. 다음 글을 통해 고려의 지방 행정 조직의 성격을 바르게 파악한 것은? [2점]

모든 군현에 지방관이 파견되지는 않았다. 현까지는 중앙에서 지방관을 파견하는 것이 원칙이었지만, 지방관이 파견되지 않는 현이 더 많았다. 지방관이 파견된 것을 주현으로 하고 그 밑에 수령이 파견되지 않은 몇 개의 속현을 예속시켜, 주현의 수령으로 하여금 속현을 관장하게 하였다. 군현에는 호장, 부호장 등의 향리가 말단 행정을 담당하였다.

① 국가 권력이 향촌 말단까지 미칠 수 있었다.
② 중세 서유럽과 같은 지방 분권적인 통치 질서가 마련되었다.
③ 농민들은 지방 세력가의 임의적인 지배에서 벗어날 수 있었다.
④ 지방 세력가들의 향촌 지배권을 인정하는 바탕 위에 중앙 집권을 꾀했다.
⑤ 고려는 향촌 자치를 위한 기구와 중앙 집권을 위한 기구를 각각 설치하였다.

해설 ① 국가 권력이 향촌 말단까지 미칠 수 없었다.
② 중세 서유럽의 봉건제도는 봉토를 매개로 한 쌍무적 계약 관계에 의해 성립되었으므로 고려와는 관련 없다.
③ 농민들은 지방 세력가의 임의적인 지배에서 벗어날 수 있었다.
⑤ 조선 시대에 들어서 향촌자치 기구인 유향소와 중앙 집권 기구인 경재소가 설치된다.

보충설명 고려는 지방관이 파견되는 주현보다 파견되지 않는 속현이 더 많아 완벽한 중앙집권 체제를 이루었다고 볼 수 없다. 즉, 지방 세력가들의 독자적 지배권을 인정하는 바탕위에 중앙 집권을 추진했다고 볼 수 있다.

13. 다음은 어떤 나라의 토지 제도이다. 이 나라에 대한 설명으로 옳은 것은? [2점]

벼슬아치에게 곡물을 수취할 수 있는 전지(田地)와 땔감을 얻을 수 있는 시지(柴地)를 주는 토지 제도이다. 이것은 역분전(役分田)을 토대로 발전시킨 제도로서 관직과 함께 인품을 반영하여 토지를 분배하였다. 이후 이를 개정하여 관직만을 고려하여 개정하면서 지급량도 줄였다. 토지가 모자라게 되자, 현직 관료에게만 토지를 지급하게 되었다.

정답 10 ④ 11 ⑤ 12 ④ 13 ①

―〈 보기 〉―
㉠ 일반 행정구역과 군사 행정구역의 2원적 구조였다.
㉡ 향리에게는 외역전을 지급하고, 역이 세습되면 토지도 세습하였다.
㉢ 모든 행정구역에 지방관을 파견하는 중앙집권 국가 체제를 갖추었다.
㉣ 과거제를 시행했고 과거 출신이 아니면 고위직으로 승진하기 어려웠다.

① ㉠, ㉡ ② ㉡, ㉢ ③ ㉢, ㉣
④ ㉠, ㉢ ⑤ ㉡, ㉣

해설 ㉠ 고려는 일반 행정구역인 5도와 군사 행정구역인 양계로 구분되어 있었다.
㉡ 향리에게 지급하는 외역전은 그 역이 세습되면 함께 세습되었다.
㉢ 지방관이 파견되는 주현과 파견되지 않는 속현으로 구분되며 속현의 숫자가 더 많았다.
㉣ 과거제가 시행되었으나, 음서 출신들도 승진에 제한을 받지는 않았다.

14 빈칸 (가), (나) 에 들어갈 인물과 그들의 주장에 대한 설명으로 옳은 것은? [2점]

실상은 낭가와 불교 양가 대 유교의 싸움이며, 국풍파 대 한학파의 싸움이며, …… 진취 사상 대 보수 사상의 싸움이니, (가)는 전자의 대표요, (나)는 후자의 대표였던 것이다. 이것이 어찌 일천년래 제일 대사건이라 하지 아니하랴.

① (가)는 묘청으로 대표되는 중앙귀족이다.
② (가)는 현실적이고 보수적인 유학을 대표하는 인물이다.
③ (나)는 풍수지리사상에 입각하여 서경으로 천도를 주장하였다.
④ (나)는 고구려 계승의식을 바탕으로 북진정책의 재추진을 주장하였다.
⑤ (가)와 (나)의 대립은 고려의 문벌귀족 사회를 동요하게 하는 계기가 되었다.

해설 (가)는 묘청, (나)는 김부식이다. 묘청은 서경 천도 운동이 실패로 끝나자 난을 일으켰고, 묘청의 난은 고려 문벌귀족사회의 분열을 보여주는 것으로 이 사건으로 문벌귀족 사회가 동요하게 되었다.

중심세력	배경 사상	대외정책	역사의식
김부식 중심의 보수적 관리층	사대적 유교정치 사상	금에 대한 사대 정책	신라 계승 의식
묘청, 정지상 중심의 개혁적 관리층	개혁적 관리층 풍수지리설	북진정책, 금국 정벌	고구려 계승 의식

15 다음 그림의 선생님이 제시한 과제를 해결하기 위한 탐구활동으로 적절한 것은? [1점]

무신들은 권력을 독점하기 위해 서로 싸움을 벌였습니다. 결국 최충헌이 권력을 장악하여 60여 년 동안 최씨 정권이 지속됩니다. 그러면 최충헌은 정권 유지를 위해 무슨 일을 했을까요?

① 중방의 인원 구성 현황을 살펴본다.
② 삼별초를 편성한 원인을 파악한다.
③ 교정도감을 설치하고 교정별감에 오른 이유를 파악한다.
④ 인사기구로 정방을 설치하고 인사권을 장악하는 과정을 조사한다.
⑤ 수도를 강화도로 천도하고 서방을 설치하여 문신들의 자문을 받은 과정을 조사한다.

해설 ① 중방은 최충헌 이전 무신정권의 최고 기구였다.
② 삼별초는 최우가 만든 사병조직으로 원래는 강화도의 치안을 담당하기 위해 만든 야별초를 모델로 한다.
④ 최우는 자신의 집에 인사기구인 정방을 설치하고 인사권을 장악하였다.
⑤ 최우는 문신 자문기관으로 서방을 설치하고 몽고와의 전쟁과정에서 수도를 강화도로 옮겼다.

보충설명 최충헌은 권력을 장악하고 무신정권 초기의 최고 기관이었던 중방대신 교정도감을 설치하고 교정별감에 취임한다.

정답 14 ⑤ 15 ③

16 다음의 내용은 고려에서 국가에 봉사하는 대가로 관료에게 토지를 나누어 주는 제도이다. 순서대로 나열한 것을 고르시오. [1점]

> ㉠ 관직의 높고 낮음과 함께 인품을 반영하여 토지를 지급하였다.
> ㉡ 후삼국 통일과정에서 공을 세운 사람들에게 토지를 지급하였다.
> ㉢ 현직관료에게만 토지를 지급하였다.
> ㉣ 관직만을 고려하여 토지를 지급하고 지급량도 재조정하였다.

① ㉠ → ㉡ → ㉢ → ㉣
② ㉡ → ㉠ → ㉢ → ㉣
③ ㉡ → ㉠ → ㉣ → ㉢
④ ㉡ → ㉢ → ㉣ → ㉠
⑤ ㉢ → ㉠ → ㉣ → ㉡

해설 고려의 토지 제도의 개편 순서는 역분전 → 시정전시과 → 개정전시과 → 경정전시과의 순이다.
㉡ 태조의 역분전에 대한 설명이다. 역분전은 충성도와 인품을 기준으로 한 논공행상적 성격을 띠고 있었다.
㉠ 경종 때 시행된 시정전시과이다. 시정전시과는 관직과 인품을 기준으로 전직, 현직 관리에게 토지를 분급하여 주었다.
㉣ 목종 때 시행된 개정전시과이다. 개정전시과는 관직만을 기준으로 전·현직 관리에게 토지를 분급하였다.
㉢ 문종 때의 경정전시과로 관직을 기준으로 현직 관료에게만 토지를 지급하였다.

17 다음 밑줄 친 ㉠~㉣에 대한 설명으로 옳은 것은? [2점]

> 평량은 평장사 김영관의 집안 노비로, 경기도 양주에 살면서 ㉠<u>농사에 힘써</u> 부유하게 되었다. 그는 권세가 있는 중요한 길목에 뇌물을 바쳐 천인에서 벗어나 ㉡<u>산원동정의 벼슬</u>을 얻었다. 그의 처는 소감 왕원지의 ㉢<u>집안 노비</u>인데, 왕원지는 집안이 가난하여 가족을 데리고 가서 의탁하고 있었다. 평량이 후하게 위로하여 서울로 돌아가기를 권하고는 ㉣<u>길에서 몰래 처남과 함께 원지의 부처와 아들을 죽이고</u>, 스스로 그 주인이 없어졌으므로 계속해서 양민으로 행세할 수 있음을 다행으로 여겼다.
> 『고려사』

① ㉠ - 평량은 주인에게 일정량의 신공을 바쳐야 했다.
② ㉡ - 과거를 통해 벼슬을 얻었다.
③ ㉢ - 평량의 처는 입역노비이다.
④ ㉣ - 이들은 장례원에서 범죄를 처리하였다.
⑤ 평량이 낳은 자식은 평민의 신분을 얻는다.

해설 평량은 사노비 중 외거노비에 해당하므로 주인에게 신공을 바쳐야 한다.
③ 입역노비는 공노비를 말하는데 평량의 처는 사노비이다.
④ 장례원은 조선 시대에 노비에 관한 범죄를 담당하던 기관이다.
⑤ 고려 시대에는 부모 중 한쪽이 천인이고, 그 자식도 천인이면 일천즉천이 적용되었으므로 평량의 자식은 천민의 신분을 갖는다.

18 다음과 같은 시기의 역사적 사실로 적절한 것을 〈보기〉에서 고른 것은? [2점]

> 충주 부사 우종주가 … 판관 유홍익과 틈이 있었는데, … 우종주는 양반 별초를 거느리고, 유홍익은 노군(奴軍)과 잡류(雜類) 별초를 거느리고 서로 시기하였다. 적병이 오자, 우종주와 유홍익은 양반 등과 함께 다 성을 버리고 도주하고, 오직 노군과 잡류만이 힘을 합하여 쳐서 이를 쫓았다.
> 『고려사』

〈 보 기 〉
㉠ 서희가 외교 담판을 통해 강동 6주를 획득하였다.
㉡ 김윤후가 처인성에서 적의 사령관을 사살하였다.
㉢ 최우는 장기 항전을 위해 수도를 강화도로 옮겼다.
㉣ 최무선은 진포해전에서 화약무기로 적을 크게 무찔렀다.

① ㉠, ㉡   ② ㉡, ㉢   ③ ㉢, ㉣
④ ㉠, ㉢   ⑤ ㉡, ㉣

해설 제시문은 몽고와의 항쟁 과정에 대한 설명이다. ㉠은 거란의 1차 침입, ㉣은 왜구의 격퇴에 대한 설명이다.

19 다음과 같은 교서를 내린 왕의 업적으로 옳은 것을 고르면? [2점]

정답 16 ③ 17 ① 18 ② 19 ②

원에 의해 지정된 연호의 사용을 중단하고 교서를 내리기를, "요사이 나라의 풍속이 일변하여 오직 권세만 추구하게 되어 기철 등이 군주를 전율케 하는 위협을 빙자하여 나라 다스리는 법을 흔들며, 사람이 토지를 가지면 이것을 함부로 빼앗고 사람이 노비를 가지면 이를 탈취하니 이것이 과인의 덕이 없는 탓인가… 깊이 이 연고를 생각하니 매양 슬프도다." 하였다.

『고려사』

〈 보 기 〉
㉠ 정방을 폐지하고 왕권을 강화하였다.
㉡ 서경을 중시하고 북진정책을 추진하였다.
㉢ 신돈을 등용하고 전민변정도감을 설치하였다.
㉣ 원의 수도인 연경에 만권당을 설치하였다.

① ㉠, ㉡   ② ㉠, ㉢   ③ ㉡, ㉢
④ ㉡, ㉣   ⑤ ㉢, ㉣

해설 ㉡은 고려 태조, ㉣은 충선왕이다.

보충설명 공민왕은 최우 때 설치된 인사기구인 정방을 폐지하고 신돈을 등용하여 권문세족이 불법적으로 차지한 토지를 원래로 돌려주었다.

20 다음과 같은 문화재가 제작되었을 시기의 일로 보기 어려운 것은? [2점]

〈상감청자 운학 문매병〉

① 봉사 10조를 건의하는 최충헌
② 팔만대장경을 조판하는 장인
③ 수선사 결사운동에 참여하는 승려
④ 요동 정벌을 위해 출정하는 고려 군대
⑤ 공주 명학소에서 일어난 난에 동참하는 농민

해설 고려 초기에는 순수 청자가 제작되었으나, 12세기 중엽 고려의 독창적인 상감기법이 개발되어 상감청자가 등장한다. 이후 원 간섭기에는 분청사기가 제작되어 조선 초기까지 유행하게 된다.

21 다음은 조선의 중앙 정치기구이다. 다음 설명 중 옳은 것을 고르면? [2점]

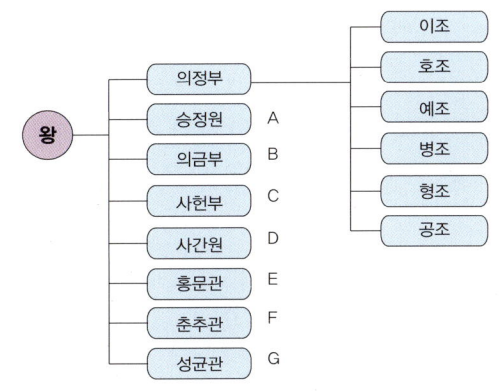

〈 보 기 〉
㉠ A와 B는 왕권을 강화시키는 역할을 하였다.
㉡ C, D, E는 삼사라 불리며, 왕권을 견제하였다.
㉢ F는 역사의 편찬을 담당한 기구이다.
㉣ G는 조선의 최고 교육기관으로 고려 시대 교육기관의 명칭을 계승하였다.

① ㉠, ㉡   ② ㉡, ㉢   ③ ㉢, ㉣
④ ㉠, ㉡, ㉢   ⑤ ㉠, ㉡, ㉢, ㉣

해설 승정원과 의금부는 왕권을 강화, 삼사는 왕권을 견제하는 역할을 하였다. 성균관은 고려 충선왕 때 처음으로 명칭이 사용되었으며, 공민왕 때는 기술학부를 폐지, 순수 유교 교육기관이 되었다. 이후 조선에서도 그 명칭이 유지되어 조선의 최고 교육기관이 되었다.

22 다음 자료의 빈칸에 들어갈 정책을 시행한 왕때의 문화로 옳은 것은? [2점]

사대부들은 성리학을 국가 지도 이념으로 삼아 새로운 통치 질서를 세웠지만 치열한 권력 투쟁이 벌어졌다. 갈등의 핵심은 왕권과 신권의 조화 문제였다. ( )는 6조에서 정무를 왕에게 직접 고하고 왕명을 집행하여 왕권이 강화되었다.

① 음악 이론서인 『악학궤범』이 편찬되었다.
② 우리 실정에 맞는 최초의 농서가 편찬되었다.

정답 20 ④ 21 ⑤ 22 ③

③ 조선 시대 최초의 금속활자인 계미자가 만들어졌다.
④ 음의 높낮이를 나타낼 수 있는 정간보가 창안되었다.
⑤ 한양을 중심으로 천체의 운행을 기록한 칠정산이 만들어졌다.

해설 제시문의 6조 직계제를 시행한 왕은 태종과 세조이다. 태종 3년 개량된 금속활자인 계미자가 만들어졌다. ①은 성종, ②는 세종 때의 농사직설, ④, ⑤는 세종 때이다.

23 다음의 이들과 조선의 대외 관계에 대한 옳은 설명을 보기에서 고른 것은? [2점]

- 고려 시대 윤관은 별무반을 구성하여 이들을 토벌하고 동북9성을 축조하였다.
- 조선 세종 때 이들을 정벌하고 4군과 6진을 설치한 후 사민 정책과 토관 제도를 실시하였다.

〈 보기 〉
㉠ 조선은 이들과 사대 관계를 맺고 선진 문물을 수용하였다.
㉡ 조선은 경원과 경성에 무역소를 두고 이들과의 무역을 허용하였다.
㉢ 조선은 이들의 귀순을 장려하여 관직을 주거나 토지를 제공하기도 하였다.
㉣ 조선은 이들의 약탈이 심해지자 이들의 근거지인 쓰시마 섬을 정벌하기도 하였다.

① ㉠, ㉡　② ㉠, ㉢　③ ㉡, ㉢
④ ㉡, ㉣　⑤ ㉢, ㉣

해설 제시문의 이들은 여진족이다.
㉠은 명, ㉣은 일본에 대한 설명이다.

24 다음 중 사림에 대한 설명으로 옳은 것을 모두 고르면? [2점]

〈 보기 〉
㉠ 경학을 중시하였고 성리학 이외의 학문에 배타적이었다.
㉡ 서원과 향약을 기반으로 향촌 사회를 지배하였다.
㉢ 고려말 급진파 신진사대부의 학풍을 계승하였다.
㉣ 부국 강병과 중앙집권을 국정 목표로 삼았다.

① ㉠, ㉡　② ㉠, ㉢　③ ㉡, ㉢
④ ㉡, ㉣　⑤ ㉢, ㉣

해설 사림파는 유학의 경전을 연구하는 경학을 중시하였고 성리학을 절대시하였다. 이들은 서원과 향약을 기반으로 향촌 사회에서 성장하였다.
㉢ 고려말 급진파 신진사대부의 학풍을 계승한 것은 관학파(훈구세력)이다.
㉣ 부국강병, 중앙집권은 관학파의 주장이고, 사림파는 향촌 자치와 왕도정치를 주장하였다.

25 다음의 기구가 처음 제작되었을 당시의 문화 동향으로 옳지 않은 것은? [2점]

이 기구는 쇠로 제작되었고 길이 1척5촌(약 32cm), 지름 7촌(약 15cm)이었다. 비가 그치면 비의 양과 비가 내리기 시작한 시간과 그친 시간을 기록하게 하였다.

① 우리 고유의 문자인 한글이 창제되었다.
② 안견의 인왕제색도는 이 시기를 대표하는 그림이다.
③ 성종 때 만들어진 『동국통감』은 단군을 민족의 시조로 서술하였다.
④ 세종 때 유교 윤리의 보급을 위하여 『삼강행실도』가 제작되었다.
⑤ 성종 때 지리서로 동국여지승람이 편찬되었다.

해설 제시된 사진은 세종 때 처음 제작된 측우기이다. 안견은 안평대군의 꿈 이야기를 듣고 몽유도원도를 남겼고, 인왕제색도는 정선의 그림이다.

26 다음 (가)와 (나)의 글과 관련된 설명으로 옳은 것은? [2점]

(가) 김종직은 나쁜 마음을 품고 몰래 그 무리들을 모아 음흉한 계획을 시행하려고 한 지 오래 되었다. 항우가 의제를 죽인 일에 거짓 핑계를 하고 글로 표현하여 세조를 나무라고 헐뜯었으니 하늘에 닿으리만큼 악독한 죄이므로 용서할 수 없다.

(나) 지난 번 조광조가 아뢴바 천거로 인재를 뽑는 일은 홍문관에서 여럿이 의논한 일입니다. 혹 뒷 폐단이 있을까 염려되고 혹 공평하지 못할까 염려되기는 하나 대체로 좋은 일이니 한 두 사람이 천거에 빠진다 하더라도 주저할 것이 없이 시행해야 합니다.

① (가) - 폐비 윤씨의 문제로 관련된 김종직이 부관참시를 당했다.
② (가) - 중종반정의 공신세력을 약화시키려는 데에 불만을 품었다.
③ (가) - 무오사화를 통해 많은 사림이 화를 입거나 정계에서 물러났다.
④ (나) - 갑자사화가 발생하여 현량과를 통해 관직에 오른 사림들이 제거되었다.
⑤ (나) - 정권을 장악한 사림세력이 동인과 서인으로 나누어지는 계기가 되었다.

해설 (가)는 무오사화 당시 훈구세력의 주장이고, (나)는 조광조의 현량과에 대한 설명이다. 김종직의 '조의제문' 때문에 벌어진 무오사화는 사림세력에게 막대한 피해를 주었다.

27 연표의 (가) 시기에 들어갈 수 있는 사실로 옳은 것은? [2점]

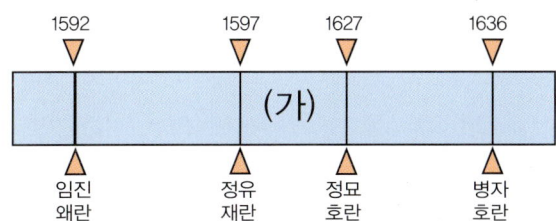

〈 보 기 〉
㉠ 북벌운동 ㉡ 인조반정
㉢ 동인과 서인의 붕당 출현 ㉣ 이괄의 난

① ㉠, ㉡ ② ㉠, ㉢ ③ ㉡, ㉢
④ ㉡, ㉣ ⑤ ㉢, ㉣

해설 ㉠ 병자호란의 치욕을 씻자는 북벌운동은 인조 이후 즉위한 효종 때에 일어난다.
㉢ 동인과 서인은 선조 때 이조전랑의 임명문제로 나뉘게 된다.

보충설명 선조 다음 왕위에 오른 광해군은 명과 후금의 교체기에서 중립외교 정책을 표방하였다. 그러나 광해군의 외교 정책에 불만을 가진 세력은 인조반정을 일으켰고, 반정 이후 논공행상에 불만을 가진 이괄이 난을 일으키게 된다.

28 다음 자료와 관련된 왕이 추진한 정책으로 옳은 것을 〈보기〉에서 고른 것은? [3점]

〈시흥환어행렬도의 어가〉

〈 보 기 〉
㉠ 청계천을 준설하여 하천의 범람을 막고자 하였다.
㉡ 균역법을 시행하여 백성들의 군역 부담을 줄여주었다.
㉢ 육의전을 제외한 시전상인들의 금난전권을 폐지하였다.
㉣ 향약을 수령이 주관하게 함으로써 수령의 영향력을 강화하였다.

① ㉠, ㉡ ② ㉠, ㉢ ③ ㉡, ㉢
④ ㉡, ㉣ ⑤ ㉢, ㉣

해설 제시된 그림은 정조 때의 그림이다.
㉠, ㉡은 영조 때의 일이다.

보충설명 정조는 금난전권을 폐지하여 자유로운 상행위가 가능하게 하였고, 지방 사족이 주관하던 향약을 수령이 주관하게 함으로써 수령의 영향력을 강화시켰다.

29 다음은 조선 후기 실학자의 주장이다. (가)와 (나)의 주장을 펼친 인물에 대한 설명으로 옳지 않은 것은? [3점]

(가) 무릇 1여의 토지는 1여의 인민이 공동으로 경작하도록 하고 여장은 매일 개개인의 노동량을 장부에 기록해 두었다가 … 국가에 바치는 세를 먼저 제하고, 다음에는 여장의 봉급을 제하며, 그 나머지를 가지고 장부에 의거하여 노동량에 따라 여민에게 분배한다.

정답 27 ④ 28 ⑤ 29 ④

(나) 대체로 재물은 비유하건대 샘과 같은 것이다. 퍼내면 차고, 버려두면 말라 버린다. 그러므로 비단옷을 입지 않아서 나라에 비단 짜는 사람이 없게 되면 여공이 쇠퇴하고, … 기예가 망하게 되며 농사가 황폐해져서 그 법을 잃게 되므로 사농공상의 사민이 모두 곤궁하여 서로 구제할 수 없게 된다.

① (가) – 신유박해로 유배에 올랐고 유배기간 중 많은 저술을 남겼다.
② (가) – 중국의 기기도설을 참고하여 배다리와 거중기를 설계하였다.
③ (나) – 발달된 청의 문물을 적극적으로 수용하여야 한다고 주장하였다.
④ (나) – 청에 다녀와 열하일기를 저술하고 화폐 유통의 필요성을 강조하였다.
⑤ (가)와 (나)의 실학자들은 정권에서 소외되어 주장이 국가 정책에 반영되지 못하였다.

해설 (가)는 중농학파 실학자인 정약용의 여전론, (나)는 소비를 강조한 중상학파 실학자인 박제가의 주장이다. ④는 중상학파 실학자인 박지원에 대한 설명이다.

30 다음 대화의 (가)의 제도에 대한 설명으로 옳은 것은? [2점]

① 영정법을 시행하여 풍흉에 관계없이 1결당 4두를 징수하였다.
② 어용상인인 공인이 등장하여 상공업의 발달에 크게 기여하였다.
③ 세금의 부족분을 메우기 위하여 상류층에게 선무군관포를 징수하였다.
④ 지주들에게 토지 1결당 미곡 2두의 결작미를 걷었다.
⑤ 이 제도의 시행으로 공납에서 현물 납부는 완전히 사라지게 되었다.

해설 ① 인조 때 시행된 영정법에 대한 설명이다.
③, ④ 영조 때 시행된 균역법에 대한 설명으로 균역법의 시행으로 부족해진 세액을 메우기 위해 영조는 상류층에게 1필의 선무군관포를 걷고 지주에게는 결작이라는 명목으로 토지 1결당 미곡 2두를 걷었다.
⑤ 대동법의 시행으로 상공에서의 현물 납부는 사라졌지만 별공과 진상의 형태로 현물납부가 남아있었다.

보충설명 방납의 폐단을 없애기 위해 광해군 때 대동법이 시행되었고, 이 제도의 시행으로 공인이 등장하여 조선의 상공업 발전에 크게 기여하였다.

31 다음 그림과 같은 현상이 나타나던 시기의 향촌 사회에 대한 설명으로 옳은 것을 〈보기〉에서 모두 고르면? [3점]

- 영덕의 구향(舊鄕)은 사족이며, 신향(新鄕)은 모두 향리와 서리의 자식입니다. 근래 신향들이 향교를 주관하면서 구향들과 서로 마찰을 빚고 있습니다.
  – 승정원 일기 –
- 요사이 수령들은 한 고을을 제멋대로 다스려 다른 사람이 그 잘못을 고칠 수가 없습니다. 수령이 옳다고 하면 좌수 이하 모두 그렇다고 합니다.
  – 비변사 등록 –

〈 보 기 〉
㉠ 수령을 중심으로 한 관권이 강화되었다.
㉡ 관권과 신향(新鄕)이 서로 대립하였다.
㉢ 전통적인 지방 사족의 향촌 지배력이 약화되었다.
㉣ 신향(新鄕)은 향촌의 지배력을 장악하고자 하였다.

① ㉠, ㉡   ② ㉠, ㉢   ③ ㉡, ㉢
④ ㉠, ㉢, ㉣   ⑤ ㉠, ㉡, ㉢, ㉣

해설 부농층은 종래 향촌 사족이 담당하던 정부의 부세 제도 운영에 적극 참여하였으며, 향임직에 진출하지 못한 곳에서도 수령이나 기존의 향촌 세력과 타협하여 상당한 지위를 확보해 갔다.

32 (가)와 (나)는 조선 후기 등장한 새로운 종교이다. 이 두 종교의 공통점에 해당하는 것은? [2점]

> (가) 17세기에 중국 북경의 천주당을 방문한 조선의 사신들에 의해 서학으로 소개되었다.
> (나) 경주 출신의 최제우가 창도하였는데, 유·불·선을 바탕으로 주문과 부적 등 민간 신앙의 요소가 결합되었다.

〈 보 기 〉
㉠ 정부로부터 탄압을 받았다.
㉡ 반외세 성향이 강한 종교로 반외세를 주장하였다.
㉢ 평등사상을 바탕으로 양반 중심의 사회질서를 부정하였다.
㉣ 조상에 대한 제사 의식을 거부하였다.

① ㉠, ㉡   ② ㉠, ㉢   ③ ㉡, ㉢
④ ㉡, ㉣   ⑤ ㉢, ㉣

해설 (가)는 천주교, (나)는 동학에 대한 설명이다. 이 두 종교는 평등사상을 강조하며, 양반 중심의 사회질서를 부정하였고 이로 인하여 정부의 탄압을 받았다.
㉡은 동학, ㉣은 천주교에 대한 설명이다.

33 다음 대화를 통해 알 수 있는 조약에 대한 설명으로 적절한 것만 모두 고르면? [1점]

부산과 두 항구를 개방한다는군.
들었네. 배를 끌고와서 협박하였다면서...

〈 보 기 〉
㉠ 최초의 근대적 조약이었으나 불평등 조약이었다.
㉡ 러시아 세력의 남하를 막기 위한 청의 알선이 있었다.
㉢ 영사 재판권과 영해 측량권을 인정하였다.
㉣ 최익현은 5불가소를 올려 개항을 반대하였다.
㉤ 제3국의 핍박에 공동으로 대응한다는 거중조정의 내용이 있었다.

① ㉠, ㉢   ② ㉡, ㉣
③ ㉠, ㉢, ㉣   ④ ㉡, ㉢, ㉤
⑤ ㉠, ㉡, ㉢, ㉣

해설 ㉡, ㉤은 조·미수호통상조약에 대한 설명이다.

보충설명 1876년 일본과 맺은 강화도 조약은 우리나라가 맺은 최초의 근대적 조약이었으나, 치외법권(영사 재판권)과 영해 측량권을 인정하는 불평등 조약이었다. 최익현은 5불가소를 올려 왜양일체론을 내세웠으나 강화를 막지는 못하였다.

34 다음 글이 쓰일 당시의 상황으로 가장 옳은 것은? [3점]

> 동래부 암행어사 이헌영은 보아라. 일인(日人)의 조정의론·국세 형편·풍속 인물·교빙 통상 등의 대략을 다시 한번 염탐하는 것이 좋겠다. 그러니 그 나라로 건너가 크고 작은 일들을 보고 듣되, 이에 필요한 날짜의 길고 짧음에 구애받지 말고 낱낱이 탐지해서 뒤에 이를 별도의 문서로 조용하게 보고하라.
>
> 『고종봉서』

① 통리기무아문을 중심으로 개화정책이 추진되고 있었다.
② 개화정책의 추진에 대한 반발로 구식군대가 정변을 일으켰다.
③ 대표단의 일원으로 일본에 간 김홍집은 조선책략을 가지고 돌아왔다.
④ 우정국 축하연을 계기로 급진개화파가 정변을 일으켰으나 실패하였다.
⑤ 우리나라 최초의 근대적 조약이 체결되고 본격적인 개화정책이 추진되었다.

해설 ② 1882년의 임오군란에 대한 설명이다.
③ 1880년 2차 수신사로 일본을 방문한 김홍집은 조선책략을 가지고 돌아왔다.
④ 1884년 갑신정변에 대한 설명이다.
⑤ 1876년 강화도 조약으로 최초의 근대적 조약을 체결한 조선 정부는 개화정책을 추진하였다.

정답 32 ② 33 ③ 34 ①

보충설명 1880년 통리기무아문을 만들고 본격적인 개화를 추진하던 정부는 1881년 일본에 조사 시찰단을 파견하였다.

35 그래프는 대일 수출입 상품의 품목별 비율이다. 이를 통해 추론한 것으로 옳은 것을 〈보기〉에서 고른 것은? [2점]

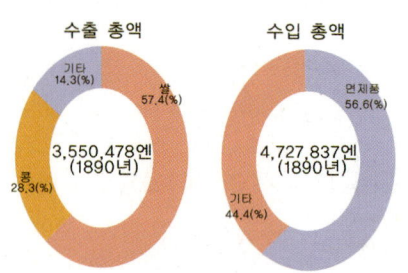

(오이시, "일본 산업 혁명의 요구")

〈 보 기 〉
㉠ 면제품의 수입이 증가하면서 의복생활이 크게 개선되었다.
㉡ 쌀의 수출 과정에서 일부 지주들은 경제적 이득을 보았다.
㉢ 쌀 부족 현상을 해결하기 위해 일본은 만주에서 잡곡을 수입하였다.
㉣ 쌀의 유출이 증가하자 이를 막기 위한 지방관들의 명령이 내려졌다.

① ㉠, ㉡ ② ㉠, ㉢ ③ ㉠, ㉣
④ ㉡, ㉢ ⑤ ㉡, ㉣

해설 개항 초기 일본은 조선에 값싼 영국산 면제품을 팔고 쌀과 곡물을 수입하는 중개무역을 하였다. 이로 인해 쌀값이 폭등하여 백성들의 생활은 어려워졌고, 지방관들은 방곡령으로 곡식의 외부 유출을 막고자 하였으나, 실효를 거두지 못하였다. 일부 지주 계층은 쌀의 판매로 경제적 이득을 누렸고 값싼 면제품의 수입으로 전통적인 수공업이 타격을 입으면서 농촌 경제는 피폐해졌다.

36 다음 자료가 만들어지던 시기의 개혁의 성과로 적절하지 않은 것은? [1점]

대한제국 당시 발급된 이 문서는 두 차례에 걸친 토지 조사 사업의 결과로 발급되었다.

① 실업학교와 기술교육 기관이 설치되었다.
② 국방력 강화를 위해 군사 제도를 개혁하였다.
③ 전차, 철도, 전화 등 근대적 시설이 마련되었다.
④ 자주국임을 과시하기 위하여 개국연호가 사용되었다.
⑤ 공장과 회사를 설립하는 등 상공업 진흥 정책이 추진되었다.

해설 제시된 문서는 대한제국에서 발행한 근대적 토지 소유 문서라 할 수 있는 지계이다.
④ 개국 연호는 1차 갑오개혁 당시 쓰였고, 대한제국은 광무라는 연호를 사용하였다.

보충설명 대한제국은 구본신참의 원칙하에 식산흥업 정책을 실시하여 상공의 진흥을 추진하였다.

37 다음은 황국 중앙 총상회의 규칙의 주요 내용이다. 이를 통하여 유추할 수 있는 당시의 상황으로 옳지 않은 것은? [2점]

• 중앙의 각전이 통동설회(通同設會)하여 전계(廛界)를 정하되, 동으로 철물교, 서로 송교, 남으로 소광교, 북으로 안현 이내에서는 외국인의 상판을 금하고 해당 지역 이외의 본국 각전은 중앙회에서 관할한다.
• 농상공부에서 허가한 인지는 본회에서 관할하며, 각도와 각 군의 장시, 항구, 포구의 객주회사와의 교역 때 무명잡세를 일체 금한다.
• 본회 자본은 매일고에 50원씩 하되 금액의 다소는 소원대로 한다.

① 황국 중앙 총상회는 민족적 권익인 상권을 수호하려고 하였다.
② 서울의 시전 상인들은 독점적 특권을 계속 유지하려고 하였다.
③ 전통 상인들은 상권을 수호하기 위하여 회사를 설립하였다.
④ 보부상들의 특권을 보호하기 위하여 조직된 단체로 전국에 지부를 설치하였다.
⑤ 정부가 외국 상인에 상권 침투에 대항하여 자유로운 상업 활동을 보장하기 위해 조직하였다.

해설 황국 중앙 총상회는 외국 상인들의 내륙 침투에 대응하여 만들어진 조직으로 자유로운 상업 활동을 보장한 것은 아니었다.

38 다음은 일제에 의해 시행되었던 어느 사업의 개요를 정리한 것이다. 이 사업에 대한 설명으로 옳은 것은? [3점]

- 시행 기간 1920년부터 15년간
- 토지 개량 면적 427,500정보
- 논의 관개 개선 225,000정보
- 밭을 논으로 변경 123,500정보
- 개간, 간척 90,000정보
- 증수 목표쌀 8,995,000석
- 재정 보조 63,010,000원
- 융자 75,000,000원
- 수출 목표쌀 8,000,000석

㉠ 해외 이주 농민의 증가 추이와 그 시기를 분석해 본다.
㉡ 1938년에 공포된 국가 총 동원령의 내용을 조사해 본다.
㉢ 만주로부터 국내에 도입되는 잡곡의 종류와 양을 알아본다.
㉣ 국내에서 재배되는 상품 작물의 종류와 그 유통 경로를 파악해본다.

① ㉠, ㉡ ② ㉠, ㉢ ③ ㉡, ㉢
④ ㉡, ㉣ ⑤ ㉢, ㉣

해설 제시된 자료는 1920년대 일제에 의해 시행된 산미증식계획이다.
㉠ 식량을 비롯한 경제 상황이 악화되자 농민들은 경제적 이유로 해외로 이주하는 농민이 증가하였다.
㉡ 산미 증식계획은 1920년대 일제의 수탈 방식이다.
㉢ 조선의 쌀 부족 현상이 심각해지자 일제는 만주에서 잡곡을 수입하여 문제를 해결하려 하였으나 실효를 거두지 못하였다.
㉣ 산미 증식계획은 주곡 작물인 쌀의 생산량을 늘리려는 것으로 상품 작물과는 관계없다.

보충설명 일제는 본국의 쌀 부족 현상을 해결하기 위하여 산미 증식계획을 실시하였다. 쌀의 생산량이 증가하였고, 계획에 미치지 못하여도 수탈량은 계획대로 수탈하여 조선의 식량 사정은 악화되었다.

39 다음 내용은 어떤 시기의 일제 식민지 정책이다. 이 시기에 대한 설명으로 옳은 것은? [1점]

> 내선 일체는 반도 통치의 최고 지도 목표이다. 내가 항상 역설하는 것은 내선 일체는 서로 손을 잡는다든가, 형태가 융합한다든가 하는 그런 미적지근한 것이 아니다. 손을 잡은 것은 떨어지면 또한 별개가 된다. 물과 기름도 무리하게 혼합하면 융합된 형태로 되지만 그것으로도 안 된다. 형태도, 마음도, 피도, 육체도 일체가 되지 않으면 안 된다.

① 헌병 경찰을 이용하여 조선을 억압하였다.
② 허가제였던 회사령을 신고제로 전환하였다.
③ 사회주의 세력의 탄압을 목적으로 치안유지법을 제정하였다.
④ 농촌 진흥 운동을 전개하여 농촌의 불만을 완화시키려 하였다.
⑤ 다른 나라의 상품에는 관세를 부과하였으나 일본 상품에는 관세를 철폐하였다.

해설 ⑤ 일제는 1923년 일본 상품에 대한 관세를 철폐하였다.

보충설명 일제는 1930년대 민족 말살 통치의 일환으로 내선일체, 일선동조론 등을 내세우며 민족 정신을 말살하고자 하였다. 일제 시기 지속된 수탈로 농촌 경제가 파탄에 이르고 사회주의 세력이 급속히 확산되자 일제는 농촌의 회유책의 일환으로 농촌 진흥 운동(1932~1940)을 전개하였다.

40 다음과 같은 헌법이 공표될 당시 해외 동포들의 활동으로 적절한 것은? [3점]

> 제23조 임시 정부는 국무 위원회 주석 및 국무 위원으로 조직하며, 국무 위원의 수는 6인 이상 10인 이내로 한다.
> ⋮
> 제27조 국무 위원회 주석의 권한은 다음과 같다.
> 1. 국무위원회를 소집한다.
> 2. 국무위원회 회의시 주석이 된다.
> 3. 임시 정부를 대표한다.
> 4. 한국 광복군을 총감한다.
> 5. 국무 위원의 부서로 법률을 공포하고 명령을 말한다.

정답 38 ② 39 ④ 40 ③

① 삼원보 지역에 신흥학교가 세워졌다.
② 영릉가와 흥경성에서 일본국을 격파하였다.
③ 조선민족혁명당 인사가 임시정부에 가담하였다.
④ 박용만은 하와이에서 대조선국민군단을 결성하였다.
⑤ 자유시 참변으로 러시아로 이동한 독립군이 큰 타격을 입었다.

해설 제시문은 1940년 개정된 대한민국 임시정부의 헌법이다. 조선민족혁명당의 김원봉은 조선의용대의 일부 세력과 함께 임시정부에 가담하였다.

41 다음 밑줄 친 '이 단체'에 대한 설명으로 옳지 않은 것은? [1점]

사회주의 계열 단체인 정우회의 민족 대타협 제의를 민족주의 진영이 받아들여 결성된 이 단체는 기회주의자들을 배격하고, 민족의 단결과 정치·경제적인 각성을 촉구하였다. 회원 3만 9천 명, 전국 40여 개소의 지회와 오사카, 도쿄 지회 등을 갖추고 활동하였으며, 자매단체로 근우회를 발족시켜 여성의 근대화를 위해 노력하였다. 1929년 11월 광주 학생 항일 운동이 일어나자, 현지에 조사단을 파견하여 진상을 조사하고 진상 보고 민중 대회를 서울에서 열려다 일제의 검거로 좌절되기도 하였다.

① 합법적 공개조직이었다.
② 정우회 선언이 결성의 한 배경이었다.
③ 일제 시대 최대의 좌·우 합작 조직이었다.
④ 강연회를 통한 민중 계몽 활동을 전개하였다.
⑤ 광주 학생 항일운동 민중대회를 개최하여 지도부가 검거되었다.

해설 신간회는 광주 학생 항일운동이 일어나자 조사단을 파견하고, 광주 학생 항일운동 보고대회를 개최하려 하였으나 지도부의 검거로 개최하지 못하였다.

42 다음 내용과 관련된 인물에 대한 설명으로 옳지 않은 것은? [1점]

현실에 있어서 나의 유일한 염원은 3천만 동포와 손을 잡고 통일된 조국의 달성을 위하여 공동 분투하는 것뿐이다. 이 육신을 조국이 수요(需要)로 한다면 당장에라도 제단에 바치겠다. 나는 통일된 조국을 건설하려다 38도선을 베고 쓰러질지언정 일신에 구차한 안일을 취하여 단독 정부를 세우는 데는 협력하지 아니하겠다.

① 신간회 활동으로 인한 일제의 탄압을 피해 망명하였다.
② 광복 직전 대한민국 임시정부의 주석을 역임하였다.
③ 모스크바 3국 외상회의 결정이 전해지자 반탁운동을 주도하였다.
④ 한인애국단을 창설하여 이봉창, 윤봉길 의사의 의거를 지도하였다.
⑤ 통일 정부 수립을 위하여 북한을 방문 남북지도자 연석회의에 참가하였다.

해설 제시문은 김구의 '삼천만 동포에게 읍고함'의 일부이다. 신간회는 1927년 좌·우익이 연합한 단체로 국내에서 결성되었고 김구는 참여하지 않았다.

43 다음은 광복 직후 미국 태평양 주둔 총 사령관인 맥아더가 공포한 포고령 1호의 일부이다. 이를 통해 당시의 상황을 적절하게 추론한 것을 〈보기〉에서 모두 고른 것은? [3점]

조선 인민에게 고함

제 1조 북위 38도선 이남의 조선 영토와 그곳에 거주하는 주민에 대한 최고 통치권은 본관에게 있다.

제 2조 정부 등 전 공공 사업 기관에 종사하는 유급 또는 무급 직원과 고용인 그리고 기타 제 반 중요한 사업에 종사하는 자는 별도의 명령이 있을 때까지 종래의 정상 기능과 업무를 수행할 것이며, 모든 기록 및 재산을 보호 보존해야 한다.

제 3조 점령군에 대해 반항하거나 공공의 치안과 안전을 어지럽히는 행위는 엄중히 처벌한다.

〈 보 기 〉

㉠ 미국은 친일파 처벌에 적극적인 태도를 취하였다.
㉡ 미국은 통치의 편리를 위해 현상 유지 정책을 택하였다.
㉢ 미국은 한반도를 전쟁 상대국인 일본의 일부로 간주하였다.
㉣ 미국은 대한민국 임시 정부와 조선인민공화국을 존중하였다.

① ㉠, ㉡   ② ㉠, ㉣   ③ ㉡, ㉢
④ ㉡, ㉣   ⑤ ㉢, ㉣

해설 ㉠ 미군은 행정적 편의를 위하여 친일파의 처벌에 소극적 입장을 취했다.
㉣ 미국은 임시 정부나 조선인민공화국 모두를 인정하지 않았다.

보충설명 제시된 자료는 미국의 대한반도 정책을 집약적으로 보여 주고 있다.
제 1조 북위 38도선 이남의 통치권을 미군정청이 갖는다는 것으로서, 38도선 이북 지역은 소련군이 점령한 사실과 관련된다.
제 2조 친일 관리를 온존시킴으로써 미국이 38도선 이남 지역을 통치하는데 도움을 얻으려는 것인데, 이를 현상 유지 정책이라고 한다. 결국 미국은 친일이나 반민족 문제보다는 행정 업무의 연속성에 더 큰 비중을 두었다고 볼 수 있다.
제 3조 미국이 스스로를 점령군으로 표현한 것은 비록 한반도가 일본의 식민지였지만 일본군이 주둔하고 있었다는 점을 고려한 것이다.

44 다음은 광복 당시의 남북한의 산업과 인구 현황이다. 이를 토대로 광복 직후 남한의 경제 상황에 대한 설명으로 옳지 않은 것은? [2점]

• 북한전력 생산의 98%, 석탄 생산 92%, 제철 공업 생산량 90%, 비료 화학 공업의 83%를 차지하였다.
• 해방 이후 해외 동포들의 귀국과 월남하는 북한 주민들의 증가로 인구가 증가하였다.

① 물자 부족현상으로 물가가 폭등하였다.
② 경제 성장을 위한 노동력 부족 현상이 발생하였다.
③ 북한의 송전 중단으로 남한은 큰 어려움을 겪었다.
④ 일본의 기술과 자본이 유출되면서 경제 상황은 더욱 어려워졌다.
⑤ 분단으로 인하여 남북한의 상호 보완적 경제 구조가 어려움을 겪었다.

해설 광복 직후 남한에는 인구가 크게 증가하였지만, 일자리가 부족하여 실업문제가 사회적 문제로 대두되었다.

45 다음 운동과 관련된 설명으로 옳지 않은 것은? [2점]

• 농촌 사회의 발전을 목표로 1971년부터 시작되었다.
• 근면, 자조, 협동의 정신을 바탕으로 추진되었다.

① 저곡가 정책에 따른 농촌의 불만을 해소시키려는 목적이었다.
② 초가집 개량, 도로 정비 등 생활 환경을 개선하는데 주력하였다.
③ 농촌도 잘 살 수 있다는 성취감을 고취시키는데 기여하였다.
④ 협동 사업을 통해 주민들간의 단결과 연대감을 높이는데 기여하였다.
⑤ 농촌사회 스스로 자발적으로 발생한 운동을 정부가 국가적 차원에서 지원하였다.

해설 새마을 운동은 국가가 주도한 운동으로 농촌의 자발적 운동과는 관계없다. 새마을 운동은 농촌 근대화를 목표로 추진된 운동으로 농촌의 성취 의식 고취, 소득 증대에 기여한 측면이 있으나 외양적인 측면의 개량만이 나타났고 박정희 정부의 유신체제를 정당화하는 데 기여했다는 부정적 평가를 받기도 한다.

46 다음과 같은 선언문이 발표될 당시의 상황으로 옳은 것은? [3점]

> 우리는 오늘날 우리 사회가 처한 미증유의 난관을 극복할 수 있는 길이 언론의 자유로운 활동에 있음을 선언한다. … 본질적으로 자유 언론은 바로 우리 언론 종사자들 자신의 실천 과제일 뿐 당국에서 허용 받거나 국민 대중이 찾아다 주는 것이 아니다. …
> 1. 신문·방송·잡지에 대한 어떠한 외부 간섭도 우리의 일치된 단결로 강력히 배제한다.
> 2. 기관원의 출입을 엄격히 거부한다.
> 3. 언론인의 불법 연행을 일체 거부한다.
> 만약 어떠한 명목으로라도 불법 연행이 자행되는 경우 그가 귀사할 때까지 퇴근하지 않기로 한다.

① 광주에서 민주화 운동이 일어났다.
② 3·15 부정선거에 반대하는 시위가 일어났다.
③ 대통령의 4·13 호헌조치에 대한 반발이었다.
④ 개헌에 관한 논의를 금지하는 긴급조치가 내려졌다.
⑤ 신군부 세력의 불법적인 권력찬탈에 대한 반발이었다.

해설 제시문은 1974년 동아 일보 기자들에 의해 발표된 언론 자유 실천 선언이다.
①, ⑤은 1980년 5·18 광주 민주화 운동, ②는 1960년 4·19 혁명, ③은 1987년 6월 민주항쟁이다.

보충설명 이 시기는 유신체제의 제4공화국으로 긴급 조치가 내려져 개헌에 관한 논의를 금지시켰다.

47 다음 (가)와 (나)사건 사이의 교육 정책의 특징으로 옳은 것은? [3점]

> (가) 보라! 우리는 기쁨에 넘쳐 자유의 횃불을 올린다. 보라! 우리는 캄캄한 밤의 침묵에 자유의 종을 난타하는 타수의 일익임을 자랑한다.
> - 중략 -
> 우리의 대열은 이성과 양심과 평화, 그리고 자유에의 열렬한 사랑의 대열이다. 모든 법은 우리를 보장한다.

> (나) 궁정동 사태라고도 불리우는 이 사건은 당시 중앙정보부장이었던 김재규 등이 대통령과 경호실장 등을 살해한 사건이다. 김재규는 재판 과정에서 민주화에 대한 열망으로 대통령을 살해했다고 주장했다.

㉠ 국민 교육 헌장이 제정되었다.
㉡ 고등학교 평준화 제도가 시행되었다.
㉢ 중학교 의무 교육이 도입되었다.
㉣ 대학 입학 시 본고사가 폐지되고 졸업 정원제가 시행되었다.

① ㉠, ㉡ ② ㉡, ㉢ ③ ㉢, ㉣
④ ㉠, ㉣ ⑤ ㉡, ㉣

해설 (가)는 1961년 서울대학교의 4·19선언문이고, (나)는 1979년 10·26사태를 설명하고 있다. ㉠ 1968년, ㉡ 1974년, ㉢ 1985년부터 단계적으로 확대, ㉣ 1980년 7·30 교육개혁 조치의 일환으로 만들어진 제도

48 다음의 밑줄 친 '정부' 시절에 있었던 사건으로 옳은 것은? [2점]

> 이 정부는 '정의 사회 구현'과 '복지 사회 건설'을 내세웠으나 실상은 군부독재의 연장선에 있던 정부였다. 국가 보위 입법 회의에서는 사회를 통제하고 독재 정권을 유지시키는 데 필요한 법들을 만들었다.

① 남북한 정상이 최초로 만나 정상회담을 하였다.
② 우리 역사에서 유일한 내각 책임제 정부였다.
③ 전국 교직원 노동조합이 만들어졌다.
④ 발췌개헌, 사사오입 개헌 등으로 유지되었다.
⑤ 4·13 호헌 조치의 발표로 국민들의 저항에 직면하였다.

해설 ① 2000년 6·15 남북 정상회담
② 제2공화국
③ 전교조는 1989년 창립되었다.
④ 제1공화국

보충설명 이 정부는 전두환 대통령의 제5공화국이다. 국민의 직선제 개헌 요구에 대해 전두환 대통령은 1987년 4·13 호헌조치를 발표하였고, 이로 인해 6월 민주항쟁이 일어난다.

정답 46 ④ 47 ① 48 ⑤

49 다음 법안이 제정된 목적으로 옳은 것은? [1점]

> 제1조 세계의 여러 나라와의 경제 기술 교류와 협조를 확대 발전시키는 것은 조선 노동당과 공화국 정부의 일관한 대외 경제 정책이다. 조선민주주의 인민공화국은 공화국의 영역 안에서 우리나라의 회사, 기업소와 다른 나라의 회사, 기업소, 개인 사이에 평등과 호혜의 원칙에서 합영하는 것을 장려한다.
> 제3조 조선민주주의 인민공화국은 다른 나라 합영당사자가 출자한 재산과 기업 운영에서 얻은 소득을 법적으로 보호한다.
> — 합작 회사 경영법(1984) —

① 시장경제의 확대를 막고 계획 경제 체제를 강화하기 위하여
② 전면적인 개방을 통해 경제의 구조를 바꾸기 위하여
③ 외국의 자본을 유치하여 경제 위기를 극복하기 위하여
④ 무역 흑자의 폭을 줄여 외국과의 경제 마찰을 줄이기 위하여
⑤ 세계 무역 기구에 가입하기 위한 전제 조건을 충족하기 위하여

해설 북한은 경제 위기 속에서 외국 자본을 유치하여 경제 위기를 타개하고자 1984년 합영법을 제정하였다.

50 다음 (가)와 (나)의 발표 시기의 사이에 있었던 일로 사실과 다른 것은? [1점]

> (가) 통일은 외세에 의존하거나 외세의 간섭을 받음이 없이 자주적으로 해결하여야 한다. 통일은 서로 상대방을 반대하는 무력행사에 의거하지 않고 평화적인 방법으로 실현하여야 한다. 사상과 이념, 제도의 차이를 초월하여 우선 하나의 민족으로서 민족적 대단결을 도모하여야 한다.
> (나) 남과 북은 나라의 통일을 위한 남측의 연합제안과 북측의 낮은 단계의 연방제 안이 서로 공통성이 있다고 인정하고, 앞으로 이 방향에서 통일을 지향시켜 나가기로 하였다.

① 우리나라에서는 임기 6년의 대통령제가 도입되었다.
② 북한정권에서는 사회주의 헌법이 채택되었다.
③ 남북 이산가족의 고향방문이 이루어졌다.
④ 남북한 유엔 동시가입이 이루어졌다.
⑤ 3선 개헌을 통해 박정희 대통령이 재집권하였다.

해설 (가)는 1972년 7·4 남북 공동 성명, (나)는 2000년 6·15 공동선언이다.
① 우리나라가 임기 6년의 대통령제를 채택한 것은 1972년 10월 유신헌법이다.
② 북한의 사회주의 헌법은 1972년 10월 채택되었다.
③ 1985년 이산가족 고향 방문단은 분단 이후 최초로 남북의 이산가족이 상봉하는 행사였다.
④ 1991년 9월 남북이 유엔에 공동으로 가입하였다.
⑤ 1969년 3선 개헌에 성공한 박정희는 1971년 선거에서 야당의 김대중 후보를 누르고 대통령에 당선되었다.

정답 49 ③ 50 ⑤

실전모의고사 8회

01 다음과 같은 유물을 사용하던 사람들의 생활 모습으로 옳은 것은? [1점]

〈주먹도끼〉 〈찌르개〉

① 모든 영혼에 만물이 있다는 사상을 가지고 있었다.
② 의복이나 그물과 같은 원시적 수공업이 나타났다.
③ 동굴이나 강가 등지에 막집을 짓고 살았다.
④ 음식물을 조리하고 저장하기 위한 토기를 사용하였다.
⑤ 특정 동물을 자기 부족의 수호신으로 생각하였다.

해설 제시된 그림은 구석기 시대에 사용된 주먹도끼와 찌르개이다. 구석기인들은 강가, 바위그늘 등지에 막집을 짓고 살았다. ①, ②, ④, ⑤는 신석기 시대에 대한 설명이다.

02 다음은 선사 시대의 도구 제작방법을 나타낸 것이다. 이에 대한 설명으로 옳은 것은? [2점]

> 전기에는 큰 석기 한 개를 가지고 여러 가지 용도로 썼으나, 중기에는 큰 몸돌에서 떼어낸 돌 조각인 격지들을 가지고 잔손질을 하여 석기를 만들었다. 후기에는 쐐기 같은 것을 대고 형태가 같은 여러 개의 돌날격지를 만드는 데까지 발달하였다.

① 전기는 사냥과 채집, 후기는 농경이 중심이 된 사회였다.
② 전기에는 동굴, 후기에는 주로 움집에서 거주하였다.
③ 후기에 이르러서는 진흙으로 빚은 토기를 사용하기도 하였다.
④ 전기는 구석기, 중기는 중석기, 후기는 신석기 시대를 가리킨다.
⑤ 전기에는 주먹도끼, 후기에는 슴베찌르개와 같은 도구가 사용되었다.

해설 제시문은 구석기 시대의 구분이다. 전기에는 하나의 석기를 여러 용도로 사용하였고, 중기에는 하나의 석기가 하나의 용도로 쓰인다. 후기에는 같은 형태의 돌날격지가 제작되기도 하였다. 슴베란 나무의 자루속에 박히는 부분을 일컫는 말로 후기 구석기 시대에 등장하게 된다.

03 자료에 제시된 집자리에 살던 시대의 생활 모습으로 적당하지 않은 것을 고르면? [2점]

> • 집자리 유적은 대체로 북서풍을 막아주는 나지막한 야산을 뒤에 두고, 앞에는 시냇물이 흐르는 곳에 식수원인 우물을 중심으로 모여 있다. 집자리 형태는 직사각형 움집인데, 점차 지상 가옥으로 바뀌었다. 같은 지역의 집자리라 하더라도 그 넓이가 다양하며, 집자리는 넓은 지역에 많은 수가 밀집되어 있어 취락 형태를 이루고 있다.
> • 앞으로 들을 내다보고 산의 남쪽 기슭에 자리 잡은 배산임수 입지는 일조와 방풍에 유리할 뿐 아니라, 물의 관리에도 매우 편리한 위치이다. 또 산에서 나는 땔감을 비롯한 각종 임산물과 들에서 나는 농산물을 동시에 얻을 수 있는 곳이며, 외부의 침입으로부터의 방어에도 유리하다.

① 군장세력이 종교적 의식도 주관하였다.
② 원시 공동체사회에서 벗어나 계급을 형성하고 있었다.
③ 조, 피, 수수 같은 잡곡류에서 벗어나, 벼농사가 일반화되었다.
④ 청동제 무기와 장식품이 사용되었으나 생활 도구는 여전히 돌이나 나무가 사용되었다.

정답 01 ③ 02 ⑤ 03 ③

⑤ 강가나 바닷가보다는 야산이나 구릉지대에 화력과 같은 난방 기구를 갖춘 움집을 짓고 거주하였다.

해설 제시문의 집자리 유적은 청동기 시대에 대한 설명이다. 청동기 시대에 일부 저습지에서 벼농사가 시작되었고, 철기 시대에 가서야 벼농사가 일반화된다.

04 다음 글은 단군왕검의 건국 이야기에서 발췌한 것이다. 이 글에 대한 설명으로 옳은 것은? [2점]

> 환인의 아들 환웅이 천하에 뜻을 두고 인간 세상을 갈구했다. 이에 환인은 아들의 뜻을 알고 삼위태백(三危太白)을 내려다보니 인간 세계를 널리 이롭게 할 만했다. 이에 환웅은 그 무리 3천명을 거느리고 태백산의 신단수(神檀樹) 밑에 내려와서 풍백(風伯), 우사(雨師), 운사(雲師)를 거느리고 곡식·수명·질병·형벌·선악 등 인간의 360여 가지나 되는 일을 주관하여 인간 세계를 다스리고 교화하였다. 이 때 곰 한 마리와 범 한 마리가 같은 굴에 살았는데 늘 환웅에게 사람되기를 빌었다. ……여자가 된 곰은 아이 갖기를 축원했다. 환웅은 이에 임시로 변하여 그와 결혼해서 아들을 낳으니, 이름은 단군왕검이라 일컬었다.

① 삼국의 대립과 후삼국의 분열을 수습하고 통일하는 정신적 지주가 되었다.
② 유이민들에 의해 선진의 문화가 한반도에 수용되는 과정을 보여주고 있다.
③ 부족 사회에서 행해지던 제천 의식의 변화와 제정의 분리를 엿볼 수 있다.
④ 유·불·도 사상이 하나로 융합되어 우리 민족의 원초적 윤리 의식을 형성하였다.
⑤ 철기의 한반도 전래와 정착과정에서 토착세력과의 갈등과 융합의 과정을 보여주고 있다.

해설 단군의 건국신화는 환웅을 따르는 무리와 곰, 토템을 가진 부족 간의 결합을 보여주는 것으로 유이민들에 의해 선진 문물이 수용되었음을 보여준다.

05 다음은 삼국 문화의 일본 전파를 보여 주는 지도이다. 이에 대한 설명으로 옳은 것을 〈보기〉에서 모두 고르면? [2점]

〈보 기〉
(가) 혜자는 쇼토쿠 태자의 스승이 되었다.
(나) 노리사치계가 불경과 불상을 전하였다.
(다) 조선술(造船術), 축제술(築堤術)이 전파되었다.
(라) 왕인은 천자문과 논어를 전해주었다.

① (가), (나)   ② (나), (다)
③ (다), (라)   ④ (가), (다)
⑤ (가), (라)

해설 (가)는 고구려, (나)는 신라, (다)는 가야, (라)는 백제 문화의 일본 전파이다.

보충설명 고구려의 담징은 종이와 먹의 제조 방법을 전파하였고, 혜자는 쇼토쿠 태자의 스승이 되었다. 백제는 6세기 성왕 때 노리사치계가 일본에 불교를 전파하였다. 신라는 조선술과 축제술을 전파하였다.

06 다음 단체에 대한 설명으로 옳지 않은 것은? [1점]

> 김유신, 사다함 등이 이 단체에서 활동한 인물이다. 김대문은 이 단체를 "현명한 재상과 충성스런 신하가 여기서 솟아 나오고, 훌륭한 장수와 용감한 병사가 이로 말미암아 생겨났다."고 한 바 있다. 또 국가적 위기 때는 전사단으로 군부대에 배속되어 작전에 동원되었으며, 수련 기간이 끝난 뒤에는 정규 부대에 편입되어 정식 군인으로 활동하였다.

① 기원 – 원시 사회의 청소년 집단
② 조직 – 귀족자제부터 평민까지 망라
③ 기능 – 인재 양성과 교육기능
④ 계승 – 고려의 용호군으로 계승
⑤ 구실 – 계층 간의 대립과 갈등의 조절 완화

정답 04 ② 05 ⑤ 06 ④

해설 화랑도는 원시 청소년 집단에서 유래하여 인재 양성과 교육기능은 물론 귀족과 평민의 갈등을 조절하는 역할을 담당하였다.
④ 용호군은 고려의 중앙군인 2군의 하나로 화랑도와는 관계가 없다.

07 다음에서 발해 사회의 모습을 바르게 설명한 것으로만 골라 묶으면? [2점]

> ㉠ 말갈인은 지배층에 편입되지 않았다.
> ㉡ 지배층은 고구려계 사람들로 구성되어 있었다.
> ㉢ 하층 사회에서는 고구려 내부의 내부 조직을 그대로 보존하였다.
> ㉣ 주민 구성의 대다수를 차지한 것은 말갈인이었다.

① ㉠, ㉡ ② ㉠, ㉢ ③ ㉡, ㉣
④ ㉡, ㉢ ⑤ ㉢, ㉣

해설 ㉠ 말갈인들이 피지배층을 형성하였으나, 일부는 지배층에 편입되기도 하였다.
㉢ 촌락은 말갈의 전통과 풍습에 따라 말갈인 촌주가 직접 다스렸다.

보충설명 발해는 고구려 유민과 말갈인으로 구성된 국가이다. 고구려 유민들이 지배층을 형성하였고 말갈인들은 피지배층을 형성하여 말갈인 촌주가 다스렸다.

08 다음 고분에 대한 설명으로 옳지 않은 것은? [2점]

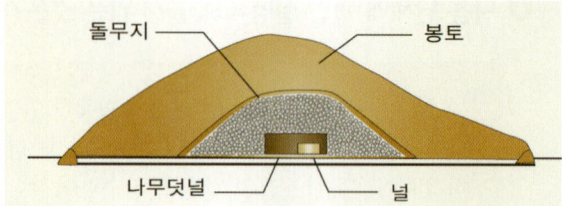

① 신라 초기의 고분 양식이다.
② 나무 덧널을 놓고 그 위에 봉토만을 덮었다.
③ 고분의 특성상 껴묻거리가 많이 남아있다.
④ 천마총이 대표적인 고분이다.
⑤ 무덤의 구조상 단장(單葬) 형태가 대부분이다.

해설 신라 초기의 돌무지 덧널무덤은 나무덧널을 놓고, 돌을 쌓고, 그 위에 봉토를 덮었다. 도굴이 어려워 껴묻거리가 많이 남아있으나, 합장도 어려워 단장의 형태 무덤이 대부분이다.

09 불교의 발전과 관련된 다음 설명으로 옳지 않은 것은? [2점]

> (가) 법흥왕부터 진덕여왕까지 불교식 왕명을 사용하였다.
> (나) 화엄일승법계도는 하나 속에 우주 만물을 아우르려는 사상적 요체가 들어있다.
> (다) 선종은 스스로 사색하여 진리를 깨닫는 것을 중시하고, 개인적인 정신세계를 찾는 경향이 강하였다.

① (가) - 왕권강화와 밀접한 관련이 있다.
② (나) - 불교의 대중화를 이끈 승려와 관련이 있다.
③ (나) - 이 사상이 유행하던 시기에는 조형미술이 크게 발전하였다.
④ (다) - 개인의 실천 수행을 중시하는 종파로 신라 하대에 유행하였다.
⑤ (다) - 의천은 선종을 중심으로 교종을 통합하여 천태종을 개창하였다.

해설 ① 불교식 왕명을 사용했던 시기 왕즉불 사상과 함께 왕권을 강화하였다.
② 화엄일승법계도는 의상과 관련있다. 의상은 원효와 함께 불교의 대중화를 이끌었다.

보충설명 고려 중기의 승려 의천은 교종을 중심으로 선종을 통합하여 천태종을 개창하였고, 무신집권기 지눌은 선종을 중심으로 교종을 통합하여 조계종을 창시하였다.

10 (가), (나)에 들어갈 내용으로 옳은 것을 〈보기〉에서 고르면? [2점]

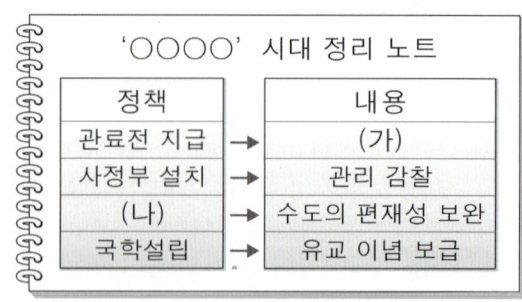

〈 보기 〉
㉠ (가) - 조세 징수권 부여
㉡ (가) - 노동력 수취권 부여
㉢ (나) - 5소경의 설치
㉣ (나) - 5경 15부 설치

정답 07 ③ 08 ② 09 ⑤ 10 ④

① ㄱ, ㄴ ② ㄴ, ㄷ ③ ㄷ, ㄹ
④ ㄱ, ㄷ ⑤ ㄴ, ㄹ

해설 신문왕 때 지급된 관료전은 관료에게 조를 수취할 권한을 주었으나, 녹읍과 달리 노동력을 수취할 수는 없었다. 또한 수도인 경주가 국토의 동남쪽에 치우쳐 있는 것을 보완하기 위하여 5소경을 설치하였다.

11 다음 (가)~(마) 시기의 내용 중 옳지 않은 것은? [2점]

(가)	(나)	(다)	(라)	(마)
무신 정변	몽골 침입	몽골과 강화	조선 건국	경국대전 반포

① (가) - 이자겸이 금나라의 사대요구를 수용하였다.
② (나) - 수도를 강화도로 천도하고 삼별초를 조직하였다.
③ (다) - 김윤후가 처인부곡에서 살리타를 사살하였다.
④ (라) - 고려의 관제가 격하되어 첨의부와 4사 체제로 변화하였다.
⑤ (마) - 태종은 6조 직계제를 시행하여 왕권을 강화하였다.

해설 강화도 천도와 삼별초의 조직은 최우 때의 일로 몽고와의 항쟁과정에서 있었던 일이다.

12 다음 ㉠에 들어갈 조직에 대한 설명으로 옳은 것은? [3점]

> 국가가 (㉠)을(를) 설치하고 시중·평장사·참지정사·정당문학·지문하성사로 판사를 삼고, 판추밀 이하로 사를 삼아, 큰일이 있을 때마다 회의하였다. 한 해에 한 번 모이기도 하고 여러 해 동안 모이지 않기도 하였다.

① 군사문제를 담당하는 고려의 독자조직으로 재추기구라고도 한다.
② 간쟁, 봉박, 서경의 권한을 가지고 왕권을 견제하는 역할을 하였다.
③ 무신 중 상장군과 대장군의 합좌기구로 무신정변 이후 국정 최고기구가 된다.
④ 송의 제도를 모방하여 만든 기구로 화폐와 곡식의 출납을 담당하는 회계기구이다.
⑤ 판원사가 우두머리이며, 군사기밀을 담당하는 추밀과 왕명을 출납하는 승선으로 구성되었다.

해설 ②는 대간, ③은 중방, ④는 삼사, ⑤는 중추원이다.

보충설명 제시문의 기구는 도병마사이다. 도병마사는 군사문제를 담당하는 임시기구로 설치되어 중서문하성의 재신과 중추원의 추밀이 구성하여 재추기구라고도 한다.

13 다음과 같은 주장을 한 세력에 대한 설명으로 옳은 것을 〈보기〉에서 고르면? [2점]

> 제가 보건대 서경 임원 역의 땅은 풍수지리를 하는 사람들이 말하는 아주 좋은 땅입니다. 만약 이곳에 궁궐을 짓고 전하께서 옮겨 앉으시면 천하를 다스릴 수 있습니다. 또한, 금나라가 선물을 바치고 스스로 항복할 것이요, 주변의 36개 나라가 모두 머리를 조아릴 것이옵니다.

〈 보기 〉
㉠ 지방귀족들로 개경의 중앙귀족과 대립하였다.
㉡ 원 간섭기에 성장하였고, 친원적 성격의 중앙귀족이었다.
㉢ 금에 대한 사대를 거부하고 북진정책을 추진할 것을 주장하였다.
㉣ 고려 건국의 중심세력으로 신라말 지방에서 반 독립적 세력으로 성장하였다.

① ㉠, ㉡ ② ㉡, ㉢ ③ ㉢, ㉣
④ ㉠, ㉢ ⑤ ㉡, ㉣

해설 ㉡은 권문세족, ㉣은 호족이다.

보충설명 제시문은 묘청, 정지상 등이 서경으로 천도할 것을 주장한 묘청의 서경 천도 운동이다. 이들은 서경 출신의 귀족으로 김부식을 중심으로 하는 개경 귀족들과 대립하였고 금에 대한 사대를 거부하고 금나라에 대한 정벌과 북진정책을 주장하였다.

정답 11 ② 12 ① 13 ④

14 다음은 고려 시대의 각급 행적 구역의 숫자를 도표로 나타낸 것이다. 이에 대한 분석으로 사실과 다른 것은? [2점]

	정	주군·주현	진	속군	속현
개경	1	–	–	1	12
5도	2	–	–	67	272
양계	1	60	28	–	21

① 전국을 5도 양계로 크게 나누었다.
② 속현의 실제 행정은 향리가 담당하였다.
③ 양계는 군사 행정 구역으로 진이 설치되었다.
④ 지방관이 파견되지 않는 현이 파견되는 현보다 많았다.
⑤ 향·부곡·소와 같은 특수행정 구역은 건국 초부터 점차 감소하는 추세였다.

해설 ⑤ 향·부곡·소는 공주 명학소의 난 이후 점차 감소하여 조선에 들어서서 모두 소멸한다.

보충설명 고려의 행정구역은 5도와 양계로 구분되었다. 지방관이 파견되지 않는 속현의 숫자가 지방관이 파견되는 현보다 많았으며 군사행정 구역인 양계에는 요충지에 진을 설치하였다.

15 고려 말 다음과 같은 주장을 한 사람과 같은 학문적 입장에 서있는 사람들에 대한 설명으로 옳지 않은 것은? [2점]

> 석씨가 자기 몸만 깨끗이 하여 인륜을 어지럽히면서까지 산림으로 도망해 들어가는 것은 역시 하나의 도라고 하겠으나 그 화복의 설은 요망함이 아주 심합니다. 저들이 말하기를 장황한 범패·불사가 능히 요이(妖異)를 진압한다 하므로 그를 위해 향을 내림이 잇달았고 비용도 많이 들었지만 아직 천재와 지괴가 소멸되는 것을 보지 못하였습니다.
> 『고려사절요』

① 지방의 중소지주 출신이었다.
② 친원파적 성향이 강하며 고려의 개혁을 주장하였다.
③ 불교와 권문세족의 폐단에 대하여 비판적 자세를 가졌다.
④ 학문적인 교양과 행정 실무에도 능한 학자적 관료 출신들이다.
⑤ 신흥무인 세력과 손을 잡고 조선을 건국하는 중심세력으로 활약한다.

해설 제시된 글은 고려말 신진사대부인 김초의 척불론이다. 신진사대부는 원나라와 긴밀한 관계를 유지한 권문세족을 비판하면서 반원 개혁정책을 추진하였다.

16 다음은 고려의 경제적 상황과 관련된 자료이다. 이에 대한 설명으로 옳지 않은 것은? [2점]

> (가) 대개 그 풍속이 점포가 없고 오직 한낮에 시장을 벌여, 남녀노소 관리들이 각각 자기가 가진 것으로써 교역하고 돈을 사용하는 법은 없다.… 조정에서 화폐를 내려 주었는데, 지금은 부고(府庫)에 저장해 두고 때로 내다 관속에게 관람시킨다.
>
> (나) 지금 역을 피하려는 무리들이 부처의 이름을 걸고 돈놀이를 하거나 농사, 축산을 업으로 삼고 장사를 하는 것이 보통이 되었다.… 어깨를 걸치는 가사는 술항아리 덮개가 되고, 범패를 부르는 장소는 파, 마늘의 밭이 되었다. 장사꾼과 통하여 팔고 사기도 하며, 손님과 어울려 술 먹고 노래를 불러 절간이 떠들썩하다.

① (가)는 자급자족적 경제 구조로 인한 결과이다.
② (가)를 통해 국가에서 화폐 유통을 장려하였음을 알 수 있다.
③ (나)를 통해 사원이 상공업에 앞장섰음을 파악할 수 있다
④ (나) 시기에는 관영수공업보다 민영수공업이 더욱 발달하였다.
⑤ 경제적 문란이 심화되자 국가는 (가) 시기보다 (나) 시기에 상공업을 더욱 통제하였다.

해설 ⑤ 고려 전기 중앙 집권화 정책에 따라 상공업에 대한 통제가 강하였으나, 점차 약화되었다.

보충설명 (가)는 고려 전기의 경제 상황과 관련이 있다. 정부는 국가 재정의 확충을 위해 화폐 유통을 장려하였으나, 농업 중심의 자급자족적 경제 구조로 널리 유통되지는 못하였다. (나)는 고려 후기 사원 경제에 대한 설명이다. 사원은 많은 토지와 노비를 소유하고 많은 수공업 물품을 대량 생산시장에 판매함으로써 하였으며, 시장에 팜으로써 상업의 발달을 주도하였다.

17 다음 글과 관련된 인물에 대한 설명으로 옳은 것은? [2점]

> 나는 일찍이 경과 논을 갖추었더라도 주석서가 없으면 법을 펼 길이 없다고 생각하였다. 그리하여 지승이 삼장의 목록을 만든 높은 뜻을 본받아 20년간 쉬지 않고 노력하여 지금에 이르렀다. 이제까지 모은 여러 주석서를 간행하고 이후로도 새로운 것이 있으면 추가로 기록하려고 한다.

① 국청사를 창건하고 교학을 중심으로 선을 포용하였다.
② 인도를 여행하고 왕오천축국전이라는 기행문을 남겼다.
③ 연개소문의 도교 우대 정책에 반발하여 열반종을 개창하였다.
④ 불교와 유교의 공통성을 주장하며 성리학 수용의 토대를 마련하였다.
⑤ 스스로 소성거사라 칭하며 아미타 신앙을 내세워 불교를 대중화 하였다.

해설 제시문은 의천에 대한 설명이다.
②는 통일신라의 승려 혜초, ③은 보덕, ④는 요세, ⑤는 원효이다.

보충설명 의천은 교종을 중심으로 선종을 수용하려는 천태종을 개창하였고 경,율,논 삼장의 주석서인 장소를 모아 속장경(교장)의 간행을 주도하였다.

18 다음 자료에서 이야기하는 사상이 고려 사회에 미친 영향으로 가장 적절한 것은? [3점]

> 김위제는 숙종 원년(1096)에 위위승동정이 되었다. 신라 말에 도선이라 하는 중이 있어 당나라에 들어가 일행의 지리법을 배우고 돌아와 비기를 지어 전하였다. 김위제가 그 방법을 배우고 상소하여 남경으로 수도를 옮기기를 청하여 다음과 같이 말하였다. "『도선기(道詵記)』에 이르기를 고려 땅에는 도읍이 세 곳이 있으니 송악(松嶽)은 중경이고, 목멱양(木覓壤)은 남경(南京)이며, 평양(平壤)은 서경(西京)인데, 11월에서 다음 해 2월까지 중경에 머물고, 3월에서 6월까지 남경에 머물며, 7월부터 10월까지 서경에 머물게 되면 36개 나라가 조공을 해오게 된다고 하였고, 또 개국 후 160여 년이면 목멱양(木覓壤)에 도읍한다고 하였다. 신은 지금이 바로 새 도읍에 머물 때라고 봅니다."
> 『고려사』

① 초제가 성행하였다.
② 천문학과 역법이 발달하였다.
③ 지방에 경학박사를 파견하였다.
④ 거대한 불상이 지방에서 많이 만들어졌다.
⑤ 한양이 남경으로 승격되고 궁궐이 세워졌다.

해설 제시문에 나타난 사상은 풍수지리설이다.
① 초제는 일월성신에 제사를 지내는 도교의 행사이다.
② 고려는 농경과 왕실의 권위와 천문현상을 연결시키려는 목적으로 천문학과 역법이 발달하였다.
③ 고려 성종은 유학을 장려하기 위하여 지방에 경학박사를 파견하였다.
④ 고려 초기 지방의 특색이 잘 반영된 거대한 불상들이 만들어졌다.

보충설명 풍수지리설은 묘청의 서경천도 운동, 한양의 남경 승격 등에 영향을 미쳤다.

19 다음은 고려 시대 농업과 관련된 자료이다. 이를 바탕으로 이 시기 농법에 대해 바르게 추론한 내용을 〈보기〉에서 모두 고른 것은? [2점]

> • 양산의 논밭은 모두 낮고 습하여 가물면 곡식이 익지만 비가 오면 물 때문에 해를 입는 곳이다. 이원윤이 수령으로 부임하여 소를 이용하여 도랑을 깊이 파는 등 특별한 노력을 기울여 버려진 땅을 거의 농토로 만들었다.
> • 밭을 묵혀서 그 밭에 자란 풀을 태우거나 갈아엎어 비료를 주던 방식에서, 동물의 똥오줌을 들의 풀이나 갈대와 함께 사용하는 퇴비가 만들어졌다.

〈 보 기 〉
㉠ 삼국 시대에 시작된 우경이 일반화되어 깊이갈이가 일반화되었다.
㉡ 시비법이 등장하여 휴경지가 소멸되기 시작하였다.
㉢ 일부 남부지방에서 시작된 이앙법이 전국으로 확산되었다.
㉣ 밭농사에서 2년 3작의 윤작법이 일반화되었다.

① ㉠, ㉡ ② ㉠, ㉢ ③ ㉡, ㉣
④ ㉡, ㉢, ㉣ ⑤ ㉠, ㉡, ㉣

해설 ㉠ 지증왕 때 우경이 장려되었고 고려 시대에 와서 우경과 깊이갈이가 일반화되었다.
㉡ 시비법의 등장은 휴경지의 소멸을 가져왔고 조선 전기 휴경지는 거의 소멸한다.
㉢ 고려 후기 일부 남부지방에서 이앙법이 시작되었고, 조선 후기에 전국적으로 확산된다.
㉣ 밭농사에서 윤작법은 고려 시대에 등장하여 조선 전기에 일반화된다.

정답 18 ⑤ 19 ①

20 다음은 조선의 토지 제도의 변천과정을 나타낸 것이다. 이에 관련된 설명으로 가장 적절한 것은? [1점]

> 현직 관리는 물론 퇴직 관리들도 국가로부터 과전을 지급하였다. 과전은 원칙적으로 세습할 수 없었으나 부모가 사망한 어린 자식(휼양전)이나, 사별한 부인(수신전)에게는 별도의 과전을 지급하였다.
>
> ⇩
>
> 세조 때에는 현직 관리들에게만 과전을 지급하기로 하고 수신전과 휼양전도 폐지하였다.
>
> ⇩
>
> 성종 때에는 지방 관청에서 그 해의 생산량을 조사하여 거두고, 관리들에게 나누어 주는 방식으로 바꾸었다. 이에 양반 관료들이 과전을 빌미로 토지와 농민을 지배하는 방식이 사라졌다.

① 지급받은 과전은 경기도로 한정되었고 소유권을 지급하였다.
② 토지 제도의 변천으로 농민에 대한 국가 지배권은 약화되었다.
③ 관리들이 지급받은 과전은 사망 후 반납하는 것을 원칙으로 하였다.
④ 관리들은 과전에서 스스로 수확량을 조사, 1/2의 수조권을 행사할 수 있었다.
⑤ 토지 제도의 변천은 양반들의 토지 소유 욕구를 자극시켜 지주전호제가 일반화되었다.

해설 ① 과전은 관리들에게 수조권을 지급한 것이지 소유권을 지급한 것은 아니다.
② 토지 제도의 변천으로 토지와 농민에 대한 국가 지배권은 강화되었다.
③ 세조 때의 직전법 이후 관리들은 퇴직 후 반납을 원칙으로 하였다.
④ 수확량의 1/2는 지주와 전호와의 관계이고, 세종 이후 수조권자들은 연분 9등법에 따라 수조권을 행사하였다.

보충설명 토지 제도의 변천으로 관리들에게 지급되는 토지는 점차 사라졌고, 이것은 당시 양반 관료들의 토지 소유 욕구를 자극시켜 조선 후기 지주전호제가 일반화되는 계기가 되었다.

21 다음 지도에 빗금으로 표시된 지역에서 조선 전기에 행하여진 경제 활동으로 올바른 것을 〈보기〉에서 골라 묶은 것은? [2점]

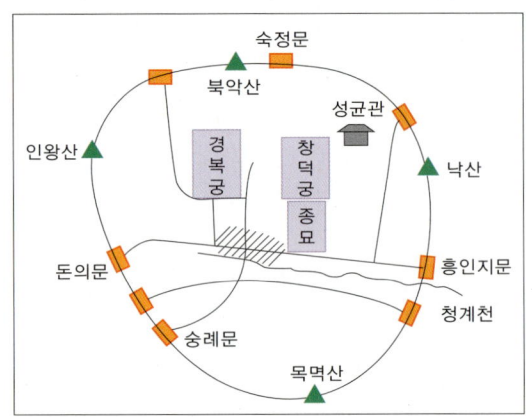

〈 보 기 〉
㉠ 이곳에 위치한 상점들은 독점적 지위를 누렸다.
㉡ 국가는 이곳의 상점들에게 가격 정책을 실시하였다.
㉢ 저화와 조선통보 등이 교환 수단으로 널리 이용되었다.
㉣ 보부상들은 이곳의 상점을 빌려 쓰는 대신 관청에서 필요한 물건을 납부하였다.

① ㉠, ㉡   ② ㉠, ㉢   ③ ㉡, ㉢
④ ㉡, ㉣   ⑤ ㉢, ㉣

해설 빗금으로 표시된 지역은 육의전이 있었던 지역이다. 육의전으로 대표되는 시전 상인들은 독점적 지위를 누렸으며, 국가는 이들 상인들의 독점적 지위를 보장해 주었고 이곳의 상점들에게 가격 정책을 실시하였다.

22 그림의 (갑)과 (을)의 주장으로 옳은 것을 〈보기〉에서 고르면? [1점]

정답 20 ⑤ 21 ① 22 ①

〈보 기〉
㉠ (갑) – 향촌 자치와 왕도정치를 주장하였다.
㉡ (갑) – 현량과를 실시하여 사림파를 등용하였다.
㉢ (을) – 3사의 언관직을 통해 (갑)세력을 비판하였다.
㉣ (을) – 향촌에서 서원과 향약을 기반으로 세력을 확대 하였다.

① ㉠, ㉡ ② ㉠, ㉣ ③ ㉡, ㉢
④ ㉡, ㉣ ⑤ ㉢, ㉣

해설 (갑)은 위훈삭제를 주장하는 조광조를 비롯한 사림파, (을)은 훈구세력이다.

보충설명 사림파는 향촌의 자치와 왕도정치를 주장하였고, 조광조의 건의에 따라 시행된 현량과를 통해 정계에 진출하였다.

23. 다음 제시한 글을 읽고 ( )에 들어갈 설명으로 옳은 것은? [3점]

> 효제충신의 도리가 막히어 행해지지 않으면, 예의를 버리고 염치가 없어짐이 날로 심해져 마침내 오랑캐나 짐승으로 돌아갈 것이다. 이는 실로 국가의 큰 근심이다. 이것을 살펴 바로 잡는 책임은 유향소에 있다. … 이제부터 우리 고을 선비들이 하늘이 부여한 본성을 근본으로 하고 국가의 법을 준수하며 집에서나 고을에서 각기 질서를 바로 잡으면 나라에 좋은 선비가 될 것이요, 출세하든지 가난하게 살든지 서로 의지가 될 것이다. 굳이 약속을 만들어 서로 권할 필요도 없으며 벌을 줄 필요도 없을 것이다. 진실로 이를 알지 못하고 올바른 것을 어기고 예의를 해침으로써 우리 고을 풍속을 무너뜨리는 자는 바로 하늘을 거역하는 백성이다. 벌을 주지 않으려 해도 주지 않을 수가 있겠는가. 이것이 바로 오늘날 부득이 ( )을 세우는 까닭이다.
> — 퇴계 선생, 『문집』 —

① 주세붕이 세운 백운동 서원이 최초의 서원이다.
② 향촌의 자치규약으로 사족의 향촌 지배의 수단이 되기도 하였다.
③ 지방에서 수령을 보좌하고 향리의 비리를 감찰하는 향촌의 자치기구였다.
④ 전통적인 우리나라 고유의 조직으로 공동 노동을 위한 농민의 공동조직이다.
⑤ 초기에는 불교 조직으로 출발하였으나 후기에는 농민 공동체 조직으로 변모하였다.

해설 ①은 서원, ③은 유향소, ④는 두레, ⑤는 향도

보충설명 빈칸에 들어갈 단어는 향약이다. 향약은 향촌의 자치규약으로 서원과 함께 사족들의 향촌 지배의 수단이 되었다.

24. 다음과 같은 주장을 뒷받침할 수 있는 근거로서 가장 적합한 사실은? [2점]

> 서인과 남인이 비교적 협조 관계를 유지하면서 붕당 정치의 공존의 원리가 정치를 이끌어 가던 상황은 17세기 후반에 이르러 숙종이 즉위하면서 일당 전제화의 추세로 바뀌었다.

① 효종에 대한 조대비의 복상 문제로 예송 논쟁이 일어나 서인이 승리하였다.
② 경신환국으로 남인이 실각하고 허적, 윤휴 등의 남인 영수들이 축출되었다.
③ 청주 지방에서 이인좌가 일으킨 반란이 진압되고 이와 연관된 세력이 숙청되었다.
④ 서인들의 권력 기반을 강화하기 위한 방법으로 북벌을 준비하며 군대를 정비하였다.
⑤ 어린 임금이 즉위하고 특정가문이 정치를 독점하는 비정상적인 정치형태가 등장하였다.

해설 경신환국 이후 벌어진 환국은 붕당 간의 공존 체제를 무너뜨리고 일당 전제화를 가져왔다.

25. 다음과 같은 비변사 조직의 변화로 인해 나타난 사실을 〈보기〉에서 고르면? [2점]

> 명종 10년에 비변사를 설치하였는데 …… 도제조는 현임과 전임 의정이 의례적으로 겸임하고, 제조는 재신으로 변방의 일을 잘 아는 자로 겸임토록 하고 정원은 없다. 또한 이·호·예·병 4조의 판서 및 강화유수가 제조를 의례적으로 겸임하며, …… 선조 25년에 훈련대장이 ……, 인조 24년에 대제학이 ……, 숙종 17년에 개성유수, 숙종 25년에 어영대장이 ……, 영조 23년에 수어사·총융사, 영조 30년에 금위대장, 정조 17년에 수원유수, 정조 19년에 광주유수가 모두 제조를 의례적으로 겸임하게 되었다.

─〈 보 기 〉─
㉠ 정치권력의 지방 분권화가 심화되었다.
㉡ 의정부와 6조 중심의 행정 체계가 유명무실해졌다.
㉢ 비변사는 국정을 전반적으로 관장하는 조직이 되었다.
㉣ 국왕이 관료들을 쉽게 통제할 수 있어 왕권이 신장되었다.

① ㉠, ㉡ ② ㉠, ㉢ ③ ㉡, ㉢
④ ㉡, ㉣ ⑤ ㉢, ㉣

해설 조선 후기 비변사의 권력 강화는 왕권과 6조 중심의 행정체계가 약화되었음을 뜻한다.

26. 다음의 외교 정책을 실시한 왕때의 모습으로 옳지 않은 것은? [1점]

> 조선은 왜란 후 새롭게 성장하는 후금과 적대 관계를 맺을 수도 없었으며, 왜란 때 우리를 도와준 명의 지원병 요구를 거절할 수도 없었다. 이에 왕은 강홍립을 도원수로 삼아 지원병을 보내 명을 지원하는 한편 후금과 적극적으로 싸우지 말고 상황을 보아 대처하도록 하였다.

① 허준으로 하여금 『동의보감』을 편찬하게 하였다.
② 임진왜란 때 불타버린 사고를 재정비하였다.
③ 중립외교 정책으로 전쟁의 위험을 피하고 있었다.
④ 러시아군과 충돌하는 두 차례에 걸친 나선정벌이 있었다.
⑤ 양전사업과 호적을 정리하여 국가재정을 확충하려 하였다.

해설 ④ 나선정벌은 청의 요청으로 효종 때 조선의 조총병을 파견하여 러시아군을 격퇴한 사건이다.

보충설명 임진왜란 이후 집권한 광해군은 전란의 피해를 해결하고자 하였다. 『동의보감』을 편찬하게 하고 사고를 정비하였다. 대외적으로는 중국의 명·청 교체기에 중립외교를 표방하였고, 대동법을 시행하여 백성들의 공납의 부담을 줄이려 하였다.

27. 도표의 (가)에 들어갈 붕당에 대한 설명으로 옳은 것을 〈보기〉에서 모두 고르면? [3점]

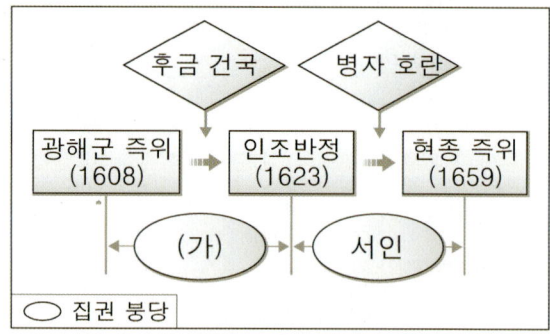

─〈 보 기 〉─
㉠ 친명배금 정책을 추진하였다.
㉡ 남명 조식의 학풍을 계승하였다.
㉢ 북학파 실학자들에게 계승되었다.
㉣ 절의와 실천을 중시하였던 붕당이다.

① ㉠, ㉡ ② ㉠, ㉢ ③ ㉡, ㉢
④ ㉡, ㉣ ⑤ ㉢, ㉣

해설 ㉠ 인조 이후의 서인정권에 대한 설명이다.
㉢ 서인의 노론 계열 중 낙론이 중상학파(북학파)에게 영향을 미친다.

보충설명 (가)에 들어갈 붕당은 북인이다. 북인은 남명 조식의 학풍을 계승하고 절의와 실천을 중시하였던 붕당으로 임진왜란 당시 의병장으로 많이 활약했다. 광해군의 즉위 후 집권하였으며, 중립외교를 표방하였다.

28. 다음 내용과 관련된 수취 제도의 개편에 대한 설명으로 옳은 것을 〈보기〉에서 고르면? [2점]

> 각 고을에 진상과 공물이 각급 관청의 방납인에 의해 저지되어, 한 물건의 값이 3, 4배 혹은 수십, 수백 배까지 되어 그 폐해가 극심하고 특히 경기 지방은 더욱 그러합니다. 지금 마땅히 별도로 선혜청을 설치하여 매년 봄, 가을로 백성에게서 쌀을 거두되 본청에 수납하게 하고, 본청은 그 때의 물가의 시세를 보아 쌀로써 방납인에게 지급하여 수시로 무역에서 납부하게 하소서
>
> 『광해군 일기』

정답 26 ④ 27 ④ 28 ②

─── 〈 보 기 〉 ───
㉠ 공물을 현물 대신 쌀, 면포, 돈으로 징수하였다.
㉡ 풍흉에 관계없이 토지 1결당 쌀 4두를 부과하였다.
㉢ 중앙 관청에 물자를 조달하는 공인이 활동하였다.
㉣ 토지에 결작을 부과하여 줄어든 재정을 충당하였다.

① ㉠, ㉡　② ㉠, ㉢　③ ㉡, ㉢
④ ㉡, ㉣　⑤ ㉢, ㉣

해설 ㉡은 인조 영정법, ㉣은 영조 균역법이다.

보충설명 대동법은 방납의 폐단을 없애고자 광해군 때 시행된 제도이다. 이 법은 현물로 납부하던 공물을 쌀이나 옷감, 동전 등으로 납부하게 하여 공인이라는 어용상인이 국가로부터 자금을 지원받아 필요한 물품을 구매 후 납품하는 방식이었다.

29 다음의 수행평가를 통해 조선 후기 사회의 근대적 특성이 아닌 것은? [2점]

◇ 수행평가 주제
 : 조선후기 사회의 근대적 특성을 찾아보기
◇ 수행평가 내용 및 방법
 : 조선사회의 내부적 변화를 반영하는 근대적 모습을 정치, 경제, 사회, 문화 분야로 구분하기

① 정치 – 세도 정치의 등장으로 왕권이 약화되었다.
② 경제 – 분업과 협업에 토대를 둔 광산 경영이 이루어졌다.
③ 사회 – 신분제가 동요하면서 양반들의 숫자가 급격히 증가하였다.
④ 문화 – 동학, 천주교 등과 함께 평등사상이 빠르게 전파되었다.
⑤ 조선 후기 우리 스스로 근대사회로의 이행을 위한 변화가 나타나고 있었다.

해설 근대적 특성이라 함은 정치적으로 민주주의, 경제적으로 자본주의, 사회적으로 평등사회, 사상적으로 합리주의적인 특성이 나타나는 것을 말한다. 조선 후기 자생적으로 자발적인 근대사회로의 이행이 나타나고 있었지만 정치적 측면에서 세도 정치는 근대사회로의 이행으로 보기 어렵다.

30 두 사람의 대화 중 (가)와 (나)의 주장을 뒷받침하는 것으로 옳은 것은? [2점]

(가) 조선 후기의 농민생활 안정을 우선시하는 실학자들은 토지 제도의 개혁을 주장하였다.
(나) 반면 적극적인 상공업 진흥과 기술 혁신을 주장하는 학자들도 있었다.

─── 〈 보 기 〉 ───
㉠ (가) 경세치용학파라고도 불리며, 토지 제도의 개혁을 주장하였다.
㉡ (가) 소비의 촉진을 강조하고, 수레와 선박의 사용을 주장하였다.
㉢ (가) 북학파라고도 불리는 이 사상은 개화사상으로 이어졌다.
㉣ (나) 이 사상을 가진 인물들은 토지 제도의 개혁에도 관심을 기울였다.

① ㉠, ㉡　② ㉠, ㉣　③ ㉡, ㉢
④ ㉡, ㉣　⑤ ㉢, ㉣

해설 (가)는 중농학파, (나)는 중상학파 실학자에 대한 설명이다.
㉠ 중농학파는 경세치용학파, 중상학파는 이용후생학파라고도 불린다.
㉡ 소비의 촉진과 수레와 선박의 이용은 중상학파의 주장이다.
㉢ 중상학파 실학자들의 사상은 개화사상으로 이어졌다.
㉣ 중상학파 실학자들은 상공업의 진흥과 동시에 토지 제도의 개혁에도 관심이 많았다.

31 다음 자료와 관련 있는 사건을 일어난 순서대로 바르게 배열하면? [1점]

(가) 남의 무덤을 파헤치는 것은 예의 없는 행동이지만 무력을 사용하여 백성을 괴롭히는 것보다 나을 것 같아 그렇게 하였다. 본래 관을 파오려고 하였으나 너무 지나친 것이라 생각되어 그만두었다. 우리에게 석회를 팔 도구가 없었겠는가?
『고종실록』

정답 29 ① 30 ② 31 ②

(나) 서양인들이 촌으로 떼어어 다니며, 여인을 욕보이고 세간을 빼앗았다. 남자 옷과 쇠끝, 돈과 양식은 물론이고 소와 닭은 더 좋아하였다. 문을 잠그고 간 집은 다 부수고 때로 불 질렀다. 주인이 있어 대접하고 닭 잡아 주는 자는 칭찬하고 물건을 가져가지도 않았다. … 양헌수라는 사람이 순무중군으로 있었다. … 전등사는 높은 산 위라 매복하고 있다가 한꺼번에 북과 나팔을 불며 좌우에서 총을 쏘았다. 장수가 총에 맞아 말에서 떨어지고 양인 십여 명이 죽었다. 혼쭐이 난 양인들을 쫓아가니 제 동무 시체를 옆에 끼고 급히 본진으로 도망갔다.

『병인양난록』

(다) 조선군은 용감했다. 그들은 항복 같은 것은 아예 몰랐다. 무기를 잃은 사람들은 돌과 흙을 집어 던졌다. 전세가 결정적으로 불리하게 되자 살아남은 조선군 100여명은 포대 언덕을 내려가 한강 물에 투신했고 일부는 스스로 목을 찔러 자결했다.
- 신미양요 참전군인 헐버트 가스펠 참전 기록 -

(라) 서양 오랑캐가 침범했을 때 싸우지 않는 것은 곧 화친하는 것이요, 화친을 주장하는 것은 나라를 팔아먹는 것이다.

- 척화비 -

① (가) → (라) → (나) → (다)
② (나) → (가) → (다) → (라)
③ (나) → (다) → (가) → (라)
④ (다) → (라) → (가) → (나)
⑤ (라) → (다) → (나) → (가)

해설 (나) 병인양요(1866), (가) 오페르트 도굴사건(1868), (다) 신미양요(1871), (라) 척화비의 건립(1871)

32. 다음 (가)와 (나)의 조약에 대한 설명으로 옳지 않은 것은? [2점]

(가)
제1조 조선과 미국 인민은 각각 영원히 화평 우호를 지키되 … 서로 도와 잘 조처함으로써 그 우의를 표시한다.
제14조 조약을 체결한 뒤에 본 조약에 부여되지 않은 어떠한 권리나 특혜를 다른 나라에 허가할 때에는 자동적으로 미국관민에게도 똑같이 주어진다.

(나)
제1조 청의 북양 대신과 조선 국왕은 대등한 지위를 가진다.
제4조 북경과 한성의 양화진에서의 무역을 허락하되 양국 상민의 내지 판매를 금하고, 다만 필요한 경우 지방관의 허가서를 받아야 한다.

① (가) - 김홍집이 가지고 온 조선책략이 조약 체결에 영향을 주었다.
② (가) - 수출입 상품에 대하여 관세를 부과할 수 있었다.
③ (가) - 최혜국 대우와 치외법권을 규정한 불평등 조약이었다.
④ (나) - 청·일 양국 상인들의 상권 경쟁이 치열하게 전개되었다.
⑤ (나) - 내지 채판이 필요한 경우 지방관의 허가를 받도록 규정하고 있다.

해설 ⑤ 조·청상민수륙무역장정으로 청나라 상인의 내륙 진출이 가능해졌다. 이 조약의 내용에는 내지 채판이 필요한 경우 지방관의 허가서를 받아야 한다고 기록되어 있으나, 실질적으로 조선 정부가 이를 거부하기는 힘들었다.

보충설명 (가)는 조선과 미국 사이에 체결된 조·미수호통상조약이고, (나)는 임오군란 이후 조선과 청 사이에 체결된 조·청상민수륙무역장정이다.

33. 다음 가상의 공고문의 (가) 군대에 대한 설명으로 옳지 않은 것은? [1점]

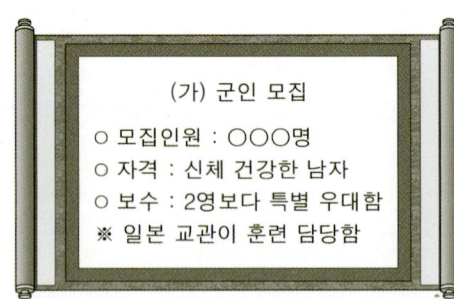

(가) 군인 모집
○ 모집인원 : ○○○명
○ 자격 : 신체 건강한 남자
○ 보수 : 2영보다 특별 우대함
※ 일본 교관이 훈련 담당함

① 구식 군대보다 급료나 피복 지급에서 우대를 받았다.
② 임오군란으로 5군영 체제가 부활하면서 폐지되었다.
③ 일본인 교관이 파견되어 훈련을 담당하였다.
④ 갑신정변을 유발하는 계기가 되었다.
⑤ 조선 정부의 근대적 개혁의 일환으로 창설되었다.

해설 조선의 근대적 개혁의 일환으로 창설된 별기군은 구식 군대에 비해 좋은 대우를 받았고, 일본인 교관이 교육을 담당하였다. 이러한 구식군대와 신식군대의 차별은 임오군란을 유발시키는 계기가 되었고, 흥선 대원군 집권 이후 5군영이 부활하면서 폐지되었다.

34 다음 글이 추구하고 있는 목적을 바르게 설명한 것은? [2점]

> 우리 2천만 중 여자가 1천만이요, 1천만 중 반지 있는 이가 반은 넘을 터이오니 반지 한 쌍 2만 원씩만 셈하면 1천만 원이 여인 수중에 있다 할 수 있습니다. 도리어 반지의 이해를 생각해 봅시다. 다만 손가락을 속박할 뿐이요, 여인이 사랑하는 바이냐, 자녀에야 비할손가. 우리나라 기백년 풍기가 일용사물로는 소용없는 것을 이렇듯 사랑하는 것이 무슨 일인지 알지 못하였더니 오늘날이 중대한 일을 성취하려 예비함이로다. 이렇듯이 국채를 갚고 보면 국권만 회복할 뿐만 아니라 우리 여자의 힘이 세상에 전파되어 남녀동등권을 찾을 것이니…

① 남녀평등의 여성 참정운동
② 열강의 이권 탈취에 저항하는 이권수호운동
③ 낡은 풍습을 개량하는 민중계몽운동
④ 남녀평등의 사상을 고취시키기 위한 사회운동
⑤ 일제의 차관제공에 의한 예속화 정책에 대한 저항운동

해설 제시문은 국채 보상 운동에 관한 글이다. 일제의 차관정책으로 경제적으로 예속화 현상이 나타나자 경제적 자주권을 회복하기 위해 대구에서 서상돈의 제안으로 국채 보상 운동이 벌어졌다.

35 다음 그림에서 설명하는 신문과 발행한 단체에 대한 설명으로 옳지 않은 것은? [2점]

① 독립협회가 발행한 최초의 민간신문이다.

② 최초의 일간지로 한글판과 영문판으로 발행되었다.
③ 독립협회의 해산과 함께 폐간되었다.
④ 독립협회는 영은문을 헐고 독립문을 세웠다.
⑤ 독립협회는 만민공동회라는 대중집회를 개최하였다.

해설 독립신문은 독립협회가 발행한 최초의 민간신문이며, 최초의 일간지이다. 1896년 정부의 지원을 받아 만들어졌으며, 독립협회가 해산되고도 정부가 인수하여 잠시 더 발행되다가 1899년 폐간되었다.

36 다음은 조선 총독의 취임사와 관련된 글이다. (가), (나)에 대한 설명으로 옳지 않은 것은? [3점]

> (가) 정부는 관제를 개혁하여 총독 임명의 범위를 확장하고 경찰 제도를 개정하고 또한 일반 관리나 교원 등의 복제를 폐지함으로써 시대의 흐름에 순응한다. 조선인의 임용과 대우 등에 관해서 더욱 고려하여 각각 그 할 바를 얻게 하고 나아가 장래 기회를 보아 지방 자치 제도를 실시하여 국민 생활을 안정시키고 일반 복리를 증진시킬 것이다.
>
> (나) 제국의 대륙 병참 기지로서 조선의 사명을 명확히 파악해야 하겠다. 이번 사변(중·일 전쟁)에 있어 우리 조선은 대 중국 작전에 대하여 식량·잡화 등 상당량의 군수 물자를 공출하여 어느 정도의 효과를 올렸다. 조선 사업 분야를 다각화하며 특히 군수 공업의 육성에 역점을 두어 만전을 기할 필요가 있는 것이다.

① (가)는 소위 문화통치를 내세우는 시기이다.
② (가) 이후 일부 지식인을 중심으로 자치 운동이 전개되었다.
③ (가)에서 (나)로 바뀌면서 국내에서의 민족 운동은 침체되었다.
④ (나) 이후에는 국내 총생산 중 1차 산업이 차지하는 비중이 증가하였다.
⑤ (가)는 3·1 운동을 배경으로 (나)는 일제의 대륙 침략을 배경으로 하였다.

해설 일제는 대륙 침략을 강행하면서 한반도를 커다란 군수공장으로 만드는 (나)의 병참기지화 정책을 표방하였다. 전쟁을 수행하기 위하여 군수공장을 건설하게 되고 1차 산업의 비중은 감소하였다.

정답 34 ⑤ 35 ③ 36 ④

37 다음의 선언문과 관계 깊은 단체가 전개한 민족 운동은? [3점]

> 우리 대한은 당당한 자주 독립국이며, 평화를 애호하는 세계의 으뜸 국민임을 재차 선언합니다. 지난 독립 만세 운동은 곧 우리의 전통적인 독립의 의지를 만방에 천명한 것이고, 국제 정세의 순리에 병진하는 자유, 정의, 진리의 함성이 있습니다. 그럼에도 불구하고 일본의 무력적인 억압으로 말미암아 우리의 자유와 평등을 주장한 자주 독립 운동은 가슴 아프게도 실패하였습니다. 우리의 독립을 위한 투쟁은 이제부터가 더욱 의미가 있고 중요합니다.

① 어린이 날을 제정하는 등 소년 운동을 전국적으로 확산시켰다.
② 동아일보를 창간하고 브나로드 운동을 전개하여 문맹 퇴치에 앞장섰다.
③ 일제 말기에는 신사 참배를 거부하는 운동을 벌였다.
④ 만주에서 항일 운동 단체인 의민단을 조직, 무력 투쟁에 나섰다.
⑤ 고등교육의 필요성을 절감하고 민립대학 설립운동을 전개하였다.

해설 제시문은 1922년에 발표한 천도교의 자주독립 선언문이다. 천도교는 '천도교 소년회'를 조직하여 소년운동을 전개하였고, 1922년 5월 1일을 '어린이 날'로 제정하고, 1923년 3월 우리나라 최초의 순수 아동잡지 『어린이』를 창간하였으며, 같은 해 5월 1일에 '어린이 날' 기념식을 거행하고 '어린이 날의 약속'이라는 전단 12만 장을 배포하였다.

38 대한민국 임시정부가 다음과 같은 상황을 겪게 된 배경을 〈보기〉에서 고른 것은? [2점]

> 이렇게 하여 정부는 자리가 잡혔으나 경제 곤란으로 정부의 이름을 유지할 길도 막연하였다. …… 정부의 집세가 30원, 심부름꾼 월급이 20원 미만이었으나 이것도 지불할 여력이 없어서 집주인에게 여러번 송사를 겪었다. …… 나는 임시 정부 정청에서 자고, 밥은 돈벌이 직업을 가진 동포의 집으로 이집 저집 돌아다니면서 얻어먹었다.
> – 김구, 『백범일지』 –

〈 보기 〉
㉠ 한인 애국단 조직
㉡ 비밀 행정망 붕괴
㉢ 국민대표 회의 결렬
㉣ 육군 무관 학교 설립

① ㉠, ㉡ ② ㉠, ㉢ ③ ㉡, ㉢
④ ㉡, ㉣ ⑤ ㉢, ㉣

해설 ㉠ 임시정부의 침체를 극복하기 위해 김구가 조직하였다.
㉣ 독립군 지휘관의 양성을 목표로 1919년 설립되었으나, 재정의 부족으로 인하여 1920년 사라졌다.

보충설명 대한민국 임시정부는 연통제와 교통국과 같은 비밀 연락망이 붕괴되고, 1923년 열린 국민대표 회의가 성과 없이 결렬되면서 약화되었다.

39 다음 내용과 관계 깊은 민족 운동에 대한 설명으로 옳은 것은? [3점]

> 이 운동의 준비는 세 그룹에 의해 이루어졌다. 가장 대표적인 세력은, 운동을 가장 먼저 준비한 조선 공산당(조공) 계열로, 당시 고려 공산청년회(공청) 책임 비서로 있던 권오설이 중심이 되었다. 고려 공산 청년회에서는 상해로 망명해 있던 조선 공산당 간부들과 협의하며, '상을 당하여 통곡하는 민중에게 띄운다.'는 제목의 격문 전단 수만 장을 국내로 들여왔으며, 국내에서 별도로 8만 장에 이르는 격문과 엽서형 투쟁 슬로건을 제작하여 전국적인 시위운동을 준비했으나, 예전에 있었던 것과 같은 대규모 만세 시위를 우려한 일본 경찰의 삼엄한 감시망에 걸려 결국 사전에 동지들 대부분이 검거되고 말았다. 한편, 조공 혹은 공청과 긴밀한 관계를 가지면서 운영되던 사회주의 계열의 학생 단체인, '조선 학생 사회과학 연구회' 소속의 전문 학생들과 중앙 고보, 중동 학교 학생들을 중심으로 한 또 다른 학생 단체에서 만세 운동을 준비하였다.

① 3·1 운동 이후 최대의 민족 운동이었다.
② 순종의 인산일을 기점으로 전개되었다.
③ 해외의 동포들도 이 운동에 동참하였다.
④ 일본인 학생의 조선인 여학생 희롱이 발단이 되었다.
⑤ 일본의 통치방식을 변경시키는 계기가 되었다.

해설 제시문은 6·10 만세 운동이다. 순종의 인산일을 기점으로 일어났으며 3·1 운동 이후 침체된 민족운동에 활기를 불어넣었다.

40 다음 자료에서 주장하고 있는 바를 바르게 파악한 것은? [3점]

> 지금 이곳에는 38선 이남 이북을 별개국으로 생각하는 사람도 많습니다. 그렇게 만들려고 노력하는 사람도 많습니다. 그 사람들은 남의 지도자들이 합석하는 것을 희망하지도 아니하지마는 기실을 절망하고 이것을 선전하는 사람도 많이 있습니다. 인형(仁兄)이여 이래서야 되겠나이까. 남이 일시적으로 분할해 놓은 조국을 우리가 우리의 관념이나 행동으로써 영원히 분할해 놓을 필요야 있겠습니까. 인형이여… 동포의 사활과 조국의 위기와 세계의 안위가 순간에 달렸거늘 우리의 양심과 우리의 책임으로써 편안히 앉아서 희망 없는 외력에 의한 해결만 꿈꾸고 있겠습니까.
>
> 1948 2. 16

① 미·소 신탁통치의 극복
② 남북한 통일 정부의 수립
③ 미·소 공동위원회의 속개 촉구
④ 이승만의 정읍발언에 대한 지지
⑤ 한반도 문제의 UN이관에 대한 반대

해설 제시문은 김구와 김규식이 북한의 김두봉에게 보낸 편지의 일부이다. 이 편지에서 남한의 단독 정부 수립을 반대하고 남북한의 지도자가 만나 통일 정부 수립에 관한 논의를 할 것을 제안하고 있다.

41 다음 중 ㉠에 해당하는 사건과 관련된 옳은 설명을 고르면? [1점]

> (㉠)(으)로 남한은 생산 시설의 42%가 파괴되고 남한 곳곳에 61만여 명의 전쟁 고아들이 거리에서 굶주림과 추위에 떨었다. 북한은 주요 산업 시설의 대부분이 잿더미가 되었다. 이렇듯 막대한 인적·물적 피해뿐만 아니라 동족상잔에 의한 정신적인 상처는 우리 민족에게 슬픔을 안겨 주었다.

① 전통 문화가 복구되고 촌락 간의 공동체 의식이 강화되었다.

② 이승만 정부는 반공 체제를 강화하면서 독재 정권을 유지하였다.
③ 한국과 미국은 휴전 협정 조인전에 한·미상호방위조약을 체결하였다.
④ 이 전쟁 이후 미국의 국무장관 애치슨은 한반도를 미국의 방위라인에 포함시켰다.
⑤ 이승만 정부는 휴전 회담 과정에서 인도주의 원칙에 따라 반공 포로를 즉각 석방하였다.

해설 ㉠ 6·25 전쟁이다.

보충설명 전쟁이후 남북한의 정부는 전쟁을 구실로 독재 정권을 강화하였다

42 다음 연표의(가)~(마) 시기의 역사적 사실로 옳지 않은 것은? [2점]

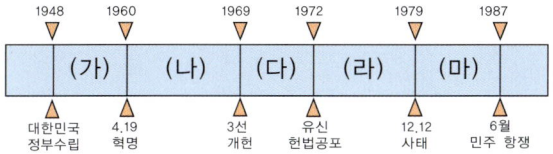

① (가) – 부산정치파동
② (나) – 5·16 군사정변
③ (다) – 1차 경제개발 5개년 계획 실시
④ (라) – YH 무역사건
⑤ (마) – 4·13 호헌조치

해설 제1차 경제 개발 5개년 계획은 1962년부터 1966년까지 추진되었다.

43 다음 내용의 결정서가 나왔을 당시의 상황으로 옳지 못한 것은? [2점]

> 조선 국가 독립의 수립을 원조·협력·후견할 방책을 작성하는 것도 또한 임시 조선 민주주의 정부 및 조선 민주주의 단체의 참여 하에 공동위원회가 수행할 과업이다. 공동 위원회의 제안은 최고 5개년 기간의 4개국 후견의 협약을 작성하기 위하여 미·영·중·소 제국 정부의 공동 참작에 이바지하도록 임시 조선 정부와 협의한 후 제출하여야 한다.

① 전국적인 반탁운동이 일어났다.
② 민주주의 임시정부의 수립에 합의하였다.

③ 좌파는 처음에는 반탁을 이후 찬탁을 주장하였다.
④ 미국과 소련은 공동위원회의 설치에 합의하였다.
⑤ 소련의 신탁통치 안을 미국이 수정하여 최고 5년 간의 신탁통치가 결정되었다.

해설 제시문은 모스크바 3상회의 결정서이다. 모스크바 3상 회의에서 한반도에 대한 신탁통치가 결정된 결정서이다. 신탁통치 안은 미국이 먼저 제안하였으나, 소련의 5년 수정안이 받아들여졌다.

44 다음은 대한민국 정부 수립 과정을 탐구하기 위해 만든 도표이다. (가)에 들어갈 수 있는 사실을 〈보기〉에서 모두 고른 것은? [2점]

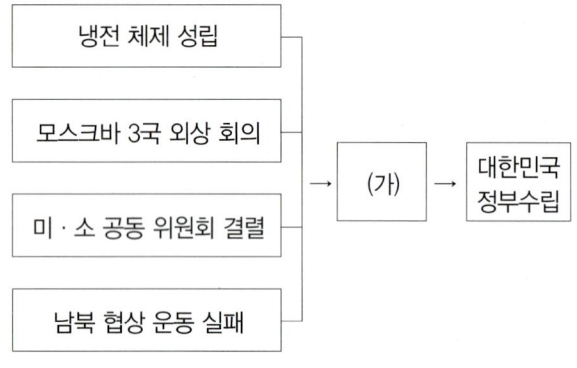

〈 보 기 〉
㉠ 카이로 회담 개최
㉡ 5·10 선거 실시
㉢ 농지 개혁의 실시
㉣ 유엔 한국 임시 위원단의 활동

① ㉠, ㉡   ② ㉠, ㉢   ③ ㉡, ㉢
④ ㉡, ㉣   ⑤ ㉢, ㉣

해설 ㉠ 카이로 회담은 1943년 열렸다.
㉢ 농지 개혁은 1949년 법이 통과되고 1950년 시행되었다.

보충설명 1, 2차 미·소 공동위원가 결렬되고, 미국은 한반도 문제를 유엔에 상장하였다. 유엔은 인구비례에 따른 남북한 총선거를 결정하였고, 이에 따라 유엔 한국 임시 위원단이 입국하여 활동하였으나, 북한 측의 거부로 북한쪽에서는 활동을 하지 못하였다. UN소총회에서는 가능한 지역에서만의 선거를 결정하였고, 1948년 5월 10일 총선거가 실시되었다.

45 다음 자료와 관련 있는 의회에서 만든 헌법에 대한 설명으로 옳은 것은? [2점]

> 우리의 노선은 두 가지밖에 없는 것입니다. 독재주의 공산국가를 건설하느냐 민주주의 국가를 건설하느냐 하는 데 있어서 이 헌법 정신은 민주주의 민족 국가를 건설하려는 한 기본 설계도를 여기에 만들어 낸 것입니다.… 헌법의 정신을 요약해 말씀드리자면 우리들이 민주주의 민족 국가를 구성해서 우리 3천 만은 물론이고, 자손만대로 하여금 현 시국에 적응한 민족 사회주의 국가를 이루자는 그 정신의 골자가 이 헌법에 총집되어 있다고 말할 수 있습니다.

① 임기 4년의 대통령을 의회에서 선출하였다.
② 내각제와 양원제 국회를 골자로 하였다.
③ 대통령에게 긴급조치권을 부여하였다.
④ 통일주체 국민회의에서 대통령을 선출하게 하였다.
⑤ 5년 단임의 대통령 직선제를 담고 있다.

해설 ②는 3차 개헌, ③, ④는 유신헌법(7차 개헌), ⑤는 6월 민주항쟁의 결과 만들어진 9차 개헌이다.

보충설명 제시문은 제헌 헌법 제정 회의록이다. 제헌 헌법에는 대통령의 임기를 4년으로 하고 의회에서 선출하는 간선제 방식을 채택하였다.

46 다음의 담화문이 발표되게 되는 배경에 대한 설명으로 옳지 않은 것은? [1점]

> 1. 국민이 원한다면 대통령직에서 사임하겠다.
> 2. 3·15 정·부통령 선거에 많은 부정이 있었다고 하니 선거를 다시 하도록 지시하였다.
> 3. 선거로 인한 모든 불미스러운 것을 없게 하기 위하여 이미 이기붕 의장에게 공직에서 완전히 물러나도록 하였다.
> 4. 내가 이미 합의를 준 것이지만 만일 국민이 원한다면 내각 책임제를 개헌하겠다.

① 부정선거와 이승만의 독재 정권에 저항한 것이다.
② 마산에서 일어난 시위가 도화선이 되어 전국으로 확산되었다.
③ 고려대생들이 시위 후 돌아가는 과정에서 습격당하는 사건이 발생하였다.

정답 44 ④ 45 ① 46 ④

④ 학생과 시민들이 무장을 하고 시민군을 조직하여 무장 항거를 전개하였다.
⑤ 정부는 비상계엄을 선포하고 무장 군인을 동원하여 시위를 저지하려하였다.

해설 ④ 4·19 당시 시민들은 무장을 하지 않았으며, 보기는 5·18 광주 민주화운동에 대한 설명이다.

보충설명 제시문은 이승만 대통령의 담화문이다. 4·19 혁명으로 국민적 저항에 직면한 이승만 대통령은 담화를 발표하고 대통령직을 사임하였다.

47 다음은 우리나라 민주주의 발전과정을 나타낸 것이다. 이에 관한 설명으로 옳은 것을 <보기>에서 고르면? [2점]

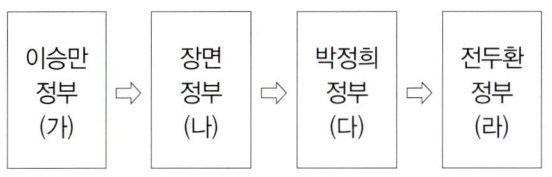

―〈 보 기 〉――
㉠ (가)에서 (나)로의 이행에는 학생들의 역할이 매우 컸다.
㉡ (나)의 부정부패를 배경으로 (다)가 등장하였다.
㉢ (다)의 경제 정책으로 빈부 격차가 심화되었다.
㉣ (라)의 정치 형태는 미국식 대통령제와 유사하였다.

① ㉠, ㉢ ② ㉠, ㉣ ③ ㉡, ㉢
④ ㉡, ㉣ ⑤ ㉢, ㉣

해설 이승만 정부는 4·19 혁명을 계기로 붕괴되었는데 여기에는 학생들의 역할이 매우 컸다. 장면 정부는 사회의 무질서와 혼란 속에서 정치력을 발휘하지 못하고 5·16 군사 정변에 의해 붕괴되었다. 박정희 정부는 경제 개발 5개년 계획을 추진하여 고도의 경제 성장을 이루었으나, 정부 주도의 경제 체제와 빈부 격차의 심화 등의 문제점을 남겼다. 전두환 정부는 7년 단임의 대통령을 통일주체 국민회의에서 간접 선거하는 방식으로 선출한 것으로, 미국의 대통령 선거와 다르다.

48 다음 글의 밑줄 친 '이 체제'와 관련하여 바르게 설명한 것은? [1점]

> 이 체제는 의회주의와 삼권 분립의 헌정 체제와는 달리 강력한 통치권을 대통령에 부여하는 권위주의 통치 제체였다. 그것은 곧 국가 행정의 능률을 극대화하고 국력을 집약해서 사회를 조직화한다는 명분으로 개인의 자유와 민주주의 정치 활동을 제약한 독재 체제였다. 특히, 대통령의 개인적인 의지에 따라 통제할 수 있는 대의기관을 설치하고 여기에서 대통령을 선출하였다.

① 내각제 개헌을 토대로 성립하였다.
② 이승만이 장기 집권을 위하여 마련한 체제였다.
③ 4·19 혁명의 결과로 탄생한 정부 체제였다.
④ 박정희의 3선을 위한 헌법 개정으로 성립되었다.
⑤ 긴급 조치를 통해 민주화 운동을 탄압하여 유지되었다

해설 이 체제는 1972년 10월 개헌으로 나타난 유신체제에 대한 설명이다. 유신체제는 통일주체 국민회의라는 대의기관을 통해 대통령을 선출하였고, 대통령에게 초헌법적인 권한을 부여한 권위주의 체제였다.

49 다음 글을 읽고 글을 쓴 필자와 같은 세력에 대한 옳은 설명은? [3점]

> 지난 18일 수백 명의 대학생들에 의해 제기된 평화적 시위가 오늘의 엄청난 사태로 확산된 것은 상당수의 타 지역 불순 인물 및 고정간첩들이 사태를 극한적인 상태로 유도하기 위하여 여러분의 고장에 잠입, 터무니없는 악성 유언비어의 유포와 공공 시설 파괴, 방화, 장비 및 재산 약탈 행위 등을 통하여 계획적으로 지역감정을 자극·선동하고 난동 행위를 선도한 데 기인된 것입니다. 이들은 대부분이 이번 사태를 악화시키기 위한 불순분자 및 이에 동조하는 깡패 등 불량배들로서 급기야는 예비군 및 경찰의 무기와 폭약을 탈취하여 난동을 자행하기에 이르렀으며, 이들의 극한적인 목적은 너무도 자명하여 사태의 악화는 국가 민족의 운명에 파국적인 결과를 초래할 것이 명약관화한 것이 사실입니다.

정답 47 ① 48 ④ 49 ②

─〈 보 기 〉─

㉠ 5·18 민주화 운동을 탄압하였다.
㉡ 5·16 군사정변을 계기로 정권을 장악하였다.
㉢ 7년 단임의 대통령제를 만들었다.
㉣ 남북관계 발전과 평화번영을 위한 선언을 발표하였다.

① ㉠, ㉡　② ㉠, ㉢　③ ㉡, ㉢
④ ㉡, ㉣　⑤ ㉢, ㉣

해설　제시문은 5·18 민주화 운동 당시 계엄사령관이었던 이희성이 발표한 담화문의 일부이다. 광주 민주화 운동을 진압하고 집권한 신군부 세력은 8차 개헌을 통해 7년 단임의 대통령제를 실시하였다.

50 다음 대화와 관련된 역사적 사실에 대한 옳은 설명을 〈보기〉에서 고른 것은? [2점]

갑 - 드디어 역사적인 정상 회담이 성사되었구나
을 - 분단 이후 처음으로 이루어진 것이니 참 오래 걸렸지?
정 - 그래도 두 정상이 남북 통일의 합의점을 찾았다는 큰 성과가 있지

─〈 보 기 〉─

㉠ 금강산에 이산 가족 면회소가 설치되었다.
㉡ 경의선 철도 복원에 합의하고 이를 추진하였다.
㉢ 남북 조절 위원회가 설치되는 계기를 마련하였다.
㉣ 남북한이 한반도 비핵화 공동 선언을 발표하였다.

① ㉠, ㉡　② ㉠, ㉢　③ ㉡, ㉢
④ ㉡, ㉣　⑤ ㉢, ㉣

해설　남북한 최초의 정상회담으로 2000년 6·15 남북 공동 선언이 발표되었다. 이 선언문에서는 이산가족 면회소 설치, 경의선 철도 복원, 개성공단 설치 등의 내용이 들어있다.

정답　50 ①

Part 2

_ 기출문제

- 2013년 제21회 기출문제
- 2014년 제23회 기출문제

2013년도 제21회 한국사 능력검정시험

고급

○ 자신이 선택한 등급의 문제지인지 확인하시오.
○ 문제지에 성명과 수험 번호를 정확히 써놓으시오.
○ 답안지에 성명과 수험 번호를 써넣고, 또 수험 번호와 답을 정확히 표시하시오.
○ 시험 시간은 80분입니다.

01 (가) 시대의 생활 모습으로 옳은 것은? [2점]

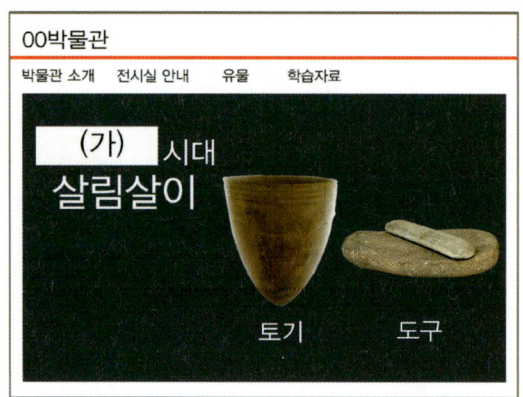

① 세형 동검을 제작하였다.
② 가락바퀴를 이용하여 실을 뽑았다.
③ 사람이 죽으면 독에 넣어 매장하였다.
④ 반량전 등의 중국화폐를 사용하였다.
⑤ 목책과 환호로 외부 침입에 대비하였다.

02 밑줄 친 ㉠~㉤에 대한 설명으로 옳지 않은 것은? [2점]

> 고조선은 ㉠단군왕검에 의해 건국되었다. 단군왕검의 건국 이야기는 오랜 세월을 거치면서 전승되어 기록으로 남겨진 것으로 ㉡여러 사서에 수록되어 있다.
> 기원전 3세기경에는 부왕, 준왕과 같은 강력한 왕이 등장하여 왕위를 세습하였으며 왕 아래 ㉢여러 관직을 두었다. 진·한 교체기에 중국이 혼란에 휩싸이게 되면서 ㉣대규모의 유이민이 몰려오기도 하였다. 고조선에는 ㉤8조의 법이 있었다.

① ㉠ – 제사장이면서 정치적 지배자였다.
② ㉡ – 『삼국유사』, 『제왕운기』 등이 있다.
③ ㉢ – 국상, 막리지 등이 있었다.
④ ㉣ – 철기문화를 보유하고 있었다.
⑤ ㉤ – 사유 재산을 중시하는 조항이 있다.

03 지도와 같은 변화의 원인으로 옳은 것은? [1점]

① 근초고왕이 마한을 정복하였다.
② 지증왕이 우산국을 복속하였다.
③ 백제와 신라의 동맹이 강화되었다.
④ 장수왕이 한강 유역까지 진출하였다.
⑤ 광개토 대왕이 군대를 보내 신라를 구원하였다.

한국사 능력검정시험

04 (가)에 들어갈 내용으로 적절하지 않은 것은? [2점]

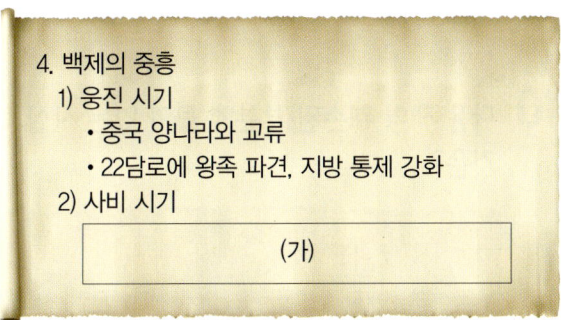

4. 백제의 중흥
   1) 웅진 시기
      • 중국 양나라와 교류
      • 22담로에 왕족 파견, 지방 통제 강화
   2) 사비 시기
      (가)

① 동진에서 불교 전래
② 한강 유역 일시 회복
③ 국호를 남부여로 변경
④ 중앙 관청을 22부로 정비
⑤ 미륵사 등 대규모 사찰 건립

05 (가)에 대한 설명으로 옳지 않은 것은? [1점]

〈역사퀴즈 00번〉
사회자 : 다음 질문에 답하시기 바랍니다.

이 나라는 남쪽으로는 고구려, 동쪽으로는 읍루, 서쪽으로는 선비와 접해 있었습니다. 영토는 2천리이며, 가호는 8만이었습니다. 나라에 군왕이 있고 마가, 우가, 구가, 저가 등의 제가(諸加)가 사출도를 주관하였습니다. 이 나라의 이름은 무엇일까요?

정답   (가)

① 순장의 풍습이 있었다.
② 영고라는 제천 행사가 있었다.
③ 혼인 풍습으로 민며느리제가 있었다.
④ 흉년이 들면 왕에게 책임을 묻기도 하였다.
⑤ 도둑질한 자에게는 12배를 배상하게 하였다.

06 (가)~(라)의 문화 전파 내용으로 옳은 것을 〈보기〉에서 고른 것은? [2점]

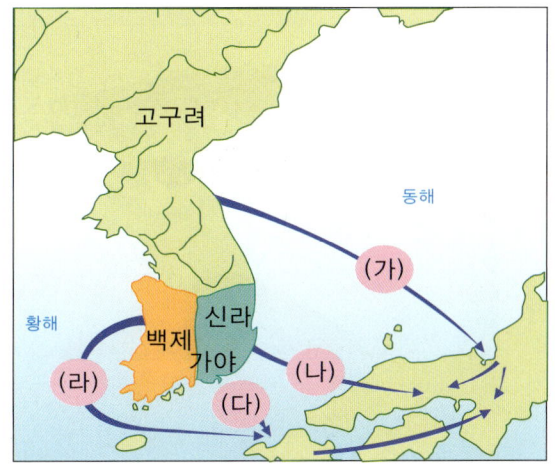

〈 보 기 〉
㉠ (가) – 노리사치계는 불경과 불상을 전해주었다.
㉡ (나) – 혜자는 쇼토쿠 태자의 스승이 되었다.
㉢ (다) – 스에키 토기의 제작에 영향을 주었다.
㉣ (라) – 왕인은 천자문과 논어를 가르쳤다.

① ㉠, ㉡   ② ㉠, ㉢   ③ ㉡, ㉢
④ ㉡, ㉣   ⑤ ㉢, ㉣

07 밑줄 친 '황상'에 대한 설명으로 옳은 것은? [3점]

공주는 흥 56년(792) 여름 6월 9일 임진일에 사망하니, 나이는 36세다. 이에 시호를 정효 공주라 하다. 이해 겨울 11월 28일 기묘일에 염곡의 서쪽 언덕에 배장 하니, 이것은 예의에 맞는 것이다. 황상(皇上)은 조회를 파하고 크게 슬퍼하여, 침소에 들어가지 않고 음악도 중지시켰다. ……

① 당, 신라와 적대관계를 유지하였다.
② 해동성국이라 불릴 정도로 나라를 발전시켰다.
③ 장문휴로 하여금 산둥 반도를 공격하게 하였다.
④ 수도를 중경 현덕부에서 상경 용천부로 옮겼다.
⑤ 고구려 유민을 이끌고 동모산에서 나라를 세웠다.

한국사 능력검정시험

08 밑줄 친 ㉠~㉤중 옳지 않은 것은? [2점]

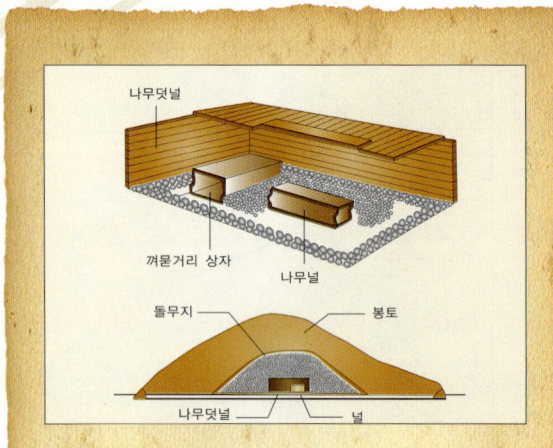

이 무덤 양식은 삼국 가운데 신라, 특히 ㉠경주 지역을 중심으로 주로 나타났다.
무덤 주위에 ㉡12지신상을 새긴 호석을 둘렀다. 나무널과 덧널을 만든 다음, 돌과 모래 자갈, 점토 등을 다져 봉토를 만들었기 때문에 ㉢도굴이 용이하지 않았다. 무덤의 형태는 대부분 원형으로 다른 지역의 무덤에 비해 봉토가 크다. 대체로 5세기를 전후한 시기에 ㉣왕권강화와 밀접한 연관을 맺고 만들어진 것으로 보인다. ㉤대표적인 무덤으로는 황남대총이 있다.

① ㉠ ② ㉡ ③ ㉢
④ ㉣ ⑤ ㉤

09 밑줄 친 '이날'과 관련된 속담으로 적절한 것은? [1점]

> 왕이 신라 6부를 둘로 나누어 왕녀 2인이 각 부의 여자들을 통솔하여 무리를 만들게 하였다. 그들은 매일 일찍 모여서 길쌈을 늦도록 하였다. 이 날이 되면 그 성과의 많고 적음을 살펴, 진 쪽에서 술과 음식을 내놓아 승자를 축하하고 가무를 하며 각종 놀이를 하였는데 이를 가배(嘉俳)라 하였다.
> 『삼국사기』

① 2월 바람에 김칫독 깨진다.
② 우수 경칩에 대동강 물이 풀린다.
③ 단오물은 정승하기보다 더 어렵다.
④ 청명에는 부지깽이를 거꾸로 꽂아 놓아도 산다.
⑤ 가을 맞은 송편에서 오고 송편 맛은 솔내에서 온다.

10 다음 책의 훼손된 부분에 들어 있는 사실로 옳은 것은? [3점]

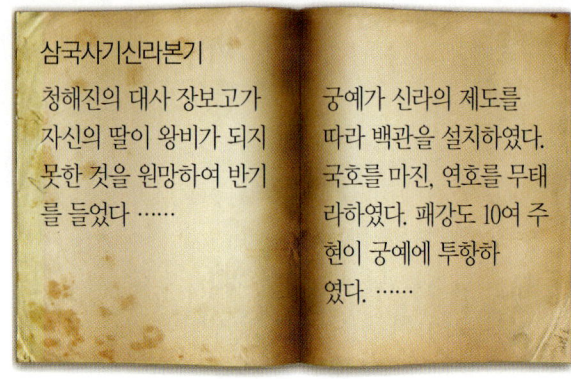

① 국학이 설립되었다.
② 김헌창의 난이 일어났다.
③ 관료전이 지급되고 녹읍이 폐지되었다.
④ 왕건이 신하들의 추대로 왕위에 올랐다.
⑤ 견훤이 완산주에 도읍하고 후백제를 세웠다.

11 (가) 군사 조직에 대한 설명으로 옳은 것은? [2점]

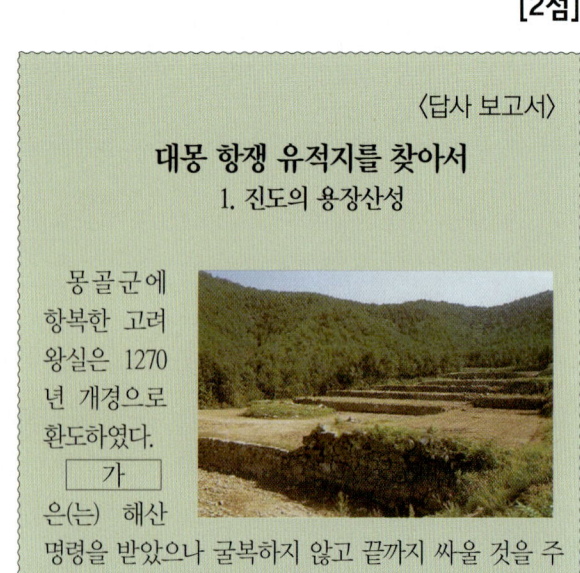

〈답사 보고서〉
대몽 항쟁 유적지를 찾아서
1. 진도의 용장산성

몽골군에 항복한 고려 왕실은 1270년 개경으로 환도하였다. 가 은(는) 해산 명령을 받았으나 굴복하지 않고 끝까지 싸울 것을 주장하며 진도로 근거지를 옮겼다. 이 곳에서 배중손의 지도하에 궁궐과 성곽을 쌓고 몽골에 대항하였다.

한국사 능력검정시험

① 국경 지대인 양계에 처음 설치되었다.
② 유사시에 향토 방위를 맡는 예비군이었다.
③ 포수, 사수, 살수의 삼수병으로 편제되었다.
④ 최씨 무신정권의 군사적 기반 역할을 하였다.
⑤ 병농일치의 부대로 군인전이 지급되지 않았다.

12 다음 상황이 나타난 시기의 사회 모습으로 옳은 것은? [2점]

> 이승장은 어려서 아버지를 여의었는데, 의붓아버지가 집이 가난하다며 공부를 시키려 하지 않았다. 하지만 어머니가 이를 반대하면서 "제가 먹고 사는 것 때문에 수절하지 못했음을 부끄럽게 여겼습니다. 그러나 아이가 다행히 학문에 뜻을 두고 있으니, 아이 아버지의 뒤를 따르게 하는 것이 마땅할 것입니다. 만약 그렇게 못한다면 제가 무슨 얼굴로 지하에서 전남편을 다시 보겠습니까?" 라고 말하여, 공을 솔성재에 입학시켰다. …… 봄에 과거에 응시하여 김돈중의 문생으로 진사시에 2등으로 합격하다.
> — 이승장 묘지명 —

① 재산 상속에서 큰아들이 우대받았다.
② 문중을 중심으로 서원과 사우가 세워졌다.
③ 사위와 외손자에게도 음서의 혜택이 주어졌다.
④ 대를 잇기 위해 양자를 들이는 일이 일반화되었다.
⑤ 혼인 후에 곧바로 남자집에서 생활하는 경우가 보편화되었다.

13 다음 전시회에 전시될 문화유산으로 적절한 것을 〈보기〉에서 고른 것은? [3점]

○○ 박물관 특별 전시회
고려미술대전
-호화롭고 귀족적인 고려 미술의 정수-
기 간: 2013년 ○○월 ○○일 ~ ○○월 ○○일
장 소: ○○박물관 특별전시실

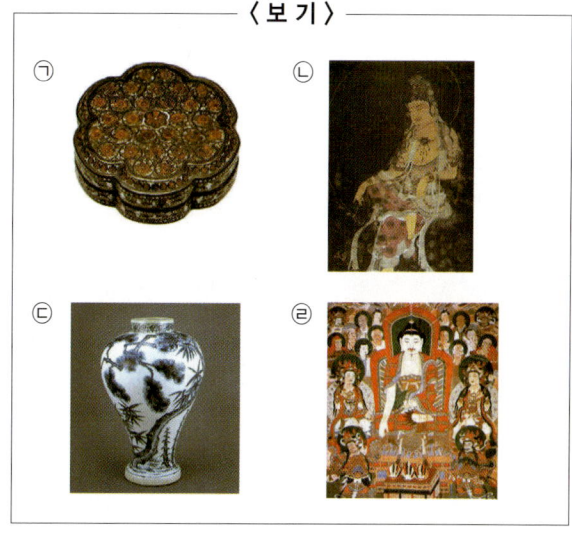

〈보기〉
㉠ ㉡
㉢ ㉣

① ㉠, ㉡   ② ㉠, ㉢   ③ ㉡, ㉢
④ ㉡, ㉣   ⑤ ㉢, ㉣

14 밑줄 친 '왕'의 업적으로 옳은 것은? [2점]

> 기철 등이 반역을 도모하다 처단되었으며 그들의 친당들은 모두 도망쳤다. 궁성은 엄중한 경계 중에 있었으므로 정지상을 석방하여 순군제공으로 삼아 왕을 호위케 하다. …… 얼마 안 되어 고의로 기철의 무리를 방임한다는 이유로 원호 등을 옥에 가두었다 죽이고 그들의 집을 몰수하다. 정동행중서성이 문소를 철폐하다.
> — 『고려사』

① 과전법을 시행하였다.
② 과거제를 도입하였다.
③ 정계와 계백료서를 지었다.
④ 전민변정도감을 설치하였다.
⑤ 12목에 지방관을 파견하였다.

15 (가) 제도에 대한 설명으로 옳지 않은 것은? [2점]

> 간관이 상소하기를 "군주의 학문은 한갓 외우고 설명하는 것만이 아닙니다. 날마다 선비를 맞이하여 강론을 듣는 까닭은 첫째 어진사대부를 만나는 시간을 늘려 그 덕성을 배우려는 것이고 둘째 환관 및 궁첩과 친하게 지내는 시간을 줄여 게으름에서 떨쳐 일어나려는 것입니다. …… 삼가 원하옵건대 전하께서는 날마다 가 을(를) 여시어 『대학』을 가져와 강론하게 하소서." 하니, 임금이 이를 윤허하였다.
> 『태조실록』

① 고려 때 처음 시행되었다.
② 승정원의 주관으로 운영되었다.
③ 연산군 때 일시적으로 중단되기도 하였다.
④ 유교의 경전과 역사서가 교재로 사용되었다.
⑤ 왕과 신하가 함께 학문과 정책을 토론하였다.

16 밑줄 친 '대장'에 대한 설명으로 옳은 것을 〈보기〉에서 고른 것은? [2점]

> 모든 토지는 6등급으로 나누며 20년마다 한 번씩 토지를 다시 측량한 뒤에 대장을 만들어 호조, 해당 도, 해당 고을에 각각 보관한다. 1등전을 재는 한 자의 길이는 주척 4자 7치 7푼 5리 5에 해당하고, …… 6등전을 재는 한자의 길이는 주척 9자 5치 5푼 5에 해당한다.
> 『경국대전』

〈 보 기 〉
㉠ 호적을 기준으로 작성되었다.
㉡ 가축 및 유실수의 현황도 기재하였다.
㉢ 조선 후기 대동세 징수의 근거자료가 되었다.
㉣ 임진왜란으로 대부분 소실되어 재작성에 어려움을 겪었다.

① ㉠, ㉡ ② ㉠, ㉢ ③ ㉡, ㉢
④ ㉡, ㉣ ⑤ ㉢, ㉣

17 (가)에 대한 설명으로 옳은 것은? [2점]

> 국가가 (가) 을(를) 설치하여 시중·평장사·참지정사·정당문학·지문하성사로 판사를 삼고 판추밀 이하로 사를 삼아 큰 일이 있을 때마다 회의하였다. 한 해에 한번 모이기도 하고 여러 해 동안 모이지 않기도 하였다.
> 『역옹패설』

① 6부 통해 행정실무를 맡아보았다.
② 국방과 군사 문제를 주로 논의하였다.
③ 화폐와 곡식의 출납에 대한 회계를 전담하였다.
④ 관원은 중서문하성의 낭사와 함께 대간으로 불렸다.
⑤ 관리를 임명할 때 심사하여 동의하는 권한이 있었다.

18 밑줄 친 ㉠의 근거를 찾기 위한 탐구 활동으로 적절한 것을 〈보기〉에서 고른 것은? [2점]

우리나라 역대 왕조들은 중국과 조공-책봉의 외교관계를 맺었습니다.

한편으로는 다원적 세계관을 바탕으로 ㉠자주적인 국가임을 내세웠습니다.

〈 보 기 〉
㉠ 영은문과 모화관의 설립 목적을 알아보기
㉡ 제주도에 설치된 탐라 총관부의 기능을 조사하기
㉢ 광개토 대왕릉비에 나타난 고구려의 천하관을 조사하기
㉣ 발해가 인안, 건흥 등의 연호를 사용한 의미를 파악하기

① ㉠, ㉡ ② ㉠, ㉢ ③ ㉡, ㉢
④ ㉡, ㉣ ⑤ ㉢, ㉣

한국사 능력검정시험

19 밑줄 친 '왕'의 업적으로 옳은 것을 〈보기〉에서 고른 것은? [2점]

> 호조에서 아뢰기를 "각도 감사가 빗물의 양을 보고하는 법은 이미 있으나 토질의 습도가 같지 않고 흙 속으로 스며 든 깊이도 역시 알기 어렵사오니 청 하옵건대 서운관(書雲觀)에 대(臺)를 짓고 쇠를 부어 그릇을 만들되 길이는 2척이 되게 하고 직경은 8촌이 되게 하여 대위에 올려놓고 비를 받아, 본관 관원으로 하여금 수량을 재어 보고하게 하고 …… 또 외방 각 고을에도 자기나 와기를 사용하여 그릇을 만들어 관청 뜰 가운데에 놓고. 수령이 역시 빗물의 수량을 재어서 감사에게 보고하게 하고, 감사가 전하여 알리게 하소서."하니, 왕이 그대로 따랐다.

〈 보 기 〉
㉠ 병혁파
㉡ 주자소 설치
㉢ 향약집성방 편찬
㉣ 의정부 서사제 실시

① ㉠, ㉡ ② ㉠, ㉢ ③ ㉡, ㉢
④ ㉡, ㉣ ⑤ ㉢, ㉣

20 (가) 지역에 대한 설명으로 옳지 않은 것은? [2점]

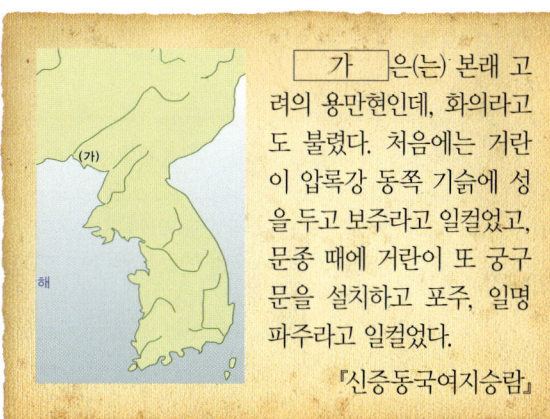

> 가 은(는) 본래 고려의 용만현인데, 화의라고도 불렸다. 처음에는 거란이 압록강 동쪽 기슭에 성을 두고 보주라고 일컬었고, 문종 때에 거란이 또 궁구문을 설치하고 포주, 일명 파주라고 일컬었다.
> 『신증동국여지승람』

① 서희의 활약으로 고려의 영토가 되었다.
② 고려말 이성계가 명을 공격하기 위해 군대를 주둔시켰다.
③ 세종 때 김종서가 여진을 몰아내고 6진을 개척하였다.
④ 임진왜란 당시 일본군을 피해 선조가 피난한 곳이다.
⑤ 조선 후기에 만상이 청과의 무역을 활발히 펼쳤다.

21 (가)에 대한 설명으로 옳은 것은? [2점]

① 향리의 비리를 감찰하였다.
② 고려 태조 때 처음으로 설치되었다.
③ 빈민구제를 주요 목적으로 삼았다.
④ 호장, 부호장 등이 행정실무를 담당하였다.
⑤ 지방의 행정·사법·군사권을 가지고 있었다.

22 다음 시기 (가), (나) 신분에 대한 설명으로 옳은 것을 〈보기〉에서 고른 것은? [1점]

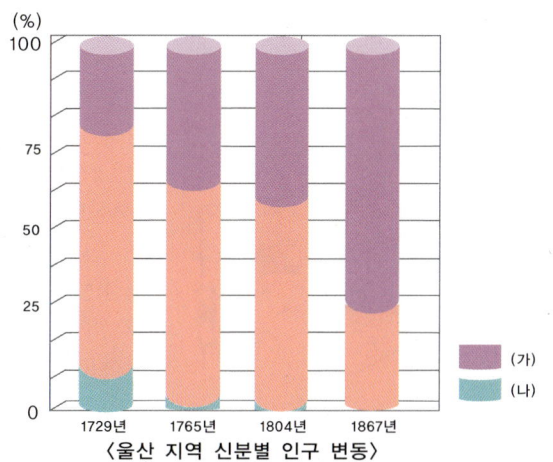

〈울산 지역 신분별 인구 변동〉

〈 보 기 〉
㉠ (가) – 수군, 조례 등 천역에 종사하였다.
㉡ (가) – 공명첩, 족보 위조 등으로 그 수가 증가하였다.
㉢ (나) – 매매, 상속 증여의 대상이었다.
㉣ (나) – 법적으로 과거에 응시 할 수 있었다.

① ㉠, ㉡ ② ㉠, ㉢ ③ ㉡, ㉢
④ ㉡, ㉣ ⑤ ㉢, ㉣

23 지도의 전쟁에 대한 탐구 활동으로 적절한 것은? [2점]

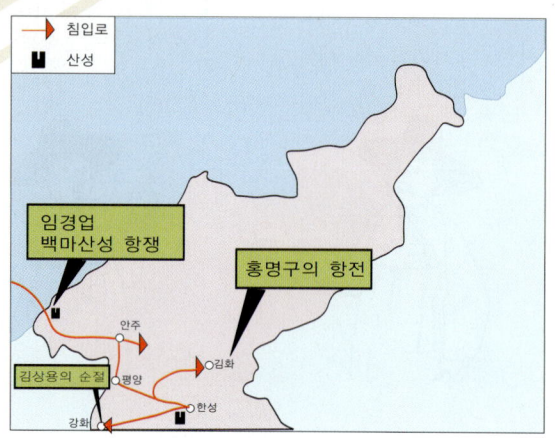

① 삼전도비의 건립 배경을 알아본다.
② 개경의 나성 축조 과정을 조사한다.
③ 요동 정벌의 추진 배경을 파악한다.
④ 팔만대장경이 간행된 목적을 찾아본다.
⑤ 경복궁의 소실과 중건과정을 살펴본다.

24 다음과 같은 기관에 대한 설명으로 옳지 않은 것은? [2점]

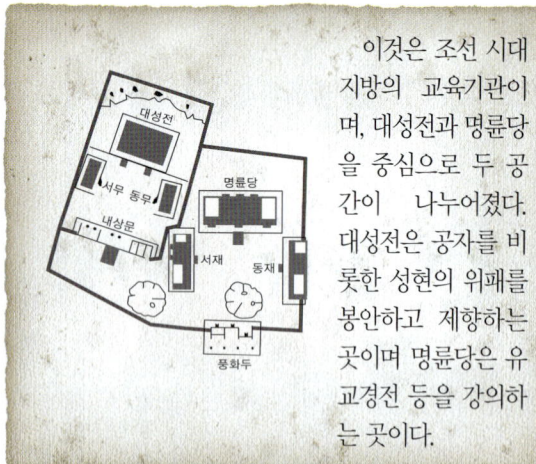

이것은 조선 시대 지방의 교육기관이며, 대성전과 명륜당을 중심으로 두 공간이 나누어졌다. 대성전은 공자를 비롯한 성현의 위패를 봉안하고 제향하는 곳이며 명륜당은 유교경전 등을 강의하는 곳이다.

① 평민층의 자제도 입학할 수 있었다.
② 흥선 대원군에 의해 대부분 철폐되었다.
③ 전국의 부·목·군·현에 하나씩 설립되었다.
④ 중앙에서 교수와 훈도를 파견하기도 하였다.
⑤ 고을의 크기에 따라 학생 정원의 차이가 있었다.

25 (가), (나)에 대한 설명으로 옳은 것은? [3점]

여기는 정여립이 죽은 진안의 죽도입니다. 정여립 모반사건으로 서인에 의해 옥사가 일어나 동인이 많이 죽었습니다. 이후 동인은 서인에 대한 강경파인 (가) 와(과) 온건파인 (나) 으로 분열되었습니다.

① (가) - 경종의 즉위를 적극 후원하였다.
② (가) - 광해군 시기에 국정을 주도하였다.
③ (나) - 이이와 성혼의 학문을 계승하였다.
④ (나) - 경신환국으로 정치적 주도권을 장악하였다.
⑤ (가), (나) - 2차에 걸쳐 예송논쟁을 벌였다.

26 다음과 같은 규약을 가진 향촌조직에 대한 설명으로 옳지 않은 것은? [1점]

- 동네에 상사(喪事)가 있으면 조직에 가입한 사람들이 각자 쌀 1되, 빈 가마니 1장 씩을 낸다.
- 30세 이하의 문반도 무반도 아닌 자들은 소학, 효경, 동자습 등의 서적을 반드시 읽어야 한다.
- 소송이 있을 때는 계장, 유사가 잘잘못을 가리되 시비를 가리기가 곤란하면 사족들이 회의하여 결정한다.
- 죄 없는 사람이 누명을 쓰고 벌을 받게 되면 사람들이 연명으로 관청에 보고하여 억울한 죄명을 벗도록 노력한다.

『율곡전서』

① 이황 등에 의해서 보급되었다.
② 매향을 통해 평안을 기원하였다.
③ 사림의 농민지배를 강화시켰다.
④ 상호부조와 유교윤리를 실천하였다.
⑤ 조광조가 널리 시행하기 위하여 노력하였다.

한국사 능력검정시험

27 다음 자료를 통해 알 수 있는 시기의 경제 상황으로 옳지 않은 것은? [3점]

> 놀부는 부모께서 물려주신 그 많은 논과 밭을 저 혼자 차지하고 농사 짓기 일삼는다. 물 좋은 논에 모를 심고, 살진 밭에 면화하기, 자갈 밭에 서숙(조) 갈고, 황토 밭에 참외 심고, 비탈 밭에 담배하기……
> 흥부는 이월동풍에 가래질하기, 삼사월에 부침질하기, 일등 전답 무논 갈기, 이 집 저 집 돌아가며 이엉 엮기, 궂은 날에 멍석말기……
> 『흥부전』

① 전국적으로 장시가 널리 확산되었다.
② 광작과 상품 작물의 재배가 확대되었다.
③ 상업장려를 위해 관영 상점이 개설되었다.
④ 전문적으로 광산을 경영하는 덕대가 출현하였다.
⑤ 정률 지대에서 정액 지대로 바뀌는 현상이 나타났다.

28 다음 주장을 펼친 인물의 활동으로 옳은 것은? [2점]

> 비유하건대, 재물은 대체로 우물과 같다. 퍼내면 차고 버려 두면 말라 버린다. 그러므로 비단옷을 입지 않아서 나라에 비단 짜는 사람이 없게 되면 여공이 쇠퇴하고 쭈그러진 그릇을 싫어 하지 않고 기교를 숭상하지 않아서 공장(工匠)이 도야(陶冶)하는 일이 없게 되면 기예가 망하게 된다. 그리하여 농사가 황폐해지고 상업이 척박하여 각각 그 업을 잃게 되면 사농공상의 사민이 모두 곤궁하여 서로 구제할 수 없게 된다.

① 100리척을 사용하여 동국지도를 제작하였다.
② 『지봉유설』에서 천주실의를 조선에 소개하였다.
③ 『열하일기』에서 화폐유통의 필요성을 역설하였다.
④ 역대문물을 정리한 동국문헌비고를 편찬하였다.
⑤ 청의 문물 수용을 강조하는 『북학의』를 저술하였다.

29 밑줄 친 '요즘'에 볼 수 있는 모습으로 적절 하지 않은 것은? [2점]

역사신문
제△△호 ○○○○년 ○○월 ○○일

급격하게 늘어나는 서당

한 점의 풍속화가 사람들의 눈길을 끌고 있다. 이 작품은 요즘 급속도로 늘어나고 있는 서당을 묘사한 것이다. 다산 정약용의 말에 따르면 네댓마을에 반드시 하나의 서당이 있을 정도라고 한다. 이제는 평범한 농민의 아들까지도 간단한 글자를 쓸 수 있게 되었다.

① 포구에서 영업하는 객주
② 한글소설을 읽고 있는 부인
③ 법주사 팔상전 앞을 거닐고 있는 승려
④ 수조권자인 관리에게 전조를 바치는 농민
⑤ 호랑이를 소재로 하여 민화를 그리는 화가

30 (가), (나) 국가에 대한 설명으로 옳은 것을 〈보기〉에서 고른 것은? [2점]

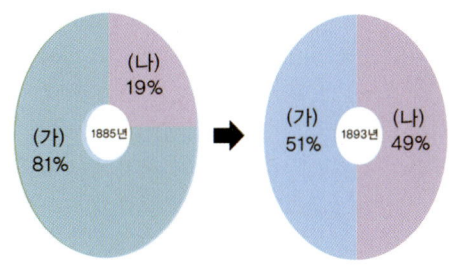

〈국내 수입액의 국가별 구성〉

〈보기〉
㉠ (가) – 조선이 최초로 최혜국 우를 보장한 국가이다.
㉡ (가) – 조선에서 주로 곡물, 금, 쇠가죽 등을 수입하다.
㉢ (나) – 청·일 전쟁 이후 조선과의 무역을 독점하다.
㉣ (나) – 양화진에 점포를 개설할 권리를 처음으로 보장받았다.

① ㉠, ㉡   ② ㉠, ㉢   ③ ㉡, ㉢
④ ㉡, ㉣   ⑤ ㉢, ㉣

한국사 능력검정시험

31 자료와 관련된 정책에 대한 설명으로 옳지 않은 것은? [2점]

<구 백동화 무효에 관한 고시>

구 백동화는 지난 융희 2년 11월 말로써 일반 통용을 금지하고 다만 공납에 한하여 올해 12월 말까지 사용함을 허용하였으나, 내년 1월 1일부터는 결코 통용함을 금지할 터이니, 인민들은 그 가진 구 백동화를 올해 안으로 공납에만 사용하되 오히려 남은 것이 있거든 역시 본 기한내로 매수함을 청구하여 의외의 손해를 당하지 않도록 조심함이 가함

- 융희 3년 11월 1일 -

① 전환국 설치의 계기가 되었다.
② 탁지부에서 정책을 집행하다.
③ 시행 직후 통화량이 급감하다.
④ 재정 고문 메가타의 주도로 시행되었다.
⑤ 한국인 상인과 회사에 큰 타격을 주었다.

32 자료는 어느 신문의 창간사이다. 이 신문에 대한 설명으로 옳은 것은? [1점]

우리는 첫째 편벽되지 아니한 고로 무슨 당에도 상관이 없고 상하 귀천을 달리 대접 아니 하고 모두 조선 사람으로만 알고 조선만 위하여 공평히 인민에게 말할 터인데, …… 우리가 모두 언문으로 쓰기는 알아보기 쉽도록 함이라. 남녀 상하 귀천이 모두 보게 함이오. 또 한쪽에 문으로 기록하기는 외국 인민이 조선 사정을 자세히 모르기 때문에 혹 편벽된 말만 듣고 조선을 잘못 생각할까 보아 실상 사정을 알게 하고자 하여 문으로 조금 기록 한다.

① 천도교에서 발행하다.
② 열흘에 한 번씩 발행되었다.
③ 신문지법에 의해 탄압을 받았다.
④ 우리나라 최초의 민간 신문이었다.
⑤ 장지연의 시일야방성곡을 게재하다.

33 다음은 어느 외국인의 가상 회고록이다. 밑줄 친 '건축물'로 적절하지 않은 것은? [3점]

내가 만국 평화 회의를 취재하러 네덜란드 헤이그에 갔다가 한 제국 특사의 죽음을 보게 된 것은 충격이었다. 그해 난 미국에 돌아오자마자 신문사에 한국으로 보내주길 요청했고, 겨울이 시작 될 무렵 서울에 도착할 수 있었다. 그 해가 가기 전 일행과 함께 전차를 타고 눈 덮인 황후의 무덤을 다녀오면서 죽은 황후를 향한 한국 황제의 애틋한 사랑 이야기를 전해 들었던 게 기억이 난다. …… 4년 뒤 서울을 떠나 고향으로 돌아오기 전까지, 나는 서울의 이곳 저곳을 돌며 여러 건축물을 볼 수 있었다.

①  ②

③  ④

⑤

34 다음 자료와 관련된 민족 운동에 대한 설명으로 옳은 것은? [2점]

우리 민중의 통곡과 복상(服喪)은 이척(순종)의 죽음 때문만은 아니다. …… 울고 싶어도 울지 못한 전 조선 민중의 단결에 의하여 일본 제국주의에 항하여 싸움을 시작하자! 슬퍼하는 민중이여, 하나가 되어 혁명 단체 깃발 아래로 모이자! 일본 제국주의를 박멸하자!

① 평양에서 시작되어 전국으로 확산되었다.
② 대한민국 임시 정부 수립의 계기가 되었다.
③ 일제가 치안 유지법을 적용하여 탄압하다.

④ 대한매일신보 등 당시 언론이 적극 후원하다.
⑤ 한국인 학생과 일본인 학생 사이의 충돌에서 비롯되었다.

35 (가)를 처음 실시한 왕의 업적으로 옳은 것은? [2점]

> 가 은(는) 신진 인물이나 중·하급 관리 중에서 유능한 인사를 재교육하는 제도다. 37세 이하의 당하관 중에서 유능한 자를 선발하여 본래의 직무를 면제하고 연구에 전념하게 하여 그 성과를 평가하다. 졸업하면 익힌 바를 국정에 적용하게 하다. 이 제도는 붕당의 비화를 막고 왕의 권력과 정책을 뒷받침하기 위한 것이었다.

① 칠정산 내·외편을 편찬하다.
② 속전을 편찬하고 서원을 정리하다.
③ 어청을 설치하여 군비를 강화하다.
④ 통공 정책으로 시전 상인들의 특권을 축소하다.
⑤ 동법 시행을 확대하여 농민들의 부담을 줄였다.

36 (가), (나) 시기 사이에 있었던 일을 〈보기〉에서 고른 것은? [2점]

> (가) 시모노세키 조약을 통해 일본이 요동반도와 타이완을 차지하자 러시아가 독일, 프랑스를 끌어들여 일본을 압박하고, 일본은 이에 굴복하여 요동 반도를 청에 반환하다.
> (나) 일본의 통제하에 있던 중앙군 일부가 의병 진압을 위해 지방으로 출동하자, 고종은 이를 틈타 경복궁에서 러시아 공사관으로 처소를 옮겼다.

〈보기〉
㉠ 군국기무처가 설치되었다.
㉡ 일본이 명성황후를 시해하다.
㉢ 친위와 진위가 설치되었다.
㉣ 고종이 국외 중립을 선언하다.

① ㉠, ㉡   ② ㉠, ㉢   ③ ㉡, ㉢
④ ㉡, ㉣   ⑤ ㉢, ㉣

37 밑줄 친 '이 부대'에 대한 설명으로 옳은 것은? [3점]

> 1935년 난징에서 민족 혁명당이 결성되었다. 중·일 전쟁이 발발하자 민족 혁명당은 다른 단체들과 연합하여 조선 민족 전선 연맹을 결성하고, 이듬해 중국 국민당 정부의 지원을 받아 이 부대를 조직하다.

① 양세봉의 지휘 아래 활동하다.
② 영릉가 전투에서 일본군을 물리쳤다.
③ 일본군의 공세를 피해 자유시로 이동하다.
④ 중국 관내에서 결성된 최초의 한인 무장 부대였다.
⑤ 중국 호로군과 함께 한·중 연합 작전을 전개하다.

38 다음 시에 나타난 폐단을 시정하기 위해 흥선 대원군이 실시한 정책으로 옳은 것은? [1점]

> 빌려 주고 빌리는 건 양쪽 다 원해야지 억지로 강제하면 불편이 오네. 온 땅을 통틀어도 고개만 저을 뿐 빌리겠단 사람은 하나도 없네. 봄철에 벌레 먹은 쌀 한 말 받고서 가을에 온전한 쌀 두 말 바치고, 게다가 벌레 먹은 쌀값 돈으로 내라하니 온전한 쌀을 팔아 바칠 수밖에. 남는 이윤은 교활한 관리들만 살찌워 한갓 내시조차 밭이 천 두락이라.

① 사창제를 시행하다.
② 호포제를 시행하다.
③ 만동묘를 철폐하다.
④ 당백전을 발행하다.
⑤ 양전 사업을 실시하다.

39 (가)~(다)의 주장들이 제기된 순서로 옳게 나열한 것은? [3점]

(가) 미국은 본래 우리가 모르던 나라입니다. 잘 알지 못하는데 공연히 남의 권유로 불러들이다가 그들이 재물을 요구하고 우리의 약점을 알아차려 어려운 청을 하거나 과도한 부담을 떠맡긴다면 장차 이에 어떻게 응할 것입니까?

(나) 양이의 화가 오늘에 이르러 홍수나 맹수의 해로움보다도 더 심합니다. 전하께서는……안으로 관리들로 하여금 사학(邪學)의 무리를 잡아 베게 하시고 밖으로 장병들로 하여금 바다를 건너오는 적을 정벌하게 하소서.

(다) 저들이 비록 왜인이라고 하나 실은 양적이옵니다. 강화가 한번 이루어지면 사학의 서적과 천주의 초상화가 교역하는 속에 들어올 것입니다. 그렇게 되면 얼마 안 가서 사학이 온 나라 안에 퍼지게 될 것입니다.

① (가) - (나) - (다) ② (가) - (다) - (나)
③ (나) - (가) - (다) ④ (나) - (다) - (가)
⑤ (다) - (나) - (가)

40 다음과 같은 주장이 끼친 영향으로 가장 적절한 것은? [2점]

조선 민족은 지금 정치적 생활이 없다. 왜 지금의 조선 민족에게는 정치적 생활이 없나? 일본이 한국을 병합한 이래로 조선인에게는 모든 정치 활동을 금지한 것이 제일의 원인이요. …… 지금까지 해 온 정치적 운동은 모두 일본을 적시하는 운동뿐이었다. 우리는 조선 내에서 허락되는 범위 내에서 일대 정치적 결사를 조직하여야 한다는 것이 우리의 주장이다.

① 신간회를 해소하는 투쟁이 전개되었다.
② 국외 독립운동 기지 건설이 시작되었다.
③ 대한민국 임시 정부가 구미위원부를 설치하다.
④ 자치론이 확산되어 민족주의 계열이 분화되었다.
⑤ 조선 노동 총동맹이 결성되면서 노동 운동이 활발해졌다.

41 밑줄 친 '이 시기'의 문화계 동향으로 가장 적절한 것은? [1점]

일제가 이른바 문화 통치를 표방하던 이 시기에는 다양한 문예 사조가 등장하여 『폐허』, 『백조』 등의 동인지가 발간되었다. 그리고 민족적이고 저항적인 작품도 많이 발표되었는데 표적인 시로는 이상화의 '빼앗긴 들에도 봄은 오는가', 한용운의 '님의 침묵' 등이 있다.

① 윤동주의 서시가 발표되었다.
② 원각사에서 은세계가 공연되었다.
③ 이광수가 매일신보에 무정을 연재하다.
④ 최남선이 해에게서 소년에게를 발표하다.
⑤ 신경향파 작가들이 카프(KAPF)를 결성하다.

42 밑줄 친 '성명'에 대한 설명으로 옳은 것은? [2점]

미국의 닉슨 독트린 발표에 따른 긴장 완화의 국제 정세 속에서 1971년에 한 적십자사가 이산 가족 찾기 운동을 북한에 제의하여 남북 적십자 회담이 진행되었다. 그리고 1972년 7월에는 남북한 정부 당국이 비 접촉을 거쳐 공동 성명을 발표하다.

① 한반도 비핵화에 합의하다.
② 금강산 관광을 시작하기로 하다.
③ 남북한 유엔 동시 가입을 협의하다.
④ 개성공단 조성사업을 추진하기로 하다.
⑤ 자주, 평화, 민족 단결의 통일 원칙을 마련하다.

한국사 능력검정시험

43 (가)에 들어갈 내용으로 옳은 것을 〈보기〉에서 고른 것은? [2점]

한국 국민당을 조직하여 임시 정부를 이끌던 김구는 조소앙, 지청천 등과 함께 한국 광복 운동 단체 연합회를 결성하다. 이후 이들은 한국 국민당, 한국 독립당, 조선 혁명당을 각각 해산하고 김구를 위원장으로 하는 한국 독립당을 결성하다. 중국 국민당 정부를 따라 충칭에 정착한 대한민국 임시정부는 이후 (가)

〈 보기 〉
㉠ 국무령 중심의 내각 책임제로 개편하다.
㉡ 의열 투쟁을 전개하고자 한인 애국단을 조직하다.
㉢ 조소앙의 삼균주의에 기초한 건국 강령을 반포하다.
㉣ 지청천을 총사령으로 하는 한국 광복군을 창설하다.

① ㉠, ㉡ ② ㉠, ㉢ ③ ㉡, ㉢
④ ㉡, ㉣ ⑤ ㉢, ㉣

44 다음 자료에 대한 탐구 활동으로 가장 적절한 것은? [1점]

내가 10살이 되었을 때의 일이다. 아버지는 김이라는 양반에게 수십 원을 건네주고 나를 보통학교에 입학시켜 주셨다. 나는 하늘을 오른 기분이었다. 이제 겨우 백정의 생활에서 빠져나와 인간 생활로 들어가는 듯 했다. 그러나 생도들은 나를 가리켜 백정이라 욕하며 주먹을 쳐들고 …… 수백 명의 생도에게서 매일 수 시간씩 입에 담을 수 없는 학대와 모욕을 받는 일은 참을 수 없는 일이었다.

- 000의 고희 기념(1983년 00월 00일) 회고록 중에서 -

① 형평 운동의 배경을 알아본다.
② 교육입국조서의 내용을 파악한다.
③ 신흥무관학교의 교육 내용을 분석한다.
④ 민립대학 설립 운동의 전개과정을 알아본다.
⑤ 언론기관의 문맹 퇴치 운동 지원 활동을 조사한다.

45 (가) 인물의 활동으로 옳지 않은 것은? [2점]

흥사단 창립 100주년 기념 우표 발행

(가) 은(는) 국권이 피탈되자 해외에 사는 교민들이 현실적인 독립운동의 기반이라고 생각하다. 이에 교민들에게 민족의식을 심어주고 독립운동에 필요한 인물을 양성하기 위하여 1913년 5월 13일 미국 샌프란시스코에서 흥사단을 설립하다.

① 실력 양성론을 주장하다.
② 양기탁 등과 함께 신민회를 조직하다.
③ 대성 학교를 설립하여 민족 교육을 실시하다.
④ 한국 독립 유일당 북경 촉성회 선언을 발표하다.
⑤ 국민 대표 회의에서 새로운 정부 수립을 주장하다.

46 (가), (나) 장면이 있었던 시기 사이의 사실로 옳은 것은? [2점]

① 반민족 행위 처벌법이 제정되었다.
② 조선 건국 준비 위원회가 결성되었다.
③ 김구 등이 남북 지도자 회의에 참석하다.
④ 여운형 등이 좌우 합작 위원회를 구성하다.
⑤ 이승만이 정읍에서 단독 정부 수립을 주장하다.

47 (가), (나) 헌법에 대한 설명으로 옳은 것을 〈보기〉에서 고른 것은? [3점]

(가) 제31조 입법권은 국회가 행한다. 국회는 민의원과 참의원으로써 구성한다.
　　제53조 대통령과 부통령은 국민의 보통, 평등, 직접, 비 투표에 의하여 각각 선거한다.
　　부칙　이 헌법은 공포한 날로부터 시행한다. 단, 참의원에 관한 규정과 참의원의 존재를 전제로 한 규정은 참의원이 구성된 날로부터 시행한다.
　　　　　　　　　　　　　　　- 헌법 제2호 -

(나) 제55조 대통령과 부통령의 임기는 4년으로 한다. 단, 재선에 의하여 1차 중임할 수 있다. 대통령이 궐위된 때에는 부통령이 대통령이 되고 잔임 기간 중 재임한다.
　　부칙　이 헌법 공포 당시의 대통령에 대하여는 제55조 제1항 단서의 제한을 적용하지 아니한다.
　　　　　　　　　　　　　　　- 헌법 제3호 -

〈 보 기 〉
㉠ (가) – 6·25 전쟁 중에 공포되었다.
㉡ (가) – 정부 형태를 내각 책임제로 규정하다.
㉢ (나) – 초대 대통령의 중임 제한을 철폐하다.
㉣ (나) – 계엄하에서 국회의원의 기립 표결로 통과되었다.

① ㉠, ㉡　② ㉠, ㉢　③ ㉡, ㉢
④ ㉡, ㉣　⑤ ㉢, ㉣

48 다음 취임사와 함께 출범한 정부 시기의 사실로 옳은 것은? [1점]

존경하는 국민 여러분! 우리는 외환 위기의 충격속에서도 여야 간 평화적 정권 교체의 위업을 이룩하였습니다. 국민 여러분은 나라의 위기를 극복하기 위해 금 모으기에 나섰고, 이미 20억 달러가 넘는 금을 모아 주셨습니다.

① 금융 실명제가 시작되었다.
② 야간 통행 금지가 해제되었다.
③ 지방 자치제가 최초로 시행되었다.
④ 남북 정상 회담이 최초로 개최되었다.
⑤ 3당 합당을 통해 여소야대를 극복하려 하였다.

49 그래프에 나타난 시기의 경제 상황으로 옳지 않은 것은? [2점]

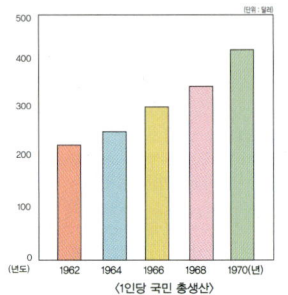 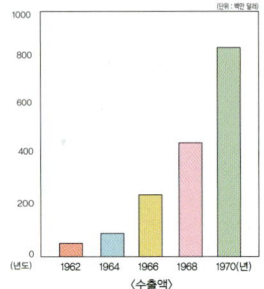

① 저곡가 정책이 추진되었다.
② 서독에 광부와 간호사가 파견되었다.
③ 건설업의 중동 진출이 본격화되었다.
④ 한국 경제의 대외 의존도가 심화되었다.
⑤ 경공업 제품을 중심으로 수출이 증가하였다.

50 다음 선언문이 발표된 사건에서 제기된 구호로 옳은 것은? [2점]

오늘 우리는 전 세계 이목이 우리를 주시하는 가운데 40년 독재 정치를 청산하고 희망찬 민주 국가를 건설하기 위한 거보를 전 국민과 함께 내딛는다. 국가의 미래요 소망인 꽃다운 젊은이를 야만적인 고문으로 죽여 놓고 그것도 모자라서 뻔뻔스럽게 국민을 속이려 했던 현 정권에게 국민의 분노가 무엇인지를 분명히 보여 주고, 국민적 여망인 개헌을 일방적으로 파기한 4·13 폭거를 철회시키기 위한 민주 장정을 시작한다.

① 부정 선거 책임자를 즉시 처벌하라!
② 명분 없는 계엄령을 즉각 철폐하라!
③ 사죄와 배상 없는 경제 협력 웬말이냐!
④ 국민 합의 배신하는 호헌 주장 철회하라!
⑤ 긴급 조치 철폐하고 민주 인사 석방하라!

2014년도 제23회 한국사 능력검정시험 고급

성명 □ 수험번호 □□□□□□□

정답 및 해설 168p

○ 자신이 선택한 등급의 문제지인지 확인하시오.
○ 문제지에 성명과 수험 번호를 정확히 써놓으시오.
○ 답안지에 성명과 수험 번호를 써넣고, 또 수험 번호와 답을 정확히 표시하시오.
○ 시험 시간은 80분입니다.

01 다음 유물이 제작된 시기의 사회 모습으로 가장 적절한 것은?

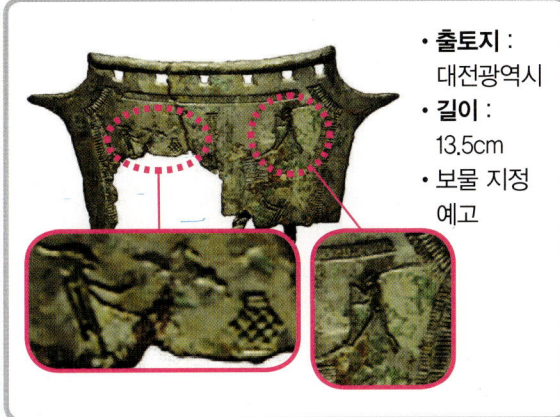

· 출토지 : 대전광역시
· 길이 : 13.5cm
· 보물 지정 예고

① 계급이 없는 평등 사회였다.
② 토기가 처음으로 등장하였다.
③ 잔석기를 사용하기 시작하였다.
④ 거푸집을 이용하여 무기를 제작하였다.
⑤ 정착 생활이 시작되면서 움집이 나타났다.

02 밑줄 친 '이 나라'에 대한 설명으로 옳은 것은?

> 이 나라에서는 철이 생산되는데 한(韓)·예(濊)·왜인(倭人)들이 모두 와서 사간다. 시장에서의 매매는 철을 이용하는데, 마치 중국에서 돈을 쓰는 것과 같다. 또 두 군(郡)에도 공급하였다.
> 『삼국지』

① 김해 지역을 중심으로 발전하였다.
② 읍군과 삼로라는 지배자가 있었다.
③ 1책 12법이라는 엄격한 법이 있었다.
④ 단궁, 과하마, 반어피 등을 생산하였다.
⑤ 10월에 무천이라는 제천 행사를 열었다.

03 (가) 국가에 대한 설명으로 옳은 것은? [3점]

> 주나라가 쇠약해지자, 연나라가 스스로 왕(王)이라 칭하고 동쪽으로 침략하려 하였다. (가)의 후(侯) 역시 스스로 왕을 칭하고 군사를 일으켜 연나라를 공격하려 하였다. 대부 '예'가 간하므로 중지하고 '예'를 파견하여 연나라를 설득하니, 연나라도 침공하지 않았다.
> 『위략』

① 책화라는 풍습이 있었다.
② 5부가 연합한 연맹 왕국이었다.
③ 지방 통치를 위해 담로를 두었다.
④ 왕 아래 상가, 고추가 등의 대가들이 있었다.
⑤ 부왕, 준왕 등 강력한 왕이 등장하여 왕위를 세습하였다.

04 다음 자료의 전쟁에 대한 설명으로 옳은 것은? [2점]

> ○ 세상에 전하기를, "중국 황제가 고구려를 공격할 적에 눈에 화살을 맞고 돌아갔다."고 하는데, 통감(通鑑) 등 중국 사서에 모두 실려 있지 않다. …… 나는 생각하기를, 당시에 비록 이러한 일이 있더라도 사관(史官)이 중국을 위해 숨겼을 것이니, 기록하지 않은 것은 이상할 것이 없다.
> 『필원잡기』
>
> ○ 양만춘이 중국 황제의 눈을 쏘아 맞히매, …… 그가 떠나면서 양만춘에게 비단 백 필을 하사하고, 성을 굳게 지킴을 칭찬하였다.
> 『열하일기』

한국사 능력검정시험

① 전·연이 국내성을 침입하였다.
② 한 무제가 왕검성을 침략하였다.
③ 수 양제가 요동성을 침공하였다
④ 당 태종이 안시성을 공격하였다.
⑤ 나·당 연합군이 평양성을 공략하였다.

05 밑줄 친 '인물'에 대한 설명으로 옳은 것은?
[2점]

받침돌과 6면의 몸돌로 구성된 이 유물에는 한 인물의 순교 장면이 조각되어있다. 하늘에서 꽃비가 내리고, 목에서 흰 피가 솟는 모습이 삼국유사에 전하는 내용과 일치한다. 2014년 2월 11일, 문화재청은 이 유물의 보물 지정을 예고하였다.

① 왕오천축국전을 저술하였다.
② 일본에 불경과 불상을 전하였다.
③ 무애가를 지어 불교 대중화에 노력하였다.
④ 부석사를 건립하고 화엄 사상을 전파하였다.
⑤ 신라에서 불교가 공인되는 계기를 마련하였다.

06 다음 문화유산에 대한 설명으로 옳은 것은?
[2점]

 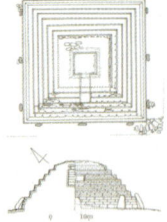
〈실측도〉

① 중국 남조 문화의 영향을 받았다.
② 나무로 곽을 짜고 그 위에 돌을 쌓았다.
③ 널방의 벽과 천장에 벽화가 그려져 있다.
④ 도굴이 어려운 구조로 많은 껴묻거리가 출토되었다.
⑤ 서울 석촌동에 있는 백제의 돌무지 무덤과 양식이 유사하다.

07 밑줄 친 ㉠에 해당하는 내용으로 옳은 것을 〈보기〉에서 고른 것은?
[2점]

○○신문

제△△호　　　　　　　2009년 ○○월 ○○일

중국 지린 성에서 발해 황후 무덤 발굴

지린 성 허룽 시 룽터우 산 고분군에서 발해 3대 문왕(재위 737~793) 부인과 9대 간왕(재위 817~818) 부인 묘지(墓誌)가 출토 되었다. 그런데 간왕 부인 묘지에 '발해국 순목 황후'라는 표현이 있어 주목된다. 이는 ㉠발해가 황제국임을 나타내는 자료이다. 중국은 현재 이 자료의 전문을 공개하지 않고 있다.

〈 보 기 〉
㉠ 등주에 발해관이 설치되었다.
㉡ 인안, 대흥 등의 연호가 사용되었다.
㉢ 정혜 공주 묘비에 황상이라는 표현이 있다.
㉣ 발해에서 신라로 이어지는 교통로가 있었다.

① ㉠, ㉡　　② ㉠, ㉢　　③ ㉡, ㉢
④ ㉡, ㉣　　⑤ ㉢, ㉣

08 (가) 인물에 대한 설명으로 옳은 것은? [2점]

전주시는 도로 이름에 역사적 인물의 이름을 사용하는 곳이 있습니다. 교동에서 우아동 3가에 이르는 길은 '_____(가)_____'로 라고 이름이 붙여졌는데, __(가)__ 은(는) 지금의 전주인 완산구를 도읍으로 하여 나라를 세웠습니다.

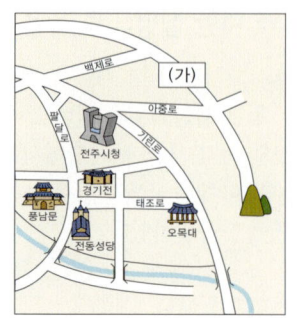 

① 양길의 휘하에서 세력을 키웠다.
② 후당, 오월 등과 국제적으로 교류하였다.
③ 광평성을 비롯한 여러 관서를 설치하였다.
④ 송악의 호족 출신으로 나주를 점령하였다.
⑤ 신라에 대해 적극적인 우호 정책을 펼쳤다.

09 (가), (나)의 부흥 운동에 대한 설명으로 옳은 것을 〈보기〉에서 고른 것은?

〈 보 기 〉
㉠ (가) – 검모잠이 고구려를 다시 세우고자 하였다.
㉡ (가) – 복신과 도침이 부여풍을 왕으로 추대하였다.
㉢ (나) – 흑치상지가 백제 부흥 운동을 이끌었다.
㉣ (나) – 안승이 신라에 의해 보덕국왕으로 임명되었다.

① ㉠, ㉡ ② ㉠, ㉢ ③ ㉡, ㉢
④ ㉡, ㉣ ⑤ ㉢, ㉣

10 (가) 인물에 대한 설명으로 옳은 것은? [1점]

○○신문

제△△호   2009년 ○○월 ○○일

우리 외교를 빛낸 인물

외교통상부는 '우리 외교를 빛낸 인물'로 고려 초의 문신 (가) 을(를) 첫 번째로 선정하였다. (가) 은(는) 993년(성종12)에 외교로써 군사적 충돌을 막고, 영토를 확장한 인물로 뛰어난 외교관이자 협상가였다.

① 동녕부를 회복하였다.
② 4군 6진을 개척하였다.
③ 강동 6주를 획득하였다.
④ 동북 9성을 축조하였다.
⑤ 쌍성총관부를 수복하였다.

11 다음 기행문의 소재가 되는 불상으로 옳은 것은? [1점]

오랜만에 경주를 찾아 토함산에 올랐다. 동해 바다의 푸르른 파도 소리가 귓가에 들리는 듯 하였다. 청초한 공기를 마시며 산길을 따라 걷다 고유섭 선생의 글귀가 새겨진 비석을 만났다. "우리는 무엇보다도 잊어서는 안 될 작품으로 경주의 불상을 갖고 있다. 영국인은 인도를 잃을지언정 셰익스피어를 버리지 못하겠다고 한다. 하지만 우리에게 무엇보다도 귀중한 보물은 바로 이 불상이다." 나는 지금 이 불상을 만나러 간다. 가슴이 뛴다.

①  ②

① 기전체로 서술되었다.
② 고구려 계승 의식이 반영되었다.
③ 현존하는 가장 오래된 역사서이다.
④ 불교사를 중심으로 민간 설화가 기록되었다.
⑤ 중국과 우리나라 역대 왕조의 계보가 수록되었다.

14 밑줄 친 '이 탑'으로 옳은 것은? [2점]

이 탑의 복원은 국내 문화재 보존·복원 사업의 새로운 전환점을 마련했다는 평가를 받고 있다. 이 탑의 복원 과정은 다음과 같다.

연도	내용
1348년	경기 개성 부소산 사찰에 건립
1907년	일본 궁내 대신이 해체하여 일본으로 밀반출
1907~1908년	베델 등이 국내외 언론에 석탑 약탈 기사 보도 후 반환 운동 전개
1918년	반환되어 경복궁 회랑에 보관
1959년	경복궁 내 전통 공예관 앞에 복원
2005년	국립 중앙 박물관으로 이전 후 실내 전시

12 밑줄 친 '왕'이 실시한 정책으로 옳은 것은? [3점]

왕이 원의 제도를 따라 변발(辮髮)을 하고 호복(胡服)을 입고 전상(殿上)에 앉아 있었다. 이연종이 말하기를, "변발과 호복은 선왕(先王)의 제도가 아니옵니다. 원컨대 전하께서는 본받지 마소서."라고 하니, 왕이 기뻐하며 즉시 변발을 풀어 버렸다.

① 주자감을 세웠다.
② 만권당을 설치하였다.
③ 소격서를 폐지하였다.
④ 독서삼품과를 실시하였다.
⑤ 정동행성 이문소를 폐지하였다.

①    ②

③    ④

13 다음 자료에 대한 설명으로 옳은 것은? [3점]

동명왕의 일은 신이(神異)함으로 나라를 창시한 신성한 사적이다. 이것을 기록하지 않으면 후인들이 장차 어떻게 볼 것인가? 따라서 시로 남겨 우리나라가 본래 성인(聖人)의 나라라는 것을 천하에 알리고자 한다.

『동명왕편』

⑤

15 밑줄 친 '그'가 왕이 되어 실시한 정책으로 옳은 것은? [1점]

> 하륜 등이 청하기를, "정몽주의 난에 만일 그가 없었다면 큰 일을 이룰 수 없었을 것이고, 정도전의 난에 만일 그가 없었다면 또한 어찌 오늘이 있었겠습니까? …… 청하건대, 그를 세자(世子)로 삼으소서."라고 하였다. 임금이 말하기를, "경(卿)들의 말이 매우 옳다."하고, 드디어 도승지에게 명하여 도당(都堂)에 전지(傳旨)하였다.
> 『정종실록』

① 사병을 혁파하였다.
② 칠정산을 간행하였다.
③ 홍문관을 설치하였다.
④ 집현전을 폐지하였다.
⑤ 경국대전을 반포하였다.

16 (가)에 들어갈 세시 풍속에 대한 설명으로 옳은 것은? [2점]

> 동지(冬至) 뒤 1백 5일이 [가] 이(가) 되는데, 하루 전날을 취숙일(炊熟日)이라고 한다. …… [가]에 이르러서는 밤낮으로 불과 연기를 금하되, 서울에서는 금화도감낭청(禁火都監郎廳)이 관원을 거느리고 마을을 순찰하며, 지방에서는 고을 수령들이 동리의 정장(正長)으로 하여금 순찰하게 하였다.
> 『세종실록』

① 부럼을 깨고 오곡밥을 지어 먹었다.
② 팥죽을 쑤어 부엌과 대문짝 기둥에 뿌렸다.
③ 찬 음식을 먹고 조상의 묘를 찾아 돌보았다.
④ 창포 삶은 물에 머리를 감고 그네뛰기를 하였다.
⑤ 귀밝이술이라 하여 데우지 않은 술을 나누어 마셨다.

17 다음 사건에 대한 설명으로 옳은 것은? [2점]

> 이덕응이 자백하기를 "평소 대윤(大尹)·소윤(小尹)에 휘말리지 않으려고 조심하였는데, 그들과 함께 모반을 꾸민다는 것은 말도 안 됩니다."라고 하였다. 계속 추궁하자 그는 "윤임이 제게 이르되 경원대군이 왕위에 올라 윤원로가 권력을 잡게 되면 자신의 집안은 멸족될 것이니 봉성군을 옹립하자고 하였습니다."라고 실토하였다.

① 김일손의 사초가 발단이었다.
② 위훈 삭제에 반발하여 발생하였다.
③ 외척 간의 권력 다툼으로 일어났다.
④ 폐비 윤씨 사건이 갈등의 원인이었다.
⑤ 동인과 서인으로 나뉘는 계기가 되었다.

18 다음 내용에 해당하는 그림으로 옳은 것은? [1점]

> 이 그림은 현실 세계와 이상 세계를 조화롭게 구현한 걸작으로 평가 받고 있다. 또한 안평 대군의 발문(跋文)과 시문 이외에 당시 문사들의 찬시가 실려 있는 것으로 유명하다. 원본은 일본 덴리 대학에 소장되어 있다.

①  ②

③  ④

⑤

한국사 능력검정시험

19 (가)에 대한 설명으로 옳지 않은 것은? [3점]

> 처음 (가) 을(를) 정할 때 뜻을 같이 하는 사람들에게 약문(約文)을 보여준다. 이후 몸가짐을 바르게 하고, 남에게 모범이 될 만한 사람들을 골라 약계(約契)에 참여시킨다. 이들을 서원(書院)에 모아 놓고 약법(約法)을 정한 다음, 도약정(都約正), 부약정 및 직월(直月), 사화(司貨)를 선출한다.
> 『율곡전서』

① 흥선 대원군에 의해 철폐되었다.
② 지방 사족이 주로 직임을 맡았다.
③ 향촌 사림을 결집시키는 역할을 하였다.
④ 4대 덕목을 바탕으로 규약을 제정하였다.
⑤ 주민 통제와 교화의 수단으로 이용되었다.

20 다음 제도에 대한 설명으로 옳은 것은? [2점]

> 무릇 경성(京城)에 거주하여 왕실을 시위(侍衛)하는 자는 시산(時散)을 막론하고 과(科)에 따라 과전(科田)을 받는다.
> - 『고려사』, 공양왕 3년 -
> *시산(時散) : 현직, 전직 관리

① 촌주위답을 지급하였다.
② 전지와 시지를 나누어 주었다.
③ 인품과 관품을 고려하여 지급하였다.
④ 세금을 거두어 수조권자에게 분급하였다.
⑤ 경기 지방에 한정하여 지급하는 것이 원칙이었다.

21 다음 상황 이후 전개된 사실로 옳은 것은? [2점]

> 명의 사신이 배에 오르자 우리 사신 일행도 배에 올랐다. 이에 앞서 사카이(界)에 도착했을 때, 우리나라에서 잡혀온 사람들이 다투어 찾아왔다. ……왜장들도 말하기를 화친이 이루어지면 사신과 함께 포로들을 돌려보내겠다고 하더니…… 이 때에 이르러 화친이 성사되지 못해 다시 죽이려 한다는 말을 듣게 되자, 목 놓아 우는 포로들이 얼마인지 알 수 없었다.
> 『일본왕환일기』

① 이종무가 대마도를 정벌하였다.
② 삼별초가 강화도에서 항전하였다.
③ 삼포에서 왜인들이 난을 일으켰다.
④ 국경 일대에 천리장성이 축조되었다.
⑤ 명량 해전에서 이순신이 승리를 거두었다.

22 (가) 제도에 대한 설명으로 옳은 것은? [3점]

> [가] 실시
> 1. 배경 : 방납으로 인한 농민 부담 증가
>   전쟁과 기근으로 국가 재정 악화
> 2. 과정 : 광해군 - 경기도에서 시작
>   인조 - 재생청 설치
>   효종 - 호서와 호남에 시행
>   숙종 - 전국에 시행(잉류 지역 제외)
> 3. 영향 : 상품 화폐 경제의 발달

① 군포를 1년에 1필로 줄여 주었다.
② 토지 소유자에게 결작을 부과하였다.
③ 공납의 기준을 토지 결수로 바꾸었다.
④ 비옥도에 따라 토지를 6등급으로 나누었다.
⑤ 풍흉에 따라 전세를 9등급으로 부과하였다.

23 밑줄 친 '이 자료'에 대한 설명으로 옳지 않은 것은? [2점]

> 이 자료는 조선 시대 승정원에서 기록한 것입니다. 갑오개혁 이후에는 부서의 명칭이 바뀌어 다른 이름으로 되어 있는 것도 있습니다.

① 인조 때부터의 기록이 남아 있다.
② 국왕과 신료들이 열람할 수 있었다.
③ 시정기나 사초 등을 토대로 기술되었다.
④ 유네스코 세계 기록 유산으로 등재되었다.
⑤ 업무 관련 내용이 일지 형식으로 작성되었다.

한국사 능력검정시험

24 (가) 상인에 대한 설명으로 옳은 것은? [1점]

> (가) 은(는) 왕실이나 관청에 물품을 공급하는 대신 특정 상품의 독점 판매권을 부여받았다. 판매하는 물품은 시기에 따라 여섯에서 여덟까지였다. 19세기 중엽 간행된 육전조례에는 입전, 면주전, 백목전, 지전, 저포전·포전, 내·외 어물전 등으로 되어 있다.

① 혜상공국 설립을 요구하였다.
② 황국 중앙 총상회를 조직하였다.
③ 왜관을 중심으로 무역을 하였다.
④ 전국에 송방이라는 지점을 설치하였다.
⑤ 책문 후시에서 대청 무역을 주도하였다.

25 다음 사건이 일어난 시기를 연표에서 옳게 고른 것은? [1점]

> 궐내에 보관하던 기름 먹인 장막을 허적이 다 가져갔음을 듣고, 임금이 노하여 "궐내에서 쓰는 장막을 마음대로 가져 가는 것은 한명회도 못하던 짓이다."라고 말하였다. 시종에게 알아보게 하니, 잔치에 참석한 서인(西人)은 몇 사람뿐이었고, 허적의 당파가 많아 기세가 등등하였다고 아뢰었다. 이에 임금이 남인(南人)을 제거할 결심을 하였다. …… 허적이 잡혀오자 임금이 모든 관직을 삭탈하였다.
> 『연려실기술』

1623	1636	1674	1724	1776	1801
	(가)	(나)	(다)	(라)	(마)
인조 반정	병자 호란	숙종 즉위	영조 즉위	정조 즉위	신유 박해

① (가) ② (나) ③ (다) ④ (라) ⑤ (마)

26 다음 건의로 시행된 사실로 옳은 것은? [2점]

> 이곳은 우리나라와 청나라의 경계(境界) 지대인데, 수백 년 동안 비어 있었습니다. 수십 년 전부터 북쪽 변경 고을 사람들이 이곳에 가서 살고 있는데, 그 수가 십여만 명이나 됩니다. …… 전에 분수령 정계비 아래 토문강 이남의 구역은 우리나라 경계(境界)로 확정 되었으니 …… 관리를 특별히 두고 그들의 생명과 재산을 보호하게 하여 조정에서 백성을 보살펴 주는 뜻을 보여 주는 것이 어떻겠습니까?

① 효종이 북벌 정책을 추진하였다.
② 광해군이 중립 외교 정책을 실시하였다.
③ 세종이 백성을 국경 지역으로 이주시켰다.
④ 고종이 이범윤을 간도 관리사로 임명하였다.
⑤ 숙종이 백두산 일대의 방비를 철저히 하도록 명하였다.

27 다음 사건 이후에 나타난 상황으로 옳지 않은 것은? [2점]

> 난병들이 대궐을 침범하니 왕비는 밖으로 피신하고 이최응, 민겸호, 김보현은 모두 살해되었다. …… 고종은 난이 일어났다는 소식을 듣고 급히 대원군을 불렀으며, 대원군은 난병을 따라 들어갔다. …… 대원군은 명령을 내려 통리기무아문과 무위영, 장어영을 폐지하고 5영의 군제를 복구하였다.
> 『매천야록』

① 제물포 조약이 체결되었다.
② 청 상인이 내지 통상권을 얻었다.
③ 흥선 대원군이 톈진으로 납치되었다.
④ 이만손이 주도하여 만인소를 올렸다.
⑤ 묄렌도르프가 외교 고문으로 파견되었다.

한국사 능력검정시험

28 (가)에 대한 탐구 활동으로 적절하지 않은 것은? [2점]

> 이러한 이유에서 중국인들이 세계 어떤 문자보다도 간단하고 음운을 폭넓게 표기할 수 있는 (가) 을(를) 채택해야 한다고 나는 감히 주장해 왔다. …… 200개가 넘는 세계의 문자를 검토해 본 결과 현존하는 문자 중 가장 훌륭한 문자임이 분명하다. 누구라도 배운 지 나흘 만에 책을 읽을 수 있다. 일본이 (가) 을(를) 채택한다면 최선의 선택이 될 것이다.
> - 헐버트 -

① 가갸날을 만든 단체에 대해 조사한다.
② 허균의 홍길동전이 갖는 의미를 분석한다.
③ 이암이 농상집요를 소개한 배경을 알아본다.
④ 주시경이 편찬한 국어문법의 특징을 찾아본다.
⑤ 유네스코에서 세종 대왕 문해상을 제정한 이유를 살펴본다.

29 지도의 사건에 대한 설명으로 옳은 것을 〈보기〉에서 고른 것은? [3점]

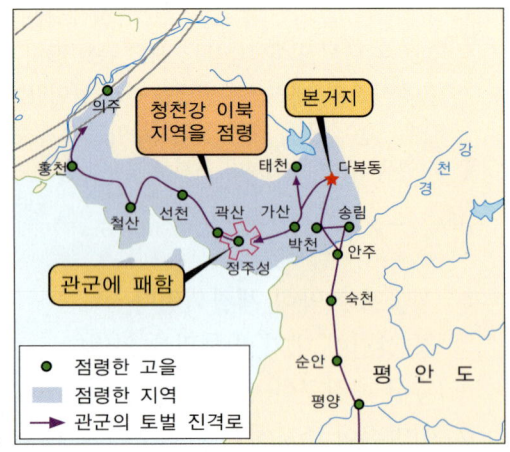

〈 보기 〉
㉠ 금국 정벌론을 내세웠다.
㉡ 광산 노동자들이 참여하였다.
㉢ 서북인 차별이 원인이 되었다.
㉣ 개경파와 서경파의 대립으로 일어났다.

① ㉠, ㉡ ② ㉠, ㉢ ③ ㉡, ㉢
④ ㉡, ㉣ ⑤ ㉢, ㉣

30 밑줄 친 '선생'에 대한 설명으로 옳지 않은 것은? [2점]

> 무오년(戊午年) 2월 청명일에 방외(方外)의 친구 초의는 한 잔의 술을 올리고서 선생의 영전에 고하나이다. 슬프다! 선생은 천도(天道)와 인도(人道)를 닦아 여러 학문을 체득 하시고, 글씨 또한 조화를 이루어 왕희지·왕헌지의 필법을 능가하고, 시문에 뛰어나 세월의 영화를 휩쓸고, 금석에서는 작은 것과 큰 것을 모두 규명하여 중국에까지 이름을 떨치셨나이다.
> 『초의선집』

① 흑산도 유배 중에 자산어보를 저술하였다.
② 역대의 명필을 연구하여 추사체를 완성하였다.
③ 조선 후기의 대표적 문인화인 세한도를 그렸다.
④ 옹방강, 완원 등의 청나라 학자들과 교유하였다.
⑤ 북한산비가 신라 진흥왕 순수비임을 고증하였다.

31 다음 글을 쓴 인물의 활동으로 옳은 것은? [2점]

> 하늘이 금수(禽獸)에게는 발톱을 주고, 뿔과 단단한 발굽을 주고, 날카로운 이를 주고, 독을 주어서 …… 환난을 방어하도록 하였다. 그런데 사람에게는 벌거숭이로 태어나서 연약하여 살아갈 수 없을 것처럼 만들었다. …… 사람에게는 지려(智慮)와 교사(巧思)가 있음으로써 그들로 하여금 기예(技藝)를 습득하여 스스로 자기의 생활을 영위하도록 한 것이다.
> - 기예론 -

① 『반계수록』을 지어 균전론을 주장하였다.
② 거중기를 제작하여 화성 축조에 기여하였다.
③ 동의수세보원으로 사상 의학을 체계화하였다.
④ 『북학의』를 저술하여 상공업 육성을 강조하였다.
⑤ 최초로 100리척을 사용하여 지도를 제작하였다.

한국사 능력검정시험

32 (가), (나) 조약에 대한 설명으로 옳은 것은? [3점]

> (가) 제1조 조선은 자주국이며 일본과 평등한 권리를 갖는다.
> 제10조 일본국 인민이 조선국에서 지정한 각 항구에 머무르는 동안에 죄를 범한 것이 조선국 인민과 관계 되더라도 모두 일본국 관원이 심의하여 처리한다.
>
> (나) 제4조 미국 인민이 상선이나 해안에서 조선국 인민의 생명과 재산에 손해를 주는 등의 일이 있을 때에는 미국의 영사관 혹은 미국에서 파견한 관원에게 넘겨 미국 법률로 체포하고 처벌한다.
> 제5조 무역을 목적으로 조선국에 오는 미국 상인 및 상선은 모든 수출입 상품에 대하여 관세를 지불해야 한다.

① (가) - 거중 조정 조항이 있었다.
② (가) - 일본 공사관 경비병 주둔을 허용하였다.
③ (나) - 무력시위의 결과로 체결되었다.
④ (나) - 조선이 맺은 최초의 근대적 조약이다.
⑤ (가), (나) - 조약 체결 이후 사절단을 파견하였다.

33 (가)에 들어갈 사실로 옳은 것은? [2점]

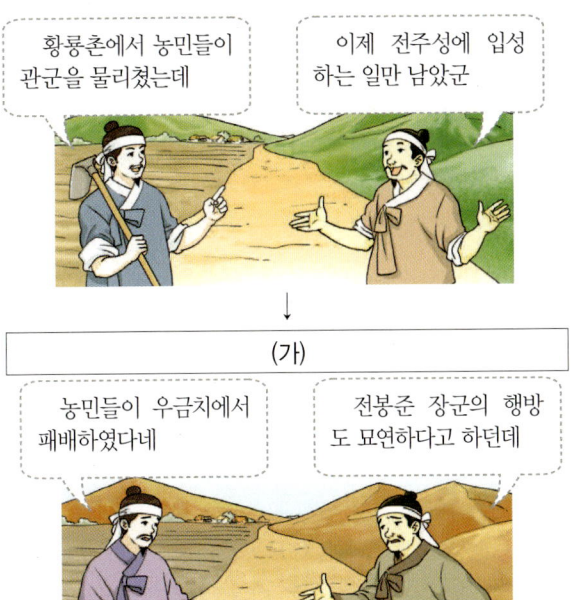

① 집강소가 설치되었다.
② 을미개혁이 실시되었다.
③ 시모노세키 조약이 체결되었다.
④ 고부에서 농민들이 만석보를 헐었다.
⑤ 삼례에서 교조 신원 운동이 일어났다.

34 다음 문서를 발행한 정부에 대한 설명으로 옳은 것은? [2점]

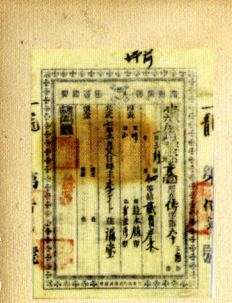 고종은 국호를 고치고 새로운 연호를 선포한 후, 개혁을 추진하였다. 경제 부문에서는 재정확보를 위해 양지 아문과 지계아문을 설치하여, 양전 사업을 실시하고 지계를 발급하였다. 이 새로운 증명서에는 토지 소유권과 관련된 내용이 기록되어 있다.

① 별기군을 창설하였다.
② 군국기무처를 설치하였다.
③ 대한국 국제를 반포하였다.
④ 한성 사범 학교를 설립하였다.
⑤ 공·사 노비 제도를 폐지하였다.

35 (가)에 들어갈 내용으로 옳은 것을 <보기>에서 고른 것은? [2점]

> **모의 재판 기소문**
>
> **범죄 사실**
>
> 피고인은 초대 조선 총독으로 부임하여 각종 식민지 악법을 제정한 자로서 죄목은 다음과 같다.
>
> 1. 주한 통감 시절
> 의병들을 살육하는 데 앞장섰던 아카시를 헌병 사령관 겸 경무통장에 임명함으로써 헌병 경찰 제도의 토대를 마련하였다.

한국사 능력검정시험

〈 보 기 〉
㉠ 산미 증식 계획을 실시하여 식량을 수탈하였다.
㉡ 조선 태형령을 시행하는 등 무단 통치를 하였다.
㉢ 치안 유지법을 제정하여 독립운동가를 탄압하였다.
㉣ 토지 조사 사업으로 조선 농민의 몰락을 초래하였다.

① ㉠, ㉡ ② ㉠, ㉢ ③ ㉡, ㉢
④ ㉡, ㉣ ⑤ ㉢, ㉣

36 다음 법령이 제정된 이후의 사실로 옳은 것은? [2점]

> 제4조 정부는 전시에 국가 총 동원상 필요할 때는 칙령이 정하는 바에 따라 제국 신민을 징용하여 총동원 업무에 종사하게 할 수 있다.
> 제20조 정부는 전시에 국가 총동원상 필요할 때는 칙령이 정하는 바에 따라 신문지, 기타 출판물의 게재에 대하여 제한 또는 금지를 행할 수 있다.

① 신간회가 결성되었다.
② 사립 학교령이 공포되었다.
③ 조선 민흥회가 창립되었다.
④ 조선어 학회 사건이 일어났다
⑤ 조선 민립대학 기성회가 조직되었다.

37 (가)에 들어갈 내용으로 옳은 것은? [3점]

〈 시민특강 〉
• 자랑스러운 문화유산 촉석루가 있는 충절의 고장, 우리 시의 뿌리를 알기 위해 시민 특강을 기획하였습니다. 관심 있는 분들의 많은 참여 바랍니다.
• 기간 : ○○월 ○○일 ~ ○○일
• 장소 : △△ 시청 세미나실
• 특강 내용

시대	주제
1강 고려 시대	최충헌의 식읍과 농장
2강 조선 시대 1	임진왜란과 김시민
3강 조선 시대 2	임술 농민 봉기와 유계춘
4강 일제 강점기	(가)

① 오산 학교 건립
② 기호흥학회 설립
③ 관민 공동회 개최
④ 대한 광복회 조직
⑤ 조선 형평사 창립

38 다음 상황이 원인이 되어 일어난 의병에 대한 설명으로 옳은 것은? [1점]

> 짐이 머리카락을 이미 깎았으니 너희 백성들도 어찌 받들어 시행하지 않겠는가? 짐의 뜻을 잘 새겨서 서로 알리고 서로 권하여 너희들의 머리카락과 구습을 한꺼번에 끊으며, 모든 일에서 오직 실질만을 추구하여 짐의 부국 강병하는 사업을 도울 것이다.
> 『고종실록』

① 유인석, 이소응 등 유생들이 주도하였다.
② 해산 군인의 합류로 전투력이 향상되었다.
③ 국제법상 교전 단체로 인정받고자 하였다.
④ 임병찬의 주도로 독립 의군부를 조직하였다.
⑤ 13도 창의군을 결성하고 서울 진공 작전을 펼쳤다.

39 다음과 같이 주장한 인물의 활동으로 옳은 것은? [2점]

> 불교의 유신은 마땅히 먼저 파괴를 해야 한다. 유신이란 무엇인가? 파괴의 자손이다. …… 그러나 파괴라고 해서 모든 것을 무너뜨려 없애버리는 것을 뜻하지 않는다. 다만 구습 중에서 시대에 맞지 않은 것을 고쳐서 이를 새로운 방향으로 나아가야 한다는 것뿐이다.
> - 조선 불교 유신론 -

① 만주에서 의민단을 조직하였다.
② 만세보를 발행하여 계몽 활동을 펼쳤다.
③ 『님의 침묵』 등의 문학 작품을 발표하였다.
④ 대성 학교를 설립하여 교육 활동에 힘썼다.
⑤ 중광단에 가입하여 독립 전쟁에 참여하였다.

40 다음 전투에 대한 설명으로 옳은 것은? [2점]

6일간의 혈전, ○○○전투

첫 전투는 10월 21일부터 벌어졌다. 우리 독립군은 이날 일본군을 공격하여 큰 전과를 올린 후, 갑산촌으로 이동하였다. 이후 독립군은 어랑촌에서 일본군을 물리치는 등 10월 26일 새벽까지 일본군과 10여 회의 전투를 벌여 승리를 거두었다.

① 조선 의용군이 활약하였다.
② 한·중 연합 작전이 전개되었다.
③ 중국 국민당 정부의 지원을 받았다.
④ 독립 전쟁 사상 최대 규모의 승리였다.
⑤ 일본군에서 탈출한 학도병이 참여하였다.

41 (가) 철도의 부설권을 획득한 국가에 대한 설명으로 옳은 것을 〈보기〉에서 고른 것은? [3점]

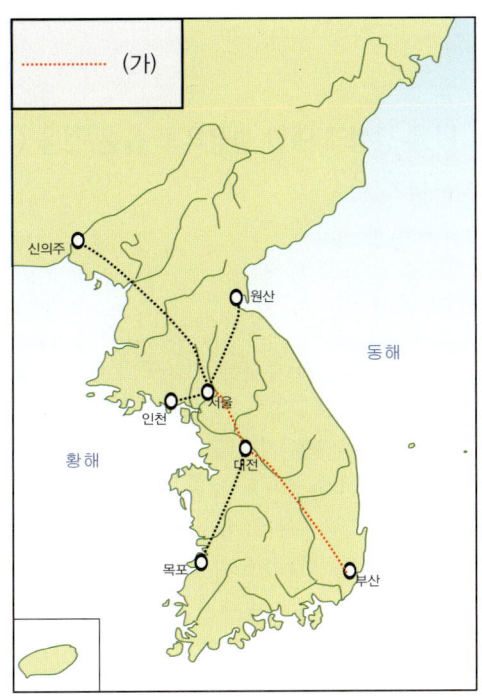

〈보 기〉
㉠ 용암포를 점령하고 강제로 조차하였다.
㉡ 제너럴셔먼호 사건을 구실로 통상을 요구하였다.
㉢ 동양 척식 주식회사를 설립하여 토지를 약탈하였다.
㉣ 삼국 간섭에 굴복하여 랴오둥 반도를 청에 반환하였다.

① ㉠, ㉡ ② ㉠, ㉢ ③ ㉡, ㉢
④ ㉡, ㉣ ⑤ ㉢, ㉣

42 (가) 단체에 대한 설명으로 옳은 것은? [2점]

오늘은 해외 독립 운동 단체를 소개하는 첫 시간입니다.

제가 소개할 단체는 (가) 입니다. 이 단체는 권업회가 독립 전쟁의 효과적인 수행을 위해 만든 조직으로 정부의 형태를 띠었습니다.

① 구미 위원부를 설치하였다.
② 한국 광복군을 창설하였다.
③ 2·8 독립 선언을 발표하였다.
④ 파리 강화 회의에 대표를 파견하였다.
⑤ 이상설, 이동휘를 정·부통령에 선임하였다.

43 밑줄 친 '학교'가 있었던 곳을 지도에서 옳게 고른 것은? [1점]

삼원보의 경학사가 설립한 학교에 청년들이 모여들었다. 기억을 더듬어 보면 학생들의 의지가 대단하였다. 학교에 입학이 가능한 연령은 18세 이상이었지만 더 어린 학생들이 찾아온 적도 있었다. 아침 7시부터 저녁 8시까지 학과 교육 이외에도 군사 훈련을 받아야 했지만 학생들의 지친 기색을 찾아볼 수 없었다.
학교가 더욱 활기를 띠었던 시절은 지청천, 김창환이 합류한 이후였다. 이들은 모두 대한 제국 무관 학교 출신으로, 교관으로 활동하며 독립군 양성에 힘을 쏟았다.

한국사능력검정시험

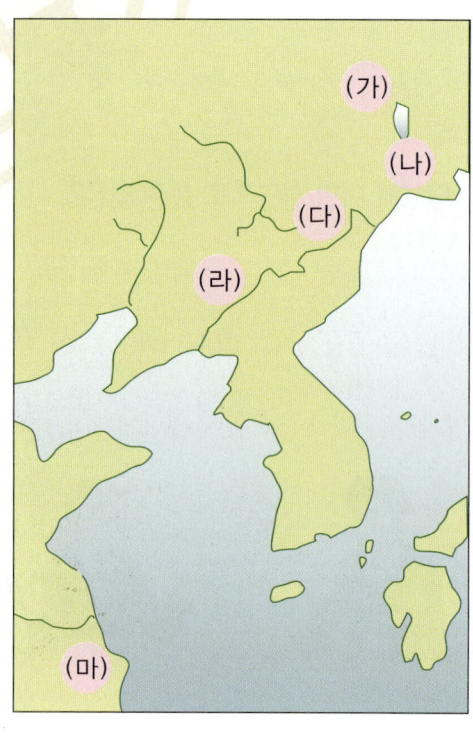

① (가) ② (나) ③ (다)
④ (라) ⑤ (마)

44 밑줄 친 '한인 청년'에 대한 설명으로 옳은 것은?
[2점]

> 19○○년 ○○월 ○○일
> 집 밖으로 나오자 거리 분위기가 술렁이며 평소와는 달랐고, 아니나 다를까 호외가 돌고 있었다. 훙커우 공원에서 중국 청년이 상하이 사변의 원흉 시라카와 대장을 즉사시키고, 여러 명을 부상시켰다는 것이었다. 얼른 신문을 사들고 집으로 돌아왔다. 몇 시간이 지난 후 다시 나온 호외에서는 폭탄을 던진 사람이 중국인이 아니고 <u>한인 청년</u>이라고 고쳐 보도되었다.

① 대한 독립군에 참여하였다.
② 한인 애국단에서 활동하였다.
③ 영릉가 전투를 승리로 이끌었다.
④ 북만주에서 신민부를 조직하였다.
⑤ 조선 혁명 간부 학교를 설립하였다.

45 밑줄 친 '만세 시위'에 대한 설명으로 옳은 것은?
[3점]

> S# 15. ○○○의 하숙방
> 이선호 - 천도교 측에서 인쇄하기로 한 격문이 경찰에 발각되어 압수당했다고 합니다.
> 이병립 - 큰일이군. 함께 만세 시위를 계획한 다른 단체 간부들도 체포되었다던데.
> 이선호 - 그럼 우리만이라도 실행에 옮겨야 하지 않을까요?
> 이병립 - 당연하지. 당초 계획대로 융희 황제의 인산일에 <u>만세 시위</u>를 하도록 하세.

① 자치론이 등장하는 배경이 되었다.
② 중국의 5·4 운동에 영향을 주었다.
③ 광주에서 시작되어 전국으로 확산 되었다.
④ 한국과 일본 학생의 충돌로 시작되었다.
⑤ 국내에서 민족 유일당 운동이 전개되는 계기가 되었다.

46 다음 강령에 대한 설명으로 옳은 것을 <보기>에서 고른 것은?
[1점]

> 제3장 건국
> 2절 정치와 경제와 교육의 민주적 시설로 실제상 균형을 도모하며, 전국의 토지와 대생산 기관의 국유가 완성되고, 전국 학령 아동의 전수(全數)가 고급 교육의 면비수학(免費修學)이 완성되고, 보통 선거 제도가 구속없이 완전히 실시되어 ……극빈 계급의 물질과 정신상 생활 정도와 문화 수준이 제고 보장되는 과정을 건국의 제2기라 함

〈 보 기 〉
㉠ 신채호에 의해 작성되었다.
㉡ 조소앙의 삼균주의에 기초하였다.
㉢ 의열단의 활동 방향을 제시하였다.
㉣ 대한민국 임시 정부에 의해 발표되었다.

① ㉠, ㉡   ② ㉠, ㉢   ③ ㉡, ㉢
④ ㉡, ㉣   ⑤ ㉢, ㉣

한국사 능력검정시험

47 다음 뉴스에서 보도 하고 있는 선거에 대한 설명으로 옳은 것은? [2점]

> 5월 10일, 전국에서 유엔 한국 임시 위원단이 지켜보는 가운데 총선거가 실시되었습니다. 투표 결과 무소속이 85석으로 그 어느 정당보다도 많았습니다.

① 비례 대표제가 적용되었다.
② 6·25 전쟁 중에 진행되었다.
③ 헌법 개정에 따라 시행되었다.
④ 우리나라 최초의 보통 선거였다.
⑤ 통일주체 국민회의 대의원을 선출하였다.

48 다음 헌법이 시행된 시기의 정부에 대한 설명으로 옳은 것은? [2점]

> 제32조 양원은 국민의 보통, 평등, 직접, 비밀 투표에 의하여 선거된 의원으로써 조직한다.
> 제53조 대통령은 양원 합동 회의에서 선거하고 재적 국회 의원 3분의 2 이상의 투표를 얻어 당선된다.
> 제71조 국무원은 민의원에서 국무원에 대한 불신임 결의안을 가결한 때에는 10일 이내에 민의원 해산을 결의하지 않는 한 총사직 하여야 한다.

① 내각 책임제로 운영되었다.
② 베트남 파병을 결정하였다.
③ 새마을 운동을 전개하였다.
④ 금융 실명제를 실시하였다.
⑤ 남북 정상 회담을 개최하였다.

49 밑줄 친 '정부'시기의 사실로 옳은 것은? [1점]

○○신문

제△△호　　　　　　　　　19○○년 ○○월 ○○일

남북이 상호불가침에 합의하다

남북한 유엔 동시 가입이 이루어진 이후, 정부는 북한과 '남북 사이의 화해와 불가침 및 교류협력에 관한 합의서(남북 기본 합의서)'에 서명하였다. 정부 당국자는 이 합의서가 남북한 정부 간에 이루어진 최초의 공식 합의 문서라는 점에서 큰 의미가 있다고 밝혔다.

① 호주제가 폐지되었다.
② 프로 야구가 출범되었다.
③ 서울 올림픽이 개최되었다.
④ 100억불 수출이 달성되었다.
⑤ 경부 고속 도로가 개통되었다.

50 밑줄 친 '이 섬'에 대한 설명으로 옳은 것은? [2점]

이 엽서는 안용복 동상 건립을 기념하여 만들어진 것이다. 안용복은 숙종 때 울릉도와 이 섬이 우리 영토임을 일본 막부가 인정하도록 활약한 인물이다.

① 몽골과의 전쟁 때 임시 수도였다.
② 영국군이 점령하였다가 철수하였다.
③ 프랑스가 병인박해를 구실로 침입하였다.
④ 일본이 러·일 전쟁 중에 불법 편입하였다.
⑤ 러시아가 저탄소 설치를 위해 조차를 요구하였다.

2013년도 제21회 한국사 능력검정시험
- 정답 및 해설 -

▶ 2013년도 제21회 정답

01	02	03	04	05	06	07	08	09	10
②	③	⑤	①	③	⑤	④	②	⑤	⑤
11	12	13	14	15	16	17	18	19	20
④	③	①	④	②	③	②	⑤	⑤	③
21	22	23	24	25	26	27	28	29	30
①	③	①	②	②	②	③	⑤	④	④
31	32	33	34	35	36	37	38	39	40
①	④	①	③	④	③	④	①	④	④
41	42	43	44	45	46	47	48	49	50
⑤	⑤	⑤	①	⑤	③	②	④	③	④

01 해설

① 세형동검은 철기 시대에 제작되어 한반도의 독자적 청동기 문화를 보여주는 유물이다.
③ 철기 시대의 무덤형태로 널무덤과 독무덤이 나타난다.
④ 반량전, 오수전, 명도전 등은 철기시대 한반도와 중국과의 교류를 보여주는 유물이다.
⑤ 청동기 시대 정복전쟁이 활발해지면서 적으로부터의 침입을 막기 위한 방어 시설들이 등장하였다.

> **보충설명**
> 빗살무늬 토기, 갈돌과 갈판 등을 통해 신석기 시대임을 알 수 있다. 가락바퀴는 신석기 시대에 원시적 형태의 수공업이 존재하였음을 보여주는 유물이다.

정답 ②

02 해설

고조선은 상, 대부, 장군 등의 관직을 두었다. 국상과 막리지는 고구려의 관직이다.

정답 ③

03 해설

왜가 신라를 공격하자 고구려의 광개토대왕은 군대를 보내 신라를 구원하였다. 이에 왜군이 도망치자 이를 추격하여 금관가야를 쇠퇴시켰다. 이 사건으로 가야 연맹을 주도하던 금관가야의 세력이 약화되고, 고령 지방의 대가야로 연맹의 주도권이 넘어가 후기 가야 연맹이 시작되었다.

정답 ⑤

04 해설

① 침류왕 때 동진의 승려 마라난타가 백제에 불교를 전파하였다.
②, ③, ④ 성왕 때의 일이다.
⑤ 무왕 때 미륵사가 건립되었다.

> **보충설명**
> 백제의 수도가 사비로 천도한 것은 6세기 성왕 때의 일이다.

정답 ①

05 해설

제시된 국가는 부여이다.
③ 민며느리제는 옥저의 풍습이다.

정답 ③

06 해설

㉠ 6세기 성왕 때 백제의 승려 노리사치계는 일본에 불교를 전파하였다.
㉡ 고구려의 승려 혜자는 일본 쇼토쿠 태자의 스승이 되었다.

> **보충설명**
> 가야의 토기는 일본의 스에키 토기에 영향을 미쳤고 백제는 4세기 근초고왕 때 일본에 천자문과 논어를 전파하였다.

정답 ⑤

07 해설

① 무왕 때까지 발해는 당과 신라와 적대 관계를 유지하였다.
② 발해는 선왕 때 전성기를 맞이하였고, 이때 발해를 해동성국이라 불렀다.
③ 무왕은 장문휴로 하여금 당의 산둥반도를 공격하게 하였다.
⑤ 동모산에서 고구려 유민과 함께 나라를 세운 것은 대조영이다.

보충설명
대흥이라는 연호를 사용하고 정혜공주와 정효공주의 아버지는 발해 문왕이다. 문왕은 당과 친선 관계를 맺고 수도를 중경에서 상경으로 천도하였다.

정답 ④

08 해설

무덤 주위에 둘레돌(호석)을 두르고 12지신상을 세운 것은 김유신의 묘이다.

정답 ②

09 해설

길쌈을 하고 가배라 불렸던 것은 추석에 대한 설명이다.

정답 ⑤

10 해설

① 국학은 신라 중대 신문왕 때 설치되었다.
② 김헌창의 난은 822년, 장보고의 난은 846년 일어났다.
③ 신문왕은 왕권 강화의 일환으로 귀족에게 지급하던 녹읍을 폐지하고 관료전을 지급하였다.
④ 왕건은 918년 궁예를 몰아내고 고려를 건국하였다.

보충설명
신라 하대 장보고의 난이 일어나고 900년 견훤은 완산주에 도읍을 정하고 후백제를 건국하였다. 이후 901년 궁예는 송악에 도읍을 정하고 후고구려를 건국하였다.

정답 ⑤

11 해설

① 양계에 설치된 부대는 주진군이다.
② 조선의 잡색군에 대한 설명이다.
③ 임진왜란 중 왜군에 대항하기 위하여 포수, 사수, 살수의 삼수병으로 훈련도감을 조직하였다.
⑤ 주현군과 주진군에 대한 설명이다.

보충설명
몽골과의 전쟁 당시 강화도에서 삼별초가 조직되었다. 고려가 몽골과 강화를 체결하자 삼별초는 이에 반발하여 배중손의 지위아래 진도에 용장산성을 쌓고 항전하였다. 이후 제주도로 옮긴 삼별초는 여·몽연합군에 의해 진압당하였다.
삼별초는 도방과 함께 최씨 무신정권의 군사적 기반 역할을 하였다.

정답 ④

12 해설

고려 시대의 여성의 재가는 비교적 자유로웠으며, 재가한 여자의 자손도 사회적 차별을 받지 않았다. 이 시기 사위와 외손자에게도 음서의 혜택이 주어졌다.

정답 ③

13 해설

㉠ : 나전칠기 염주함(고려)
㉡ : 수월관음도(고려)
㉢ : 청화백자 송죽문호(조선)
㉣ : 화엄사 영산회 괘불탱(조선)

정답 ①

14 해설

① 공양왕, ② 고려 광종, ③ 고려 태조, ⑤ 고려 성종

보충설명
공민왕은 반원 자주정책의 일환으로 기철과 같은 친원파를 숙청하고 정동행성 이문소를 철폐하였다. 공민왕은 전민변정도감을 설치하고 신돈으로 하여금 전민변정 사업을 통해 권문세족을 약화시키고 왕권을 강화하고자 하였다.

정답 ④

15 해설
경연 제도에 대한 설명이다. 고려 때부터 시작된 경연은 조선 시대에는 홍문관에서 주관하였다.

정답 ②

16 해설
토지대장인 양안을 의미한다.
㉠ 토지를 기준으로 작성한 것으로 인구를 기준으로 작성한 호적과는 고려 시대부터 분리되었다.
㉡ 신라의 민정문서에 대한 설명이다.
㉢ 대동법은 토지 결수에 따라 공납을 부담하는 방식으로 양안이 대동세 징수의 근거가 되었다.
㉣ 임진왜란 당시 양안이 소실되어 토지 파악에 어려움을 겪었다.

정답 ③

17 해설
(가)는 도병마사에 대한 설명이다. 도병마사는 국방과 군사 문제를 주로 담당하였다.

정답 ②

18 해설
㉠ 영은문은 중국의 사신을 맞이하는 문이고, 사신이 머무는 숙소가 모화관이다.
㉡ 원 간섭기 제주도에는 탐라 총관부가 설치되었다.

> **보충설명**
> 고구려와 발해는 독자적 연호를 쓰고 스스로를 황제국으로 칭해 중국과 대등한 입장을 취하였다.

정답 ⑤

19 해설
제시문은 측우기에 대한 설명이다.
㉠ 태종은 왕권의 강화를 위하여 사병을 혁파하였다.
㉡ 태종은 주자소를 설치하고 계미자를 주조하였다.

정답 ⑤

20 해설
의주 지역에 관한 설명이다. 조선 세종 때 김종서는 6진을 개척하여 두만강 지역을 장악, 현재의 한반도 국경선을 완성하였다.

정답 ③

21 해설
유향소는 수령을 보좌하고 향리를 감찰하며 좌수와 별감 등으로 구성된 향촌의 자치기구였다.

정답 ①

22 해설
㉠ 신량역천인은 신분상 양인이나 천역에 종사하는 사람을 말한다.
㉣ 노비에게는 과거 응시자격이 주어지지 않았다.

> **보충설명**
> (가)의 신분은 조선 후기 납속이나 공명첩으로 증가하고 있는 양반이고, (나)의 신분은 그 수가 점차 감소하고 있는 노비이다.

정답 ③

23 해설
병자호란 당시의 청의 침입로이다. 청의 침입을 받자 인조는 남한산성에서 항전을 벌였으나, 청에게 항복하고 삼전도의 굴욕을 겪었다.

정답 ①

24 해설
지방의 교육기관인 향교에 대한 설명이다.
② 흥선 대원군은 전국의 47개소의 사액 서원을 제외한 나머지 서원을 철폐하였다.

정답 ②

25 해설
(가)는 북인, (나)는 동인이다.
북인은 광해군 당시 집권세력으로 광해군의 중립 외교를 지지하였다.
① 경종의 즉위를 지지한 붕당은 서인 중 소론이다.
③ 서인에 대한 설명이다.

④ 서인은 경신환국으로 남인 세력을 몰아내고 권력을 장악하였다.
⑤의 예송 논쟁은 서인과 남인 간의 논쟁이다.

정답 ②

26 해설

제시문은 향약에 대한 설명이다. 매향은 향도에 관한 설명이다.

정답 ②

27 해설

이앙법, 상품 작물 재배 등을 통해 조선 후기의 상황임을 알 수 있다. 조선 후기에는 상업이 발달하였고 관영 상업은 쇠퇴하였다.

정답 ③

28 해설

① 정상기는 100리척을 사용하여 동국지도를 제작하였다.
② 실학의 선구자인 이수광은 『지봉유설』에서 천주실의를 소개하였다.
③ 박지원은 청을 다녀온 기행문인 『열하일기』를 저술하였고, 전황이 발생하자 화폐 사용을 주장하는 용전론을 주장하였다.
④ 동국문헌비고는 국가가 편찬한 백과사전으로 영조 때 처음으로 편찬되었다.

> **보충설명**
> 중상학파 실학자인 박제가는 재물을 우물에 비유하며 소비를 강조하는 북학의를 저술하였다

정답 ⑤

29 해설

서당은 조선후기 일반화되었다. 수조권자인 관리에게 전조를 바치는 것은 성종 이후 사라졌다.

정답 ④

30 해설

(가)는 일본, (나)는 청나라이다.
㉠ 국이 최초로 최혜국 대우를 보장받았다.
㉢ 청일 전쟁에서 일본이 승리하였고, 일본은 조선과의 무역을 독점하였다.

정답 ④

31 해설

전환국은 1883년 세워진 조폐기관이고, 메가타는 1904년 제1차 한일협약으로 재정고문으로 파견되어 1905년 화폐정리사업을 주도하였다.

정답 ①

32 해설

최초의 민간 신문인 독립신문은 한글판과 영문판으로 발행되었다.
① 천도교의 기관지는 만세보이다.
② 우리나라 최초의 신문인 한성순보에 대한 설명이다.
③ 신문지법은 1907년 언론을 탄압하기 위하여 제정되었다.
⑤ 장지연은 을사조약의 부당함을 알리는 '시일야방성대곡'을 황성신문에 실었다.

정답 ④

33 해설

제시문의 헤이그 특사는 1907년에 파견되었고, 4년 뒤라는 문장으로 미루어 1911년까지를 말한다. 조선총독부 건물은 1926년 세워져 김영삼 대통령 당시 역사 바로 세우기의 일환으로 1995년 철거되었다.

정답 ①

34 해설

1926년 6·10 만세운동 당시의 격문이다. 일제는 1925년 제정한 치안유지법을 적용하여 탄압하였다.
①은 물산장려운동, ②는 3·1운동, ④는 국채보상운동, ⑤는 광주 학생 항일운동이다.

정답 ③

35 해설

①은 세종, ②는 영조, ③은 인조, ⑤의 대동법은 광해군 때 경기도에서 시범적으로 실시되었고 숙종 때 전국으로 확대되었다.

> **보충설명**
> 정조의 초계문신제에 대한 설명이다. 정조는 신해통공을 통하여 시전 상인들이 가지고 있던 금난전권을 축소하였다.

정답 ④

36 해설

㉠은 갑오개혁(1894), ㉡은 을미사변(1895), ㉢은 을미개혁(1895), ㉣은 고종의 중립선언(1904)이다.

> **보충설명**
> (가) 1895년 청일 전쟁에서 승리한 일본은 시모노세키 조약을 통해 랴오둥 반도를 할양 받았다. 이에 일본의 세력 확대를 견제한 러시아는 프랑스와 독일을 끌어들여 랴오둥 반도를 청에게 되돌려주라는 압력을 행사하였다.
> (나) 1896년 고종은 러시아 공사관으로 처소를 옮기게 되는데 이를 아관파천이라고 한다.

정답 ③

37 해설

①, ②는 조선혁명군, ③은 대한독립군단, ⑤는 한국독립군이다.

> **보충설명**
> 1938년 결성된 조선 민족혁명당 산하에 결성된 조선 의용대는 중국 관내에서 최초로 결성된 무장 투쟁 조직이다.

정답 ④

38 해설

흥선 대원군은 환곡제의 폐단을 시정하기 위하여 사창제를 실시하였다.

정답 ①

39 해설

(나)는 이항로의 상소문(1866), (다)는 최익현의 왜양일체론(1876), (가)는 영남만인소(1881)이다.

정답 ④

40 해설

제시문은 이광수의 민족적 경륜이란 글이다.
1920년대 일제의 분열통치에 따라 민족주의 세력은 자치론을 주장하는 타협적 민족주의와 독립을 주장하는 비타협적 민족주의로 나뉘게 되었다.

정답 ④

41 해설

일제의 문화통치기는 1920년대의 상황이다.
1920년대 중반 이후 유입된 사회주의 사상의 영향으로 1925년 문학의 실천적 기능을 강조하는 사회주의 예술가 카프(KAPF)가 결성되었다.

정답 ⑤

42 해설

①은 한반도 비핵화 선언(1991), ②는 금강산 관광(1998), ③은 남북한 유엔 동시가입(1991), ④는 개성 공단 건설(2004)

> **보충설명**
> 1972년 남북한은 자주, 평화, 민족 대단결의 통일 원칙에 합의한 7·4 남북 공동성명을 발표하였다.

정답 ⑤

43 해설

충칭에 정착한 임시정부는 1940년 한국 광복군을 창설하고 1941년 조소앙의 삼균주의에 기초한 건국강령을 발표하였다.

정답 ⑤

44 해설

갑오개혁으로 신분에 대한 법적 차별은 사라졌지만 백정에 대한 차별은 여전하였다. 백정들은 경남 진주에서 조선형평사를 조직하고 백정의 차별 철폐 운동인 형평운동을 전개하였다.

정답 ①

45 해설

이승만의 위임통치론이 계기가 되어 소집된 국민대표회의에서는 창조파(문창범, 신채호)와 개조파(안창호, 여운형)등으로 나뉘어 대립하였다.

정답 ⑤

46 해설

(가)는 1947년 2차 미·소공동위원회, (나)는 1945년 5·10 총선거이다. 남한의 단독정부 수립에 반대하였던 김구는 1948년 4월 평양에서 열린 남북 지도자 연석회의에 참가하였다.

정답 ③

47 해설

ⓒ 내각책임제 정부는 장면을 수반으로 하는 제2공화국이다.
ⓔ 계엄하 기립표결로 통과된 것은 발췌개헌이다.

> **보충설명**
> (가)는 부산에서 통과된 발췌개헌, (나)는 초대 대통령에 한해 중임 제한을 적용하지 않겠다는 사사오입 개헌이다.

정답 ②

48 해설

김대중 정부는 IMF 구제 금융을 조기 상환하였고 2000년 분단 이후 최초로 남북 정상회담이 개최되었다.

정답 ④

49 해설

1962년 경제 개발 5개년 계획이 추진되면서 우리나라는 본격적으로 경제 개발을 추진하였다. 1960년대에는 노동집약적 경공업이 중심었으며 건설업의 중동 진출은 1970년대의 일이다.

정답 ③

50 해설

박종철 고문치사 사건으로 촉발된 6월 민주항쟁은 간선제 방식으로 대통령을 선출하겠다는 4·13 호헌조치에 반대하여 직선제 개헌을 요구하였다.

정답 ④

2014년도 제23회 한국사 능력검정시험
- 정답 및 해설 -

▶ 2014년도 제23회 정답

01	02	03	04	05	06	07	08	09	10
④	①	⑤	④	⑤	⑤	③	②	②	③
11	12	13	14	15	16	17	18	19	20
②	⑤	⑤	⑤	①	③	③	⑤	①	⑤
21	22	23	24	25	26	27	28	29	30
⑤	③	③	②	③	④	④	③	③	①
31	32	33	34	35	36	37	38	39	40
②	⑤	①	③	④	④	⑤	①	③	④
41	42	43	44	45	46	47	48	49	50
⑤	⑤	④	②	④	④	①	③	④	

01 해설

제시된 유물은 농경문 청동기이다.
① 청동기 시대는 계급이 발생한 계급사회였다.
②, ⑤는 신석기 시대 농경과 목축이 시작되면서 정착생활과 토기가 제작되었다.
③ 잔석기는 후빙기 날씨가 따뜻해지면서 작은 짐승을 사냥하기 위하여 제작되었다.

정답 ④

02 해설

②는 옥저, 동예, ③은 부여, 고구려, ④, ⑤는 동예이다.

> **보충설명**
> 변한은 철의 생산이 많아 왜와 낙랑 등지에 철을 수출하였다.

정답 ①

03 해설

① 동예의 풍속이다.
② 부여와 초기 고구려이다.
③ 백제 무령왕 때 특수 행정구역으로 22담로를 설치하였다.
④ 고구려는 상가, 고추가 등의 대가들이 있었다.

> **보충설명**
> 고조선은 기원전 3세기 경 부왕, 준왕과 같은 강력한 왕이 등장하였고, 중국의 연나라와 대립할 정도로 강성해졌다.

정답 ⑤

04 해설

당 태종은 고구려를 공격하였으나, 안시성 싸움에서 양만춘이 쏜 화살에 눈이 맞았다.

정답 ④

05 해설

밑줄 친 인물은 이차돈이다. 신라는 눌지왕 때 고구려의 묵호자에 의해 불교가 전래되었으나 토착세력의 반발로 공인받지 못하였다가 법흥왕 때 이차돈의 순교로 불교를 공인하게 된다.
①은 혜초, ②는 노리사치계, ③은 원효, ④는 의상

정답 ⑤

06 해설

① 공주 송산리 고분군의 무령왕릉은 중국 남조의 영양을 받아 벽돌로 제작되었다.
② 나무로 곽을 짜고 그 위에 돌을 쌓고 봉토로 덮은 것은 신라의 돌무지 덧널무덤이다.
③ 굴식 돌방무덤에는 벽화가 그려져 있다.
④ 신라 초기의 고분양식인 돌무지 덧널무덤은 도굴이 어려워 껴묻거리가 많이 남아있다.

> **보충설명**
> 제시된 사진은 계단식 돌무지 무덤인 장군총이다. 백제 시대의 고분인 서울 석촌동 고분은 고구려 양식에 영향을 받았다.

정답 ⑤

07 해설

발해는 스스로 황제국임을 표방하고 연호를 사용하고 황상이라는 표현을 써 중국과 대등한 입장을 보였다.

정답 ③

08 해설

①, ③은 후고구려를 건국한 궁예에 대한 설명이다.
④, ⑤는 고려를 건국하여 후삼국을 재통일한 왕건에 대한 설명이다.

> **보충설명**
> 견훤은 900년 완산주(전주)를 도읍으로 삼아 후백제를 건국하였고 후당, 오월 등과 통교하면서 국제적 지위를 확보하기도 하였다.

정답 ②

09 해설

백제와 고구려가 멸망 후 부흥운동이 일어났는데 복신, 도침, 흑치상지 등은 백제의 부흥 운동을 주도하였고, 검모잠, 안승 등은 고구려의 부흥 운동을 주도하였다.

정답 ②

10 해설

① 원나라에게 빼앗겼던 동녕부는 충렬왕 때 반환되었다.
② 조선 시대 세종대왕은 최윤덕과 김종서로 하여금 4군과 6진을 개척하게 하여 현재의 한반도 국경선을 완성하였다.
④ 윤관은 별무반을 이끌고 여진족을 몰아내고 동북 9성을 축조하였다.
⑤ 쌍성총관부는 공민왕 때 무력으로 수복되었다.

> **보충설명**
> 서희는 거란의 1차 침입 때, 외교적 담판을 통하여 강동 6주를 획득하였다.

정답 ③

11 해설

제시문은 석굴암 본존불상에 대한 설명이다.
①은 백제의 서산 마애삼존불, ③은 고려 시대 관촉사 석조 미륵보살 입상, ④는 고려 시대 안동 마애여래 입상(제비원 석불), ⑤는 고려 시대 부석사 소조 아미타여래 좌상이다.

정답 ②

12 해설

공민왕은 반원자주 정책을 표방하였고, 몽고의 의복이나 풍습을 따르는 몽고풍을 금지시켰다. 또 고려의 내정을 간섭하던 정동행성 이문소를 폐지하였다.

정답 ⑤

13 해설

① 기전체는 역사 서술 방식으로 본기, 세가, 열전 등의 항목별로 나누어 역사를 서술하는 방식이다. 대표적으로는 현존하는 가장 오래된 역사책인 『삼국사기』가 기전체 사서이다.
③ 『삼국사기』에 대한 설명이다.
④ 원 간섭기 일연은 불교사를 중심으로 『삼국유사』를 저술하였고, 이 책에 단군의 건국신화가 처음으로 실려있다.

> **보충설명**
> 고려 후기 이규보가 지은 『동명왕편』은 고구려를 건국한 동명왕의 업적을 노래한 역사시(詩)이다. 이 글에서 이규보는 고구려 계승 의식을 나타내고 있다.

정답 ⑤

14 해설

①은 정림사지 5층 석탑, ②는 불국사 다보탑, ③은 발해 영광탑, ④는 월정사 8각 9층석탑이다.

> **보충설명**
> 이 탑은 경천사 10층 석탑이다. 원 나라의 영향을 받은 경천사 10층 석탑은 조선 시대 원각사지 10층 석탑에 영향을 주기도 한다. 이 탑은 일본에 의해 약탈된 후 반환되어 경복궁 야외에 전시되었었으나 국립중앙박물관이 이전되면서 실내에 전시되고 있다.

정답 ⑤

15 해설
②는 세종, ③, ⑤는 성종, ④는 세조이다.

보충설명
태종은 사병을 혁파하고 6조 직계제를 시행하는 등 왕권을 강화시키는 정책들을 실시하였다.

정답 ①

16 해설
취숙일, 불과 연기를 금하고 등을 통해 한식임을 유추할 수 있다.

정답 ③

17 해설
① 김종직의 조의제문이 문제가 되어 벌어진 사화는 무오사화이다.
② 조광조의 위훈 삭제에 반발한 훈구세력은 기묘사화를 일으켜 조광조와 사림파를 제거하였다.
④ 연산군은 생모인 폐비 윤씨의 죽음에 관련된 사람들을 처벌하였고 이 과정에서 사림파가 희생되는 을사사화가 벌어졌다.
⑤ 선조 때 이조전랑의 임명 문제를 놓고 동인과 서인으로 나뉘게 되었다.

보충설명
명종 때 벌어진 을사사화는 대윤이라 불린 인종의 외척인 윤임과 소윤이라 불린 명종의 외척 윤원형간에 벌어진 사건이다.

정답 ③

18 해설
① 조선 후기 정선의 인왕제색도
② 조선 후기 강세황의 영통동구도
③ 조선 후기 전기의 매화초옥도
④ 조선 후기 김홍도의 옥순봉도

보충설명
안평대군의 꿈 이야기를 듣고 안견이 그린 몽유도원도는 현실세계와 이상세계를 구현한 걸작으로 평가받고 있다.

정답 ⑤

19 해설
제시문은 향약에 대한 설명이다.
① 흥선 대원군은 47개의 사액 서원만을 남기고 서원을 철폐하였다.

보충설명
향약은 향촌의 자치규약으로 지방의 사족이 향촌을 지배하고 사족들을 결집시키는 역할을 담당하였다.

정답 ①

20 해설
① 촌주에게 지급된 땅으로 신라 민정문서에 나타난다.
② 고려의 기본 토지 제도인 전시과에 대한 설명이다. 과전법은 시지를 지급하지 않는다.
③ 인품과 관품을 고려하여 토지를 지급한 것은 고려시대 시정 전시과이다.
④ 과전법은 수조권을 분급한 것으로 세금을 거두어 수조권자에게 분급하는 관수관급제는 조선 성종 때 시행되었다.

보충설명
이성계는 신진사대부들의 경제적 기반을 높여주기 위하여 경기 지방의 토지를 대상으로 과전법을 시행하였다.

정답 ⑤

21 해설
임진왜란이 소강상태에 접어들고 명과 일본 사이에는 휴전 회담이 진행되었다. 그러나 회담은 결렬되었고, 일본은 정유재란을 일으켜 조선을 침범하였다.

정답 ⑤

22 해설
① 영조 때 시행된 균역법이다.
② 균역법의 시행으로 부족해진 세수를 메우기 위한 일환으로 토지 1결당 미곡 2두를 걷는 결작을 시행하였다.
④ 세종 때 시행된 전분 6등법이다.
⑤ 세종 때 시행된 연분 9등법이다.

🔖 **보충설명**
방납의 폐단이 심해지자 광해군 때 대동법이 경기도에서 시범적으로 시작되었다. 대동법은 각 호에 부과하던 공납을 토지에 부과하여 지주의 부담을 늘이고 백성들의 부담을 줄이려는 목적에서 시행되었다.

정답 ③

23 해설
제시된 자료는 승정원일기이다. 시정기나 사초 등을 토대로 기술된 것은 실록에 대한 설명이다.

정답 ③

24 해설
① 혜상공국은 보부상 관련 조직이다.
③ 사상 중 동래의 내상이다.
④ 사상 중 개성의 송상이다.
⑤ 사상 중 의주의 만상이다.

🔖 **보충설명**
(가)는 시전 상인이다. 시전상인들은 개항 이후 청과 일본 상인들의 내륙 진출이 심화되자 황국 중앙 총상회를 조직하여 공동으로 대응하려 하였다.

정답 ②

25 해설
제시문은 허적의 유악사건이고 숙종은 이 사건을 계기로 남인들의 세력을 견제할 필요성을 느끼게 되었다. 결국 남인들이 실각하고 서인들이 정권을 장악하게 되는 경신환국이 벌어진다.

정답 ③

26 해설
간도 지역에 대한 설명이다. 간도 지역은 예로부터 우리 동포들이 많이 이주하여 살았는데 숙종 때 청과 조선 사이에 국경 분쟁이 일어나고 이를 해결하기 위하여 양국의 관리가 조사를 하고 백두산 정계비를 세웠다. 이후 대한 제국 시절에는 고종 황제가 이범윤을 간도 관리사로 파견하여 간도 지역을 관할하게 하였는데 1909년 일본이 간도협약으로 간도를 청의 영토로 인정하였다.

정답 ④

27 해설
① 임오군란의 결과 일본과 체결한 조약으로 일본 공사관의 경비병 주둔, 배상금 지불 등의 내용을 담고 있다.
② 청은 조·청 상민수륙무역장정을 통해 조선의 내지 통상권을 획득하였다.
③ 청군은 대원군을 강제로 납치하였다.
④ 1880년 2차 수신사로 일본을 방문한 김홍집은 『조선책략』이라는 책을 들고 귀국하였고, 이 책이 배포되자 이만손을 중심으로 한 영남 유생들의 연명 상소가 올라왔다.
⑤ 청은 조선의 내정을 간섭하기 위하여 정치 고문으로 마젠창, 외교고문으로 묄렌도르프를 파견하였다.

🔖 **보충설명**
대원군의 재집권, 2영의 폐지와 5군영의 부활을 통해 1882년 일어난 임오군란 임을 알 수 있다.

정답 ④

28 해설
③ 『농상집요』는 고려말 이암이 소개한 원나라의 농서로 한글과는 관계가 없다.

🔖 **보충설명**
(가)에 들어갈 문자는 한글이다.

정답 ③

29 해설
㉠, ㉣은 고려 시대 묘청의 난에 대한 설명이다.

🔖 **보충설명**
지도의 사건은 순조 때 평안도에서 일어난 홍경래의 난이다. 홍경래의 난은 서북민에 대한 차별이 한 원인이 되었고 몰락 양반, 광산 노동자, 중소 상인 등이 일으킨 반란이다.

정답 ③

30 해설

제시문의 선생은 추사 김정희이다.
① 정약용의 형인 정약전은 신유박해에 연루되어 흑산도로 유배되었고, 이곳에서 어류학 백과사전인 자산어보를 저술하였다.

보충설명

김정희는 조선 후기를 대표하는 명필이며 금석학의 대가로 '금석과안록'이라는 저술을 남겼다. 또한 문인화의 걸작이라 평가받는 세한도를 그리기도 하였다.

정답 ①

31 해설

제시문은 정약용의 기예론으로 정약용은 화성 축조 당시 거중기를 제작하였다.
① 중농학파 실학자인 유형원에 대한 설명이다.
③ 이제마는 동의수세보원에서 체질에 따라 치료 방법도 달라야 한다는 사상의설을 주장하였다.
④ 중상학파 실학자인 박제가는 북학의에서 소비의 중요성을 강조하였다.
⑤ 정상기의 동국지도는 최초로 100리척을 사용하여 제작된 지도이다.

정답 ②

32 해설

① 거중 조정은 조·미수호통상조약에 규정되어 있다.
② 임오군란 이후 조선은 일본과 제물포 조약을 체결하고 일본 공사관의 경비병 주둔을 허용하였다.
③ 조·미수호통상조약은 러시아 세력의 남하를 견제하기 위한 청의 알선으로 체결되었다.
④ 조선이 맺은 최초의 근대적 조약은 강화도 조약이고 조·미수호통상조약은 서양과 맺은 최초의 조약이다.

보충설명

(가)는 1876년 조선과 일본 사이에 맺어진 조·일수호조규(강화도조약)이고, (나)는 1882년 미국과 맺은 조·미수호통상조약이다. 강화도 조약은 체결 이후 김기수를 포함한 1차 수신사를 파견하였고, 미국에는 1883년 민영익을 포함한 보빙사를 파견하였다.

정답 ⑤

33 해설

황룡촌 전투에서 관군을 격파하고 전주성을 점령한 동학 농민군은 정부와 전주화약을 맺고 자진 해산하였고 동학이 점령한 전라도 지역에는 동학의 자치기구인 집강소가 설치되었다.

정답 ①

34 해설

대한제국을 선포한 고종은 연호를 광무라 하고 광무개혁을 추진하였다. 양전 사업을 실시하고 지계아문을 설치하여 근대적 토지 소유 문서라 할 수 있는 지계를 발급하였다. 또한 1899년 헌법적 성격을 가진 대한국 국제가 반포되었다.

정답 ③

35 해설

㉠은 1920년대 경제적 수탈, ㉢의 치안유지법은 1925년에 제정되었다.

보충설명

한일병합 조약으로 국권을 피탈당한 후 일제는 식민지 통치기구로 조선 총독부를 설치하고 헌병이 경찰 업무를 담당하는 헌병 경찰 통치를 실시하였다. 이 시기 조선인들에게만 적용되는 조선 태형령이 시행되었고, 토지 소유의 근대적 정리라는 명분으로 토지 조사 사업을 진행하여 우리나라의 토지를 수탈하였다.

정답 ④

36 해설

① 신간회 1927년 결성,
② 사립학교령 1908년
③ 조선 민흥회 1926년
⑤ 민립 대학 기성회 1923년의 일이다.

보충설명

중·일 전쟁을 일으킨 일제는 1938년 국가 총동원령을 발표하였다. 조선어 학회 사건은 1942년에 발생하였다.

정답 ④

37 해설
제시된 지역은 진주이고, 이곳에서는 1923년 백정에 대한 사회적 차별 철폐, 평등한 사회 구현 등을 목적으로 조선 형평사가 창립되었다.

정답 ⑤

38 해설
을미사변과 이후 행해진 을미개혁의 단발령으로 을미의병이 일어나게 된다. 을미의병은 유인석, 이소응, 기우만 등 양반 유생들이 주도하였다.

정답 ①

39 해설
①은 천주교, ②는 천도교, ④는 신민회, ⑤는 대종교이다.

> **보충설명**
> 『님의 침묵』 등의 문학 작품을 발표한 한용운은 왜색 불교의 침투에 대항하여 조선 불교가 새로워져야 한다는 조선 불교 유신론을 발표하였다.

정답 ③

40 해설
1920년 김좌진의 북로군정서, 홍범도의 대한독립군 등의 연합부대가 일본 군대를 물리친 청산리 전첩은 독립군 최대의 승리였다.

정답 ④

41 해설
㉠은 러시아, ㉡은 미국이다.

> **보충설명**
> 경부선의 부설권은 일본이 가지고 있었고 일제는 동양 척식 주식회사를 설립하여 우리나라의 토지를 약탈하였다. 또 청일 전쟁에서 승리한 일본은 중국으로부터 랴오둥 반도를 빼앗았으나 러시아, 프랑스, 독일의 삼국 간섭에 굴복하여 청에 반환하였다.

정답 ⑤

42 해설
(가)의 조직은 1914년 연해주에서 조직된 대한광복군 정부이다. 권업회가 이상설, 이동휘를 정·부통령으로 선출하면서 수립되었고 공화정을 표방하고 사관학교를 설립하여 항일 무장 투쟁을 전개하였다.

정답 ⑤

43 해설
서간도의 삼원보 지역에는 신흥 무관학교가 설립되었다.

정답 ④

44 해설
한인 애국단 소속의 윤봉길은 상하이 홍커우 공원에서 열린 전승 기념식 겸 천장절 행사에 폭탄을 던졌고 윤봉길 의사의 의거로 중국 국민당 정부가 임시정부를 지원하는 계기가 되었다.

정답 ②

45 해설
① 3·1 운동 이후 자치론이 등장하였다.
② 3·1 운동은 중국의 5·4운동과 인도의 반제국주의 운동에 영향을 미쳤다.
③, ④는 광주 학생 항일운동에 대한 설명이다.

> **보충설명**
> 1926년 순종 황제의 인산일을 기점으로 6·10 만세 운동이 일어났다. 6·10 만세 운동은 사회주의계와 학생들이 준비하였으나, 사회주의계가 일제에 의해 검거되자 학생들이 주도하였다. 6·10 만세 운동의 결과 침체된 민족운동에 활기를 불어넣었고 민족 유일당 운동으로 신간회가 결성되었다.

정답 ⑤

46 해설
㉠, ㉢에서 신채호는 조선 혁명 선언에서 의열단의 활동 방향을 제시하였다. 대한민국 임시정부의 건국강령이다. 임시정부의 건국 강령은 조소앙의 삼균주의에 기초하여 정치, 경제, 교육의 균등을 내용으로 하고 있다.

정답 ④

47 해설

1948년 5월 10일 유엔의 감시하에 총선거가 치러졌다. 우리나라 최초의 보통 선거였으며, 이 선거로 임기 2년의 제헌의회가 수립되었다.

정답 ④

48 해설

②, ③은 박정희 정부, ④는 김영삼 정부, ⑤는 김대중, 노무현 정부이다.

보충설명

민의원, 참의원의 양원제 국회가 존재했던 시기는 제2공화국이다. 4·19 혁명으로 수립된 제2공화국은 장면을 수반으로 하는 내각 책임제 정부였다.

정답 ①

49 해설

① 2005년 호주제 폐지
② 1982년 프로야구 출범
④ 1977년 수출 100억불 달성
⑤ 1970년 경부 고속도로 개통

보충설명

노태우 정부(1988~1993) 시절인 1991년 남북한은 '남북 기본 합의서'에 서명하였다. 1987년 6·29 선언으로 대통령 직선제의 9차 개헌이 이루어졌고 노태우 대통령이 당선되었다. 이후 1988년 제24회 올림픽이 서울에서 열렸다.

정답 ③

50 해설

①, ③은 강화도, ②는 거문도, ⑤는 절영도이다.

보충설명

숙종 때 안용복은 대마도주로부터 독도가 우리 땅임을 확인받고 돌아왔다. 이후 일본은 러·일 전쟁 중 독도를 자신들의 영토로 강제 편입시켰다.

정답 ④